레닌그라드

봉쇄된 도시의 비극 1941~44

LENINGRAD Copyright © 2011 Anna Reid

All rights reserved

Korean translation copyright © 2025 by Marco Polo

Korean translation rights arranged with Rogers, Coleridge and White Ltd. through EYA Co.,Ltd

이 책의 한국어판 저작권은 EYA Co, Ltd를 통한 Rogers, Coleridge & White Ltd사와의 독점계약으로 마르코 폴로가 소유합니다. 저작권법에 의하여 한국 내에서 보호를 받는 저작물이므로 무단전재 및 무단복제를 금합니다.

LENINGRAD
Tragedy of a City under Siege, 1941~44

레닌그라드

봉쇄된 도시의 비극 1941~44

애나 리드 지음 · 육연정 옮김

마르코폴로

차례

한국어판 서문	7
머리말	10

제1부

1. 1941년 6월 22일	21
2. 바르바로사	31
3. 우리는 이기고 있지만 독일군은 진격하고 있다	53
4. 오폴체니예(인민 민병대)	71
5. 쥐덫에 걸린	85

제2부

6. 무감각	103
7. 우리의 마지막 심장 박동까지	121
8. 125그램	135
9. 깔대기 아래로 떨어지다	147

제3부

10. 아이스 로드	165
11. 썰매와 고치	175
12. 우리는 돌과 같았다	191
13. 스뱌지	205

	14. 로빈슨 크루소는 행운아였다	217
	15. 시체와 인육	227
	16. 안톤 이바노비치는 화가 났다	237
	17. 빅 하우스	245
제4부	18. 먀스노이 보르(고기 숲)	253
	19. 살아 숨 쉬는 잔잔한 기쁨	265
	20. 레닌그라드 교향곡	283
	21. 마지막 해	295
제5부	22. 집으로	311
	23. 기억의 저장고	325
	옮긴이의 말	335
	참고문헌	341

LENINGRAD
The Epic Siege of World War II, 1941-1944

한국어판 서문

이 책의 초판은 2011년에 출판되었다. 그 후로 러시아는 독재로 빠져들었다. 지배자를 광적으로 숭배하고 그 반대파를 반역자나 해충으로 묘사하는 것을 보면 푸틴 정권은 21세기판 파시즘에 가깝다.

2022년 2월 24일 푸틴의 우크라이나 침공으로 이러한 유사성은 더욱 강해졌다. 1941년 히틀러의 바르바로사 작전이 악몽처럼 생생하게 떠올랐다. 탱크 군단이 마을을 덮칠 때의 충격과 난민들로 가득한 기차, 전기와 난방이 끊긴 시민들의 모습을 보며, 약 80년 전 레닌그라드가 겪었던 공포가 되살아났다. 나는 공습 사이렌이 울려 퍼지는 가운데 친구들과 메시지(WhatsApp)를 주고받는 순간에 마치 2차 세계대전의 런던 대공습으로 돌아간 것 같았다.

푸틴의 점령 정책도 히틀러와 비슷하다. 수복 직후에 부차와 아르핀을 방문했는데 가로 3미터, 세로 40미터의 집단 무덤에서 시신이 발굴되는 것을 목격했다. 모두 민간인이었고, 대부분은 충격으로 사망했으며 그중 몇몇은 손목이 묶인 채였다.

도로에서 견인된 지 얼마 되지 않은 피난 차량도 있었다. 총알구멍이 가득 찬 차량에는 무전기 안테나에 백기가 묶여 있었고, 전면 유리창과 보닛에는 '어린이'라는 뜻의 'дети'라는 글자가 테이프로 붙여져 있거나 페인트로 칠해져 있었다. 시신은 수습되었지만, 방한 외투, 물병, 애완동물의 사료 봉지, 어린이용 스쿠터는 그대로 남아 있었다.

우크라이나의 20%가 아직 러시아 점령하에 있고 여전히 잔혹 행위가 계속되고 있다. 나치가 점령한 소련과 마찬가지로 지역 정치인과 공무원, 언론인과 활동가, 경찰과 성직자 등이 체포되었거나 실종되었다. 러시아군에 잡혔다가 살아남은 생존자의 대다수가 고문을 당했다. 신고가 거의 이뤄지지 않는 강간의 피해자는 특히 우크라이나 군인을 남편으로 둔 여인들이 많다고 한다. 한편 러시아 국영 미디어의 콘텐츠는 불만과 위협, 비인간적인 인종주의로 가득 차 있다. 러시아 사람들에게 우크라이나 사람들은 쥐, 파리, 기생충, 또는 가장 아이러니하게도 '나치'나 마찬가지다.

이 글을 쓰는 시점에서 전쟁은 전환점에 있다. 미국이 우크라이나를 계속 지원할지, 유럽이 개입할지도 불분명하다. 어떤 시나리오에서도 러시아가 점령당하고 패전국 독일처럼 러시아의 헌법, 제도, 정치가 재편되지는 않을 것이다. 또한 푸틴의 후계자가 등장하더라도 권위주의적 정권일 가능성이 크다. 다시 말해, 당분간 러시아인들은 독일인들이 홀로코스트나 동부 전선에서 독일군이 저지른 범죄들에 대해 사죄했던 것처럼 그렇게 하지는 않을 것 같다.

소련 지도부와 마찬가지로 푸틴도 '위대한 애국자'로 자신의 리더십을 강화하고 국민적 애국심에 호소하고 있다(러시아 군용 차량에 스프레이로 그려진 나치 만자 기호(卍) 아래에는, "베를린을 향하여"라는 문구와 함께 "우리는 전에도 해냈고, 또 해낼 것이다!"라는 문구도 적혀 있다).

전쟁 중 '허위 정보 유포'와 러시아군에 대한 '불신'을 범죄화하는 법률이 시행됨에 따라 현대사 연구는 쉽지 않을 것이다. 2000년대 초반에 이 책을 썼을 때처럼, 현장에서 뛰어난 러시아 학자들의 아낌없는 도움을 받아 가며 연구하는 것은 오늘날에는 불가능할 것이다. 다시 가능할까? 그것은 그저 희망 사항일 뿐이다.

2024년 봄, 런던 W6에서
애나 리드

머리말

 이 책은 인간 역사에서 가장 참혹한 레닌그라드 포위전에 관한 이야기이다. 레닌그라드는 발트해의 북동쪽 모퉁이, 핀란드의 남쪽 해안과 러시아 북부의 해안을 나누는 길고 얕은 만灣의 입구에 자리 잡고 있다. 혁명 이전에는 러시아 제국의 수도로 표트르 대제의 이름을 따서 '상트페테르부르크'라고 불렸다. 그리고 다시 공산주의의 몰락과 함께, 옛 이름을 다시 찾았다.

 이 도시는 나치 독일에게 1941년 9월부터 1944년 1월까지 거의 900일 동안 포위되었다. 그때 사망한 이들을 기리는 시민들에게는 여전히 '레닌그라드'로 기억되고 있다. 봉쇄가 더 오래 지속되었던 마드리드나 사라예보에서도 사망자들의 숫자는 레닌그라드의 10분의 1도 되지 않았다. 런던 대공습 때보다 35배나 많은 시민들이 죽었고, 나가사키와 히로시마 원폭에서 죽은 사상자를 모두 합친 것보다 4배나 많았다.

독일이 소련을 침공한 1941년 6월 22일, 레닌그라드의 여름 아침은 혁명 이전과 다를 바 없었다. 해군성 시계 첨탑의 금빛 바늘 위를 선회하는 갈매기는 24년 전과 같은 풍경을 보았을 것이다. 공원과 궁전이 늘어선 회색빛 네바 강이 바다와 만나는 서쪽에는 해군 조선소의 크레인, 북쪽으로는 지그재그 모양의 페트로파블롭스크 요새가 있다. 남쪽으로는 네 개의 중앙 수로와 모이카 강, 고전적인 그리보예도프 운하, 넓고 웅장한 폰탄카 강과 두 개의 웅장한 이즈마일로프스키 대로와 넵스키 대로가 산업 지구의 공장 굴뚝까지 완벽한 대칭을 이루며 뻗어 있다.

레닌그라드 시민들의 일상이 나치의 침공으로 균열이 생기고 소집령이 떨어진다. 성문 앞에 멈춰선 적, 추위와 굶주림, 봄날의 회복, 승리의 불꽃놀이 등 영화처럼 슬프지만 행복한 결말을 보여줘야 했다. 그러나 현실은 그렇지 않았다. 30대나 그보다 더 나이가 많은 레닌그라드 시민들은 이미 세 번의 전쟁(1차 세계대전, 적백내전[1], 1939/40년까지의 핀란드와의 전쟁)과 두 번의 기아[2]를 겪은 후였다. 도시의 거의 모든 가정이 그 영향을 받지 않은 곳이 없었다. 시인 올가 베르그골츠가 "우리는 자살과 다음 자살 사이의 간격으로 시간을 측정했다."라고 표현한 것은 지나친 과장이 아니었다. 봉쇄는 대규모 사망자의 압도적인 현장이었는데, 비극의 마지막 장이라기보다는 앞으로 다가올 많은 사건의 전주곡에 불과했다.

1939년 8월, 두 나라는 불가침 조약을 체결하고 폴란드를 분할 점령했다. 히틀러가 1940년 봄에 프랑스를 침략했을 때, 스탈린은 곡물과 철, 고무 등 이른바 '땔감'을 대주었다. 따라서 신성 로마 제국 황제의 이름을 딴 '바르바로사' 또는 '붉은 수염'이라는 작전은 이 신생 국가에게 엄청난

---

1 볼셰비키 정부군과 대항군이 각각 적군, 백군이라 불린 것에서 유래되었다. 적색은 국제공산주의를, 백색은 혁명 이전의 질서를 말한다. 현재는 러시아 내전이라고 부른다.
2 내전 기간의 첫 번째와 스탈린의 폭력적인 식량 압류로 인한 두 번째 기아를 말한다.

충격이었다.

가장 큰 피해를 입은 도시는 레닌그라드였다. 전쟁 직전 이 도시의 인구는 300만 명이 조금 넘었다. 1941년 9월 중순까지 12주 동안 독일군과 핀란드군이 레닌그라드를 포위했을 때 약 50만 명의 시민이 징집되거나 대피했고 250만 명이 넘는 민간인, 그중 최소 40만 명의 어린이들이 있었다. 굶주림이 만연했고 10월부터는 거리에서 시체들이 발견되기 시작했다. 12월에는 사망자 수가 4배로 증가했고 1월과 2월에는 한 달에 10만 명으로 정점을 찍었다. 그해 겨울은 유달리 추웠다. 겨울이 끝날 무렵에는 기온이 영하 30°C의 날도 있었으며 추위와 굶주림으로 약 50만 명이 목숨을 잃었다.

이 책은 봉쇄가 시작된 첫 겨울에 초점을 맞추고 있다. 두 번째 겨울은 도시 남동쪽 해안의 붉은 군대가 라도가 호수를 통해 식량을 배달해서 상황이 나아졌다. 1943년 1월에는 소련군이 도시 외곽의 육로를 확보하여 철로를 건설할 수 있었다. 독일군이 베를린으로 기나긴 퇴각을 시작한 1944년 1월까지 총 사망자 수는 70만 명에서 80만 명으로, 포위 직전 인구의 3~4명당 한 명꼴로 사망했다.

■■■

레닌그라드 봉쇄는 서구에서 거의 관심을 받지 못했다. 뉴욕타임스의 모스크바 특파원인 해리슨 샐즈버리의 『900일』조차 1969년에서야 출판되었다. 레닌그라드는 유럽에서 나치가 장악하지 못한 첫 도시였고, 만약 함락되었다면 히틀러는 소련 최대의 무기 제조공장을 확보하고 아르한겔스크와 무르만스크의 북극 항구에서 연합군의 철도를 끊어냈을 것이다.

대중의 상상 속에 동부 전선은, 눈 덮인 평야에서 붉은 군대의 거대한 파도가 독일 기관총 앞에 우수수 쓰러지는 장면부터 연상될 것이다. 책을 쓰는 동안 내 친구들이 레닌그라드(발트해에 있고 현재 상트페테르부르크)와 스탈린그라드(카자흐스탄 접경에 있는 현재 볼고그라드)를 같은 곳이라고 생각하고 있다는 점을 알게 되었다.

독일인들에게는 약간 다른 형태의 모호함이 존재한다. 수백만 명의 독일인은 러시아에서 싸웠던 부모나 조부모가 나치당원이었다는 사실을 끌어안고 살아야 했다. 나치가 농민들의 식량을 빼앗고 유대인들을 총살했다는 사실보다는, 동상에 걸렸거나 포로수용소에서 강제노역을 했다는 사실(소련군에 포로로 잡힌 320만 명 중 거의 10명 중 4명이 포로 상태로 사망)을 기억하는 것이 더 나았다. 독일 역사학자 중 한 명은 "우리 역사에는 취사선택해야 할 만큼 문제가 너무나 많다."라고 말한다. 독일의 군사기록보관소가 있는 프라이부르크의 거리를 거닐다 보면, 이름과 날짜가 새겨진 작은 황동 동판이 있다. 추방되어 집단 수용소에 가게 된 유대인 가족의 집을 표시해 놓은 것이다. 그런데 레닌그라드 희생자의 이름은 어디에도 없고 오늘날까지도 관심밖에 있다.

봉쇄전이 잘 알려지지 않은 또 다른 이유는, 소련 당국이 포위전에 대한 기술을 막았기 때문이다. 전쟁 중에도 검열이 만연했다. 소련 뉴스 방송국은 '고난'과 '부족함'은 인정했지만 결코 '굶주림' 따위는 보도하지 않아서, 모스크바 시민들은 라도가 호수를 건너온 친구들의 이야기에 놀라움과 공포를 감추지 못했다. 영국과 미국의 언론은 소련 공보국의 말을 그대로 받아썼다. 레닌그라드 전선이 교착 상태에 빠지자 BBC는 꼬리를 내렸고, 1년 후 런던 타임스는 도시 외곽에 육로 통로가 설치되었다고 보도했다. 첫 번째 겨울에 '물자 부족'으로 시민들이 고통받고 있지만 다가오는 봄에는 '곧 좋아질 것'이라고 보도했다. 연합국의 관료 집단은 똑같이 레닌그라드 소식에 깜깜했다. 당시 모스크바 주재 영국군의 사절단 일원은 "장군에게 비행기 좌석을 구걸해 레닌그라드의 부모에게 음식을 가져다준 여배우가 유일한 정보원이었다"라고 회상했다.

소련 정부는 뉘른베르크 전범 재판에서 632,253명이라는 사망자 수를 인용하며 대량 기아를 인정했다. 간극은 냉전의 시작과 1949년 스탈린의 두 번의 새로운 숙청으로 더욱 좁혀졌다. 첫 번째 숙청은 레닌그라드의 전쟁 지도부와 당 조직을 쓸어버렸고, 두 번째 숙청은 '반(反)국제주의 운동'(사실 유대인 박해였다)으로 수백 명의 학자 및 전문가들을 송두리째 뽑아버렸다.

같은 해에 게오르기 말렌코프는 레닌그라드 국방 박물관을 방문했다. 그는 격노한 채, 박물관 홀을 성큼성큼 걸었다. "이 혁명의 도시가 포위전에서 고통받은 것처럼 보임으로써 위대한 스탈린 동지의 역할을 축소했소."라며 그는 박물관 폐쇄를 명령했다. 박물관장은 "탄약을 모았다"는 이유로 기소되었고 25년 형을 선고받았다.

1953년 스탈린의 죽음과 흐루쇼프가 권력을 잡으면서, 위대한 지도자의 빛나는 영도력보다는 전쟁의 양상에 초점을 맞추는 것이 가능해졌다. 스탈린의 공포 정치를 규탄하는 흐루쇼프의 『비밀 연설』과 솔제니친의 『이반 데니소비치의 하루』의 출판, 그리고 1960년 도시의 민간인 전사자를 위한 추모 단지가 조성되는 등 해빙기가 도래했다. 선정된 장소는 당시 가장 큰 집단 무덤이었던 피스카료프스코예였다. 흐루쇼프의 계승자인 브레즈네프는 정치적 돌파구로서 레닌그라드를 영웅적인 국가적 서사시로 격상시켰다. 레닌그라드 시민들은 비록 굶어 죽었지만 혁명의 요람을 위해 기꺼이 희생한 것이었다. 그들은 아무도 투덜거리지 않았고 뇌물을 받거나 이질에 걸리지도 않았다. 몇몇 파시스트 스파이를 제외하면 독일의 승리를 기대하는 사람은 아무도 없었다.

러시아 역사학자들의 말을 빌리자면, '사탕발림 걷어내기'를 약 20년 전 공산주의의 몰락으로 시작할 수 있었다. 정부기록보관소의 범죄, 보안국 보고서, 정치범 체포 사건 파일, 레닌그라드 지도부와 크렘린 사이의 전화 통화 녹취록에 접근할 수 있게 되었다. 다행히 무삭제판 회고록과 일기가 출판되었다. 분노에 찬 참전 군인과 포위전 생존자와의 인터뷰를 실은 신문이 발행되기 시작했다. 어깨 위에 삽을 얹고 웃고 있는 콤소몰카스[3]의 사진이 아니라 절단된 다리, 영양실조로 배가 불룩한 어린아이들과 지저분한 반나체 시체 더미 같은 많은 사진집이 처음으로 출판되었다. 어떤 자료는 기밀이었고 또 다른 자료는 파괴되었지만 그래도 브레즈네프의 감상적인 동화를 너덜너덜하게 만들 정도는 되었다.

　레닌그라드 시민들은 희생과 용기를 보여줬다. 또한 그들은 절도와 살인을 했으며 음식이 동났을 때, 모든 사회가 그랬던 것처럼 결국에는 인육을 먹었다. 모두가 굶주리는 와중에도 고위 관리들은 잘 먹었다. 총도 없는 맨몸의 병사들이 전쟁터로 내몰리는 상황에서도 도시에서는 수천 명이 체포되고 처형되었다. 굴라크 캠프[4]는 멀리 떨어져 있지만 소련의 축소판이었다고 역사학자 앤 애플바움이 말했다. "썩어 빠진 관료주의와 부정부패, 인간에 대한 음울한 경시가 있었다." 포위 당시 레닌그라드에도 같은 것이 적용되었다. 이 책은 기아로 인한 대규모 죽음이 스탈린이나 히틀러만의 잘못이라고 주장하지는 않을 것이다. 그러나 그것이 무엇이든 다른 정부였다면, 시민들(군대)의 사망자 수는 훨씬 더 적었을 것이다. 많은 러시아 사람들에게는 받아들이기 힘든 사실이다. 러시아의 20세기 역사에서 나치 독일에 대한 승리는 자부심과 애국심의 원천이었다. 브레즈네프가 그랬던 것처럼, 푸틴이 전쟁 기념일 행사를 호화롭게 할수록 대중의 반응은 더 호의적이었다. 정권이 자랑하는 것만큼 공성전의 영웅 신화는 생존자들의 트라우마를 달래주었다. 아이들을 위해서 자신을 희생하는 어

---

[3] 1918년에 조직된 소련 공산주의 청년 동맹 콤소몰의 멤버
[4] 소련의 통합국가정치보안부 교정노동수용소 총국으로 흔히 '정치범 수용소'로 부른다.

머니에게 의구심을 가진다는 것은 쉽지 않은 일이었고 심지어 잔인한 일이었다. 역설적으로, 포위전에 대한 논의는 마지막 블로카드니키(포위전 생존자)가 사망하게 되면 더 진솔해질 것 같다.

  레닌그라드 포위전을 다시 쓰는 것은 은폐된 잔혹성을 보거나 소련의 프로파간다를 벗겨내기 위함이 아니다. 극한 상황에서 인간이란 무엇인가를 다시 한 번 생각하기 위한 것이다. 이 책에서 목소리를 낸 일기 작가나 혹은 포위전의 희생자들은 쉽게 공감할 수 있는데, 그들은 예술가, 대학 강사, 도서관 사서, 미술관 큐레이터, 공장 관리자와 서점 주인, 연금 생활자, 주부, 학생과 어린 학생들로 우리들과 같은 사람들이었다. 어떤 이는 영웅으로 밝혀지고 다른 이는 사악했으며 대부분은 그 어딘가에 있을 것이다. 포위전 회고록 작가의 말처럼, "좋은 사람들도 있고 나쁜 사람들도 있고 평범했다." 그들 자신의 언어가 가장 좋은 기념비이다.

2010년 4월 브로카에서

제1부

1. 1941년 6월 22일

22 июня 1941 года

레닌그라드에서 남서쪽으로 60킬로미터를 가면, 호수의 풍경 속에 러시아 사람들이 '다차дача'⁵라고 부르는 여름 별장들이 있다. 1941년 6월 22일 일요일 아침, 서른 다섯 살의 중세 러시아 문학자인 드미트리 리하체프는 아내와 딸과 함께 오레데츠 강의 모래 제방에서 일광욕을 하고 있었다.

해변에 앉아 있을 때, 우연히 대화를 들었다. 휴가객은 크론슈타트(상트페테르부르크에 속한 항구)의 폭격에 대해 말했다. 처음엔 1939년 핀란드전의 폭격을 말한다고 생각했다. 우리가 다차로 돌아왔을 때, 전쟁이 발발했다는 소식을 들었다.

정오 무렵, 리하체프 가족도 다른 휴가객들처럼 옥외 스피커 주변에 모

---

5 소련의 주말농장으로 통나무집과 텃밭이 딸려 있다.

였다. 외교 위원 뱌체슬라프 몰로토프의 연설이었다. "여러분, 오늘 아침 4시에 선전포고도 없이, 독일이 우리나라를 침략했습니다." 그는 말을 이어갔다. "불가침 조약이 있는데도…"라는 당혹감을 잠시 드러낸 후, "우리의 대의는 선합니다. 그리고 적을 박살낼 것입니다."라는 더욱 격앙된 말로 끝을 맺었다. 방송이 끝났을 때, 사람들은 매우 침울해했다. 히틀러의 유럽 대공습 이후에 좋은 일이라곤 아무것도 일어나지 않았다.

레닌그라드 전역에서 평온한 주말 아침이 사라졌다. 타비르체스키 궁전 근처 아파트에서, 옐레나 스크랴비나는[6] 일찍 일어났다. 햇살이 밝았고 시원한 아침 공기와 둘째 아들 유라를 돌보는 유모의 목소리가 모두 합쳐지며 그녀는 만족과 기쁨을 느꼈다. 큰아들인 열네 살짜리 디마는 여름 궁전에 분수를 보러 나갔다. 오전 9시에 남편이 외출하지 말고 라디오를 켜 보라고 흥분한 채 전화했다. 정오에 그녀는 어머니와 함께 몰로토프의 방송을 들었다. "갑자기 뭔가 불길하고 어두운 일이 우리를 엄습하고 있다는 걸 느꼈다." 방송이 끝났을 때, 그녀는 밖으로 나왔다. 사람들이 거리로 쏟아져 나와 가게로 밀치고 들어가 "그들 손에 닿는 것은 무엇이든 사버렸다."

> 많은 사람이 은행으로 달려갔다. 은행에는 이미 돈이 바닥났다. 6월의 낮은 견딜 수 없을 정도로 불타올랐다. 몇몇은 기절했고 또 다른 사람은 기도했다.

같은 날 오전 11시에 유리 랴빈킨은 체스 게임에 참여하려고 사도바야 거리를 지나가는 길이었다. 경찰이 방독면을 쓰고 빨간 완장을 차고 있었다. 유리는 어떤 소년 주위에 사람들이 모여 있는 것을 보았다. "오늘 아

---

[6] 옐레나 스크랴비나(Elena Skryabina)는 러시아의 작곡가 알렉산드르 스크랴빈의 딸로 작가로 활동했다.

침 4시에" 작은 소년은 흥분해서 말하는 중이었다. "독일군 폭격기가 세바스토폴을 폭격했어요! 몰로토프가 라디오에서 우리는 지금 독일과 전쟁 중이라고 말했어요." 머리가 핑핑 돌았고 똑바로 생각할 수가 없었다. 세 게임을 더했는데 모두 다 이겼다. 그런 후에 집으로 갔다. 저녁을 먹고 2시간 반을 신문을 기다리며 혼잡한 거리를 돌아다녔다. 흥미로운 이야기와 회의적인 발언이 넘쳐흘렀다. 몇 가지 공보문을 제외하고는 어떤 뉴스도 없었다. 유리가 사춘기의 불안함을 띤 일기에 "시계는 11시 30분을 가리켰다."라고 썼다. 전쟁이 시작되고 있었다. 사회주의와 파시즘 사이의 충돌. 인류의 운명은 이 역사적인 격전의 결과에 달려 있었다.

1939년 8월의 나치와 소련 조약에 따라, 소련은 폴란드의 동부와 1940년 6월에 레닌그라드 서쪽의 발틱 주, 그리고 호수가 우거진 북쪽까지 영토를 넓혔다. 핀란드와의 겨울 전쟁은 앞으로 닥칠 고난을 예고했다. 독일의 폴란드 침공 석 달 후인 1939년 11월 30일에 발발했고, 소련은 이 전쟁이 금방 끝날 거라고 예상했다.

"우리가 언성을 약간 높이기만 하면 끝난다고 생각했다." 흐루쇼프는 기억했다. "좋은 말로 하다가 우리가 한 발 쏘면, 핀란드는 손을 들고 항복할 것이다."

그러나 사실상 굴욕적인 패배였다. 핀란드 사람들은 끈질기게 방어했고 스탈린은 추가 병력을 파견할 수밖에 없었다. 소련은 1941년 3월 12일 핀란드만과 라도가 호수 사이를 모두 점령하면서 항복을 받았지만 127,000명의 군인이 사망했다. 병사들은 무기와 탄약, 겨울옷과 위장복이 부족했다. 무엇보다도 대숙청으로 인해 좋은 장교가 부족했다. 1937년에서 1939년까지 4만 명의 장교가 체포되었고 1만 5천 명이 총살당했다. 소련

---

7   1937/38년에 스탈린에 의한 대규모 숙청으로 공식적으로는 681,692명이 희생되었다고 발표했으나, 실제로 120만 명에 육박한다고 추정한다.

측 희생자에는 5명의 원수 중의 3명, 16명의 육군 사령관 중에 15명, 67명의 군단장 중에 60명, 169명의 사단장 중에 136명, 25명의 제독 중에 15명이 포함되어 있었다. 생존자(44%는 장교 교육을 받지 못했다)는 대부분 내전의 참전용사였거나, 능력에 비해 지나치게 진급한 애송이들이었다.

겨울 전쟁에서 러시아가 저지른 실수는 독일 침공의 초기 몇 달 동안 정확하게 반복되었다. 레닌그라드를 포위하는 것은 도왔지만 공격은 거부한 핀란드 사람에게는 겨울 전쟁에 이어진 전쟁처럼 보였다.

러시아인에게 2차 세계대전의 첫 22개월은 강 건너 불이었다. "유럽 어딘가에서 전쟁이 계속되고 있다. 한 2년인가? 그런데 그게 어때서?"라고 레닌그라드 시민은 회상했다. 국제적인 사건은 그네들이 흔히 부르듯이 "신상에 좋을 게 없는" 것이라서 언급을 회피했다.

1940년 봄, 프랑스와 저지대 국가(네덜란드, 벨기에, 룩셈부르크)를 점령한 히틀러의 전격전은 안나 아흐마토바 같은 지식인의 마음을 움직였다. 그렇지만 많은 시민들은 서구 자본가들이 서로를 갈기갈기 찢고 있으며 결국 소련이 싹쓸이할 거라고 방송하는 확성기와 선동가들의 말을 곧이곧대로 믿었다. 나치 침략 소식을 듣고서, 레닌그라드 공장 노동자들은 외쳤다. "전쟁도 독일 땅에서만 일어날 것이며 독일인에 의한 사회주의 혁명으로 전쟁이 멈출 것이다. 일주일이면 전쟁이 끝난다. 아니, 일주일도 안 걸리지. 우리가 베를린까지 점령하는 데는 3, 4일밖에 안 걸려."

고전주의학자이며 보리스 파스테르나크[8]의 사촌인 올가 프리덴베르크에게 "여름의 한적한 일요일에 과거와 현재 사이로 갑자기 비집고 들어온 삶의 균열이었다."

소련의 지도부 또한 충격에 사로잡혔다. "스탈린과 그의 추종자들은 뱀

---

8 러시아의 시인이자 『닥터 지바고』의 작가. 1958년 노벨 문학상에 선정되었으나 수상을 거부했다.

과 마주친 토끼처럼 완전히 얼어붙었다."라고 괴벨스는 침공 한 달 전 일기에 썼다. 스탈린은 독일과의 전쟁은 다음 해까지는 미룰 수 있다고 확신했다. 소련 대사가 베를린에서 보낸 긴박한 보고서는 무시되었다. 무역위원회는 침공 바로 전날 밤까지, 독일에 곡물, 석유, 고무와 구리를 계속 보냈다.

전쟁 발발 당시, 레닌그라드의 전권 대행 안드레이 즈다노프는 학교 선생의 아들에서 고리키(현 니즈니 노브고르드)의 당서기로 승진했으며 레닌그라드 정당 대표와 폴트부로의 정회원 자격까지 올랐다.[9] 스탈린이 형식적인 'Vy'(당신)보다는 프랑스 'tu'(너)에 해당하는 친근한 'ty'로 부른 몇 안 되는 사람들 중 한 명이었다. 그는 시인 아흐마토바를 "반은 수녀, 반은 창녀"라고 조롱하고 쇼스타코비치에게 정치적으로 올바른 곡을 연주하라며 괴롭혔다. 사실, 그는 대량 학살자이다. 다른 중앙 위원회의 멤버들처럼 1937~39년의 숙청을 주도했다. 스탈린과 몰로토프와 즈다노프의 서명은 수많은 숙청자 명단에서 발견된다.

스탈린처럼 즈다노프도 독일의 공격을 시기상조로 보았기 때문에 6월 19일에 흑해의 휴양지 소치로 6주간의 휴가를 떠났다. 스탈린은 "독일은 이미 전성기가 지났다."라며 그를 안심시켰다. "1942년에야 공격할 것처럼 보이니, 휴가를 가시오." 6월 21일 토요일 오후 즈다노프가 해변에 있을 때 국경 수비대가 '소련 영공 침입, 탱크의 은밀한 움직임, 철조망 제거' 같은 내용의 보고서를 쏟아냈다. 아침 9시 넘어서 세 명의 탈영병(리투아니아인 한 명과 두 명의 독일 공산주의자)이 소련 진영으로 넘어와 심문관에게 부대에 전달된 명령을 말했다. "기습 공격은 새벽 4시에 시작될 것이며 붉

---

9 политбюро: 정치국에 해당하는 러시아어로. 최초의 정치국은 1917년 러시아 혁명 당시 볼셰비키당에 의해 소련에 창설되었다. 최초의 정치국에는 블라디미르 레닌, 지보비예르, 레프 카메네프, 레온 트로츠키, 이오시프 스탈린 등의 7명의 위원이 있었다.

은 군대를 빠르게 끝장낼 계획"이라고 털어놓았다.

크렘린에서는 불안과 현실 부정이 팽팽하게 맞섰다. 30분마다 전화를 걸었지만 독일 외무부는 전화를 받지 않는다고 베를린 대사가 보고했다. 늦은 저녁에 국방위원인 세몬 티모셴코 장군은 독일군 탈영병들의 소식을 전화로 보고했고, 스탈린은 고위 장군들의 집합 명령을 내렸다. 그들이 도착했을 때, 스탈린은 걸음을 멈추고 "그럼, 지금은?"이라고 물었다. 티모셴코과 참모장 게오르기 주코프는 모든 국경의 군대는 경계 태세를 유지해야 한다고 주장했다. 스탈린은 동의하지 않았다. "아직 시기상조요. 평화적으로 해결할 가능성이 있소. 국경 부대는 문제를 일으킬 수 있는 어떤 일에도 도발해서는 안 되오." 자정이 지나 반 시간 후에 스탈린은 공격이 단지 도발일 수 있다고 하면서 경계 태세를 유지하라고 명령했다. 그가 잠자리에 든 지 한 시간 후에 주코프가 전화를 걸었다. 소련의 서부 지역의 주요 도시 키이우, 민스크, 빌뉴스, 세바스토폴이 폭격당하고 있었다. "스탈린 의장님, 제가 말한 것을 이해하고 계십니까?" 주코프는 되물었다. 스탈린이 알아야 할 전쟁이 시작되었다.

외교 정책의 첫 번째 원칙은 '결코 러시아를 침략하지 말 것'이다. 그런데 왜 히틀러가 소련을 공격하기로 결심했을까? 1940년 군사 작전의 시작부터 히틀러의 목적은 정치적인 목표가 아니었다. 영토를 합병하고 힘을 키우는 것이 아니라 한 종족을 말살하길 원했다. 그리하여 베를린에서 카스피해의 아스트라한까지 수천 킬로미터에 달하는 제국을 이루는 것이 히틀러의 생각이었다.

그 지역 전체가 아시아의 대초원이 아닌 유럽이 되어야 한다! 도로로 연결된 30~40킬로미터 길이의 행복한 마을이 이어질 것이다.

나치 계획에 따르면 러시아 도시들은 파괴되고 모스크바는 인공 호수가 될 예정이었다. 그리고 스칸디나비아의 아리안인이 들어와 살게 되는 것이다. 20년 안에 그 수가 2천만 명에 달할 것으로 추정했다. 러시아인들은 시베리아로 보내 농노로 만들거나 말살할 것이다. "몇 년에 한 번씩 히틀러는 제국의 권위를 과시하기 위해 우랄에서 작전을 지휘할 계획이었다."라고 슈페어는 회상했다.

이 계획은 술집에서나 들을 법한 허무맹랑한 이야기라서 진지하게 받아들이기가 어렵다. 파괴하기 위해서 나라를 점령한다는 것이 말이 되는가? 새로운 도시와 길을 건설하기 위한 자금은 어디에서 나오고? 이미 정착한 수백만 명의 사람들은? 대륙의 절반을 노예로 붙잡아둘 군대는? 프랑스를 점령하고 몇 주 후인 7월에, 히틀러는 육군 총사령관 발터 폰 브라우히치와 군참모총장 프란츠 할더에게 소련을 점령할 계획을 세우라고 했다. 그러면서 영국을 설득해 평화 협상을 이끌어내기 위한 유일한 방법은 제국에 적대적인 대륙의 마지막 나라를 제거하는 것뿐이라고 강조했다. 브라우히치와 할더는 영국을 먼저 격파하는 계획을 선호했다. 할더는 1941년 1월 28일 일기에 이렇게 썼다. "바르바로사 작전의 목적은 분명하지 않다. 서부 전선의 리스크는 과소평가되어서는 안 된다. 이탈리아가 식민지를 잃고 붕괴할 가능성이 있고 만약 그렇게 된다면 우리는 스페인, 이탈리아와 그리스에 남부 전선이 생기게 된다. 만약 우리가 러시아에 묶여 있다면, 상황은 더 나빠질 것이다." 외무대신 요아힘 폰 리벤트로프는 똑같이 의구심을 가졌다. 제3제국에서 두 번째로 막강한 헤르만 괴링은 노동력과 식량 부족을 걱정했다. 그러나 히틀러는 인기와 특권에 도취된 채, 부하들에게 욕설을 퍼붓는 데 익숙했다. 동요하는 사람들은 의심을 삼켰고 불가피성을 받아들었다. 뭔가 행동을 취한 지도부의 유일한 멤버는 루돌프 헤스였즌데,[10] 그는 영국과의 평화 협상을 통해 양측의 전쟁을 막기 위해 침공 6주 전에 스코틀랜드로 나 홀로 비행을 한 것으로 밝혀졌다.

바르바로사 계획은 1940년 12월에 완성되었고 1941년 5월 15일로 작전 개시일이 정해졌다. 날짜와 계획 둘 다 곧 바뀌었다.[11] 이 작전은 전례 없는 가혹한 방식으로 진행될 예정이었다. 3월 20일에 총통의 2시간 반짜리 연설을 듣고 나서 할더는 "이 전쟁은 서부 전선과도 다른 것이다. 사령관들은 개인의 양심을 져버리는 희생을 해야만 한다."라고 썼다. 6월에는 최고사령부의 지시로 소련의 정치 장교들을 총살하도록 했다. 또한 무분별한 식량 징발이 예상되었다. 점령 부대는 민간인들이 굶주린다는 것을 알면서도 수탈을 멈추지 않았다. "러시아인들은 수 세기 동안 가난을 견뎌왔다." 식량 농업부 국무장관인 헤르베르트 바케가 농담했다. "그들의 위장은 유연하니, 거짓 동정은 없다!" 괴링은 "30년 전쟁 이후로 유럽에서 가장 큰 대량 학살이 일어날 것"이라고 예측했다. 무엇보다도 볼셰비키를 하루 빨리 처단해야 했다. 이를 위해 전차와 기갑 보병이 이끄는 전격전Blitzgrieg, 즉 번개처럼 진행되어야 한다. 이 작전은 3개월 안에 끝내야 했으며 처음 몇 주는 붉은 군대를 격멸하는 주요 전투에, 나머지는 소탕 작업에 투입해야 한다. 일단 정복하면, 소련 전체가 빠르게 4개의 새로운 제국위원회의[12] 체제하에 민간 통치로 전환되어 대부분의 병력이 귀국할 수 있게 될 것이다.

히틀러는 러시아의 반유대주의를 과대평가했고 그들의 애국심을 과소평가했기 때문에 "문을 부숴라! 썩은 구조물 전체가 무너질 것이다!"라

---

10 히틀러의 부관이자 괴링 다음 후계 순위 3순위였다. 메서슈미트(독일 전투기)를 훔쳐 1941년 5월에 스코틀랜드에서 납포되어 전쟁이 끝날 때까지 억류되었다. 전후에는 전범 수용소에서 생을 마쳤다.
11 그리스와 리비아에서 이탈리아의 지원 요청으로 지연이 불가피했고 두 갈래의 공격은 세 갈래로 갈라진 공격으로 바뀌었다.
12 Reichskommissariat: 행정부의 국가 판무관이 수장인 행정기관으로 나치의 식민지 지배를 위한 총독부의 역할을 수행했다.

고 선언했다. "슬라브 민족은 타고난 노예"라는 등의 거친 비방은 히틀러와 그의 조언자들의 지적인 게으름을 보여준다. 이러한 '과도한 희망'은 스탈린이 패배를 겪으면 내부 붕괴가 일어날 것이라는 믿음에서 출발했다. "총통의 조언자들이 그런 믿음을 만들었고 우리는 반박할 수 없었다."라고 히틀러의 한 장군이 회상했다. 바르바로사 작전에서 볼셰비키, 유대인, 슬라브인들은 해충, 짐승, 괴물로서 혐오감을 주는 존재였다. 이들을 청산하거나 노예화하는 것이야말로 목적이었다. 즉, 절멸의 전쟁Vernichtungskrieg이 시작된 것이다.

2. 바르바로사

Barbarossa

6월 22일 일요일, 백야로 인해 레닌그라드에는 아직 어둠이 내리지 않았다. 태양은 서쪽의 핀란드만 너머로 미끄러졌지만, 하늘은 여전히 밝은 분홍빛이 도는 보라색이었다. 해가 다시 떠올라 도시를 환한 햇살로 가득 채우는 이른 아침까지 그대로였다.

새벽 2시에 옐레나 스크랴비나는 귀가 먹먹한 대공포 소리에 잠이 깼다. 공습이라고 믿고 (훈련 중이었다) 대피하다가 아파트 계단에서 이웃을 만났다.

옛 집주인 아나스타시야는 트렁크에 앉아 냉소적으로 웃었다. 그녀는 독일의 승리만이 유일한 구원일 거라고 말했다. 두 가지 감정에 휩싸였다. 우리가 파괴되지 않을 것이라는 소망과 전쟁만이 공포에서 해방될 수 있다는 깨달음이었다.

레닌그라드 시민들 사이에서 엇갈린 감정이 있었던 것은 그녀뿐만이 아니었다. 나치를 향한 거부감과 정부의 안이함에 대한 분노가 교차했다. 그리하여 스크랴비나의 이웃 같은 사람은 독일의 점령이라도 공산주의의 종말을 위해 치를 가치가 있다고 생각했다.

리하체프가 월요일에 레닌그라드로 돌아왔을 때, 도시는 고요했다. 바실리옙스키 섬의 동쪽 끝 대학(푸시킨 하우스)에서 평소에는 과묵하던 사람들이 그날따라 유난히 말이 많았다.

키로프 제철소 정보원들은 노동자들의 반응을 기록했다. "파시스트 개들의 배반을 묘사할 단어를 찾을 수 없다."라고 공개 회의의 연사들은 단호히 발언했다. "우리의 의무는 스탈린 동지를 중심으로 단결하는 것이오." 레닌그라드 사람들은 분노와 두려움에 휩싸였다. 마르티노프 동지는 다음과 같이 말했다. "히틀러에게 빵을 먹여줬는데, 우리에게 등을 돌렸소!" E.P 바트마노바는 헨코(헬싱키 서쪽의 소련 해군 기지)가 독일에 함락되었다는 소식을 들었다고 말했다. 참석한 당의 간부는 이러한 대화는 적의 이익이 되는 거라고 설명했다.

이튿날 식당 책임자 솔로뵤프는 배송 문제가 생긴 것을 알게 되었다. 사람들은 동요하기 시작했다. "겨우 전쟁 2일째인데, 벌써 빵이 없다니. 전쟁이 1년 동안 계속된다면, 우리는 모두 굶어 죽을 거요."

독일의 침공 직후, 애국심이 대중의 압도적인 정서였다. 6월 27일 당 사무실, 군 모집 센터와 공장 본부 앞에는 자원봉사자들이 앞다투어 줄을 섰다. 약 10만 명의 시민들이 전쟁이 발발한 지 24시간 만에 자원했다. 26일 목요일까지 키로프 제철소는 110건의 당원 신청서를 받았다. 징병소에는 전선으로 보내 달라는 1,000개 이상의 요청서가 쇄도했다. 전쟁이 선포된 날 8세의 이고르 크루글리야코프는 아버지와 삼촌들과 함께 넵스키 대로에 가서 가족사진을 찍었다. 다음 날, 그는 "우리가 페트로그라드[13] 쪽으로 갔다."고 기억했다. 사방이 건물로 둘러싸인 보옌코마트를 기억한다. 그리고 같은 날 저녁에 떠났다.

당은 국방기금을 위해 모금 운동을 몇 주 동안 조직했다. 키로프 제철소에서는 보석, 돈, 채권 등을 기부해 달라고 호소했다. 물품이 쏟아지자 기부자들에게 은행에 직접 전달해 달라고 요청했다. 사실 당의 공식적인 임금 포기 요청을 공개회의에서 거부하기는 어려웠을 것이다. 안드레이 드제니스케비치[14]는 강요가 아닌 진정한 관심만이 "장롱 속 깊숙이 숨겨둔 금귀걸이나 은수저를 국가에 헌납하도록 유도할 수 있을 것"이라고 지적했다.

애국 자원봉사의 물결이 육군 장교와 고위 당 간부들을 제외한 도시의[15] 모든 사회 집단을 집어삼켰다. 사실상 제1차 세계 대전 때 영국의 소년들을 참호 속으로 밀어 넣은 것과 다르지 않았다. "안녕, 이리나!" 18살짜리 아이가 6월에 여자 친구에게 편지를 썼다.

나는 전선으로 가! 내가 참전했다 돌아오면 베토벤과 레르몬토프와 푸시킨을 더 잘 이해할 수 있을 거야, 이제 나는 너보다 유리해. 네가 책만 훑어봐야 할 동안 나는 삶의 소용돌이에 뛰어들 거야. 괜찮아, 아마 우리는 언젠가 다시 만날 거야. 올가, 네 손을 굳게 잡을 거야.

나이 든 러시아인에게는 애국전쟁이 조국을 다시 보게 되는 계기가 되었다. 당시 39세의 문학 비평가 리디아 긴즈부르크[16]가 나중에 말했다.

---

13 상트페테르부르크의 네바 삼각주 북부의 섬으로 구성된 자치구.
14 1990년대 초에 레닌그라드의 전시기록보관소를 최초로 발굴한 역사가.
15 지난 5년 동안 정부의 탄압으로 가장 큰 타격을 입었다.
16 봉쇄일기를 1998년 1월 출판했다.

레닌그라드의 인텔리들은 본능적으로 움직였어요. 이 모든 것이 기묘한 우연의 일치인 것입니다. 이제 공동체가 원하는 것을 그들 스스로도 원하고 있습니다.

놀랍게도, 속마음을 감추는 데 능숙한 사람들인 인텔리가 대중과 한마음으로 국가의 부름에 공감하게 되었다. '징집 대상이 아닌 사람들'이 갑자기 뭔가 하길 원했다. 병원에서 통역 서비스를 제공하고 신문에 공짜로 기사를 투고했다고 긴즈부르크는 기억했다. 관료들은 지원자들과 무엇을 해야 할지 몰랐다. 그들은 결국 "능력과 의지와 상관없이 엉뚱한 곳으로 보내졌다."

정부를 혐오하면서도 그 자신과 조국을 동일시한 사람들 중에 안나 아흐마토바도 있었다. 1889년에 태어나 상트페테르부르크 남쪽 마을인 차르스코예셀로에서 자란 그녀는 씁쓸한 사랑의 서정시로 혁명 전에 명성을 얻었다. 1920년대 후반에 전 남편인 니콜라이 구밀료프가 볼셰비키에게 처형되면서 그녀의 삶에 그늘이 드리워지기 시작했다. 30년대를 지나, 주변의 모든 친구들이 수용소로 사라지면서, 그녀는 점점 더 심오하고 비참한 시를 남몰래 지었다. 새로 쓴 원고는 검열을 피해 불태웠으며 강의와 번역에 전념했다. 1938년에 26세였던 아들은 겨우 5년 만에 세 번째로 체포되어 굴라크[17]로 보내졌고 전쟁 발발 당시에도 그곳에 있었다. 아흐마토바는 애국적인 방송에 참여했으며 폰탄카 강의 셰레메티예프 궁전 밖에서 두 번째 전 남편인 미술사학자 니콜라이 푸닌과 그의 새 아내와 딸과 함께 혼란스러운 삼각관계로 살았다.

조국과 정부를 구별하려고 애쓴 또 다른 작가는 31세의 시인 올가 베르

---

17 굴라크는 소련의 노동 수용소로 1920년대부터 1950년대 중반까지 소련의 정치범과 범죄자들이 수용되었다.

그골츠였는데 포위 공격의 첫 겨울에 쓰였고 이듬해에 방송된 시 『2월 일기』로 유명해졌다. 하지만 전쟁 초기에는 그리 유명하지 않았다. 베르그골츠는 아흐마토바를 존경했는데 혁명 이후 10년 동안 공산주의의 신봉자였다. 1937년 전 남편인 시인 니콜라이 구밀료프가 공산당과 작가 협회에서 제명된 채 처형당하자, 아흐마토바는 공산주의에 환멸을 느꼈다. 18개월 후, 베르그골츠의 차례가 되었다. 그녀는 내무부 본부 뒤로 끌려갔고 배를 걷어차여서 유산을 했다. 아이러니하게도 대숙청이 보안국에도 불어닥쳐 그녀를 취조하던 간부들이 처형되고 나서 7개월 만에 감옥에서 풀려났다.

  2년 후 전쟁이 발발했을 때, 베르그골츠에게는 라디오 방송국 동료와의 술자리, 문학에 대한 생각, 여동생을 위한 낙태 준비 등이 일상적인 관심사였다. 6월 22일의 일기에는 단순히 '전쟁'이라고 적혀 있다. 그날 스탈린에 대한 환멸과 조국에 대한 사랑을 담은 발표하지 못할 시를 썼다.

> 그날에, 나도 역시 잊지 않습니다.
> 박해와 슬픔의 쓰라린 나날을
> 그러나 눈이 멀 듯한 빛 속에서 나는 이해했습니다.
> 이는 나에게가 아닌 당신께 일어났지요.
> 힘을 찾아 기다린 것은 당신이었어요.
> 아니, 나는 아무것도 잊지 못했습니다.
> 죽은 자와 희생자들도 당신의 부름으로
> 무덤에서 일어날 것입니다
> 나 혼자가 아닌 우리가 일어설 것입니다.
> 쓰디쓰지만 모두를 용서하는 밝고
> 새로운 사랑으로 당신을 사랑합니다.

가시관을 쓴 나의 조국과

빛나는 무지개가 당신 머리 위에 있습니다.

당신을 사랑합니다. 나는 다른 이를 사랑할 수 없습니다.

예전처럼 당신과 나는 하나입니다.

독일 침공에 대한 대중의 분노가 무질서로 흐르지 않도록 할 책임자는 즈다노프(6월 26일이나 27일에 레닌그라드로 돌아왔다)와 시市 지구 소비에트의[18] 의장 표토르 포프코프, 그리고 레닌그라드 수비대의 사령관 포포프 중장이었다. 지도부의 명령은 도시 및 15개 시 지구 소비에트 집행 위원회가 집행했다. 전체 구조는 모스크바에서 힌트를 얻었다. 예를 들어, 여행 제한 및 통금을 의무화했던 6월 27일 포프코프의 1호 명령은 이틀 전에 모스크바 수비대 사령관이 발행한 명령과 똑같았다. 어떤 역사가가 말했듯이, 레닌그라드 수비대 사령관이 실제로 프라우다에서[19] 그 명령을 따라 했다는 인상을 피하기는 어렵다

즈다노프의 레닌그라드 당 본부가 모스크바에 의존하면서 상부의 명령은 중복되었다. 8월 24일 레닌그라드 군사협의회가 창설되어 즈다노프와 육군 사령관 보르실로프 원수가 명령 체계를 간소화했다. 그래도 중앙집권화의 문제는 남아 있었다. 4일 전 즈다노프는 무기 생산 및 군사 훈련을 위한 두 번째 위원회를 만들면서 본인은 쏙 빠졌다. 스탈린은 전화로 즈다노프와 보로실로프가 합류할 것을 주장했다. 따라서 즈다노프는 거의 두 개의 위원회를 맡아야 했다. 두 번째 기구는 10일 후에 다시 구성되었다. 대머리에 뚱뚱한 즈다노프는 더 이상 위임 문제를 꺼내지 않았다. 그의 서

---

18 Soviet: 노동자·농민·병사들의 대표를 선출하여 조직된 평의회로 지역별로 구성되어 있었다. 전체 국가명인 소비에트 사회주의 공화국 연맹(USSR)은 소련으로 표기한다.

19 1912년에 공산당의 기관지로 창간된 관영 신문

명이 있는 기록보관소의 문서 중 전형적인 것은 한 공장에 9개의 산소 탱크를 중복 배달하라는 명령이었다.

위기 상황에서 이들의 첫 번째 본능은 일단 체포하자는 것이었다. 침공 후 금요일 아침 1시에 남편과 옐레나 스크랴비나는 초인종 소리에 잠이 깼다. 소련에 사는 사람은 한밤중의 방문 목적이 무엇인지 알고 있었다. 수색 영장이나 체포 명령을 의미하는 것이다. 이번에는 소집 위원회의 소환으로 밝혀졌다. 4일 후 그녀는 동료의 슬픈 소식을 들었다. "그들은 아무것도 압수하지 못했지만, 그녀를 체포했다. 내가 아는 건 연구소의 소장이 적대적이었다는 점이다."

전쟁 발발로 레닌그라드를 강타한 공포의 희생자들은 도시의 가련한 독일인들이었다. 독일어를 사용하는 발트족의 후손, 예카테리나 대제 때 남부 대초원을 경작하기 위해 유입된 농민 정착민—또는 차르 치하에서 경력을 쌓기 위해 러시아에 온 독일인의 후손—은 성을 제외하고는 러시아인과 구별할 수 없었다. (그래서 어떤 사람들은 이름을 바꾸어 추방을 면하려고 했고 다른 사람들은 유대인인 척했다.) 발트해와 동부 폴란드에서 만든 절차에 따라, 그들은 화물 열차를 타고 '북극, 중앙아시아, 시베리아 및 극동으로의 강제 대피'를 하게 되었다. 출발을 준비할 시간이 24시간밖에 없었다. 약 23,000명의 독일인과 핀란드인이 1941년 여름에 추방되었고, 1942년 3월에 또 다른 35,162명이 라도가 호수의 얼음을 가로질러 추방되었다. 그들 중에는 넵스키 대로에 살았던 트리베르크 가족도 있었다. 어떤 이웃이 60년 후에 이때를 기억했다.

> 그들은 넵스키 대로 11번지의 같은 계단에서 우리 건너편에 살았습니다.
> 세 명의 아이, 소년 두 명과 세 살짜리 소녀가 있었지요. 첫째와 둘째, 12살과 16살짜리는 우리 집에 놀러 오곤 했었죠. 나는 그녀들의 엄마나 숙모에

게 독일어 수업을 받았지요. 큰아들은 엄마의 문학적 재능과 엔지니어 아버지의 재능도 물려받은 것 같았어요. 이 젊은이를 잃었을 때, 미래의 학자를 잃었다고 확실하게 말할 수 있었습니다. 더 정확하게, 이 나라는 그들 모두를 잃었습니다.

1938년에 아버지가 체포.

1941년에 비슷하게 아이들의 어머니를 체포하고 1944년에 총살.

아이들은 졸지에 고아가 되었습니다. 그들의 모든 소유물은 압류되었습니다. 그 결과 큰아들은 굶어 죽었고 숙모와 더 어린 아들과 여동생만 남았지요. 마치 살아 있는 그림자처럼요. 굶주림으로 죽어가는 한 여성과 영양실조 상태의 두 어린이. 그들은 라도가 호수의 얼음 위를 걸어 레닌그라드를 떠났습니다.

이 여정 동안 숙모는 죽었고 생존한 두 아이는 다시는 만나지 못했다. 엄밀히 말하자면 "이웃은 독일과의 마지막 전쟁 중에 죽었지, 독일군의 손에 죽은 것은 아니었다." 1942년 10월까지 71,112명이 추방되거나 체포되었다. 실제로 1936-38년 숙청 기간에 표적이 되었던 사람들과 같은 부류였다. 오래된 부르주아지(탈계급적 요소), 농민(쿨라크[20]), 소수 민족(민족주의), 교인(종파주의자), 숙청 희생자의 아내와 국민의 자녀(인민의 적의 친척), 그리고 외국에 인맥 있는 사람(스파이/배신자). 평소처럼 단순히 투덜거리기만 해도 치명적일 수 있었다. "패배주의 소문을 퍼뜨리는" 혐의로 소련에서 첫 번째로 처형된 케이스는 7월 초에 레닌그라드에서 있었다. 수백 명의 시민들이 근무 시간에 불평하거나, 키이우와 스몰렌스크 폭격 소식을 전한 혐의로 체포되었다.

---

20 부유한 농민(кулак)이란 뜻으로 시대별로 기준이 다르게 적용되었다. 스탈린 체제하에서는 다른 농부보다 많은 농지를 소유한 농민은 탄압과 숙청의 대상이 되었다.

이 시기에 사라진 사람들 중 한 명은 필명 다닐 하름스로 알려진 작가[21] 다닐 유바초프였다. 그는 오컬트를 연구했으며 우유만 마셨고 사냥 모자를 쓴 채, 사냥 재킷과 반바지와 체크 양말을 신고서 미야코프스키 거리 주변을 거닐었다. 1989년에야 출판된 그의 산문은 악몽 같은 블랙 유머로 시대의 칙칙함과 광기 어린 관료주의적 폭력을 포착한다. 한 남자는 덤불 속에 숨어 있는데, 위생 검사관이 그를 접어서 쓰레기와 같이 버리라고 명령할 때까지 점점 더 얇아진다. 또 다른 장면에서, 호기심 많은 늙은 여성들이 창문 밖으로 차례차례 땅으로 떨어진다. 하름스는 8월에 체포되어 크레스티 감옥의 정신과로 보내졌고 그곳에서 두 달 후 알려지지 않은 원인으로 사망했다. 그는 왜 체포되었을까? 역사학자 해리슨 솔즈베리가 말한 것처럼, "아마도 그가 웃긴 모자를 썼기 때문"일 것이다.

■■■

전쟁 첫 며칠 동안의 자원봉사는 빠르게 의무화되었다. 6월 27일 금요일 소련의 다른 지역보다 앞서서, 레닌그라드 소비에트는 16세에서 50세 사이의 모든 남성과 16세에서 45세 사이의—어린아이를 돌보는 사람을 제외한—모든 여성을 민방위 업무에 동원하라는 명령을 내렸다. 대전차 도랑을 파기 위해 많은 사람이 시골로 보내졌다. 나머지는 도시에서 공습 대피소를 팠다. 이 모든 일의 책임은 아파트 관리자에게 주어졌다. 민방위 의무를 할당하고 기피자를 보고할 권한과 함께.

아이들에게는 새로운 활동이 나름 재미있었다. 유리 랴빈킨은 카잔 대성당 근처에 폭탄 대피소를 짓는 것을 도왔다. 그리고 그들은 당구를 치거

---

21 하름스(Daniil Kharms, 1905~1942)는 상징주의와 미래주의 등의 영향을 받아 독창적인 작품 세계를 펼쳤다. 그의 작품은 부조리한 언어와 사건으로 이루어져 있어 당시 신문의 비난을 받기도 했으나, 소련의 붕괴 이후 새롭게 평가받고 있다.

나 체스를 두면서 데이비드 카퍼필드를 읽었다. 혼자 남겨진 어린 이고르 크루글리야코프는—자갈길 위를 은빛 풍선이 고래처럼 헤엄치는—타브리체스키 정원에서 놀았고 수보로프 박물관에서는 옥상에서 비둘기를 구경했다. 등화관제가 6월 27일에 도입되었고, 반딧불과 장미 모양의 야광 배지가 사고 방지를 위해 어린이들에게 지급되었다. 다락방에는 모래를 채우고 난연 석회 페인트를 칠했다. 창문에는 파편을 줄이기 위해 종이나 거즈 조각을 붙였다. 어떤 사람들에게는 창문에 붙이는 조각이 정원 격자나 농민 오두막의 조각된 창틀처럼 장식적으로 보였다. 어떤 디자인은 상상력이 풍부했다. 폰칸가에 있는 건물의 시민은 종잇조각을 야자수 모양으로 만들었고 그 아래 원숭이를 오려 붙였다. 가장 흔한 패턴은 두 개의 대각선이었는데, 그 결과 흰색 성 안드레아 십자가는 포위 공격의 시각적인 정령이 되었다.

건강상의 이유로 징집을 면제받은 드미트리 리하체프는 푸시킨 하우스의 동료들과 함께 군사 훈련을 받았다.

> 우리 '면제자'들은 오폴체니예에 자원입대했고 역사학부 앞에서 훈련받았다. 나는 행진 중에 V. 기피우스를 기억한다. 그는 발끝으로 우스꽝스럽게 걸었는데 우리 교관도 조용하게 웃었다.

리하체프는 봉쇄 초기에 넉넉했던 배급량에서, 햇볕이 잘 드는 창턱에 말린 빵 조각을 베갯잇에 채울 수 있을 때까지 모아 벽에 걸어 두었다. 또한 상점에서 살 수 있는 물건은 전부 사려고 했는데, 상점 창문은 벌써 흙과 판자로 된 이중 가림막으로 막혀 있었다. 사람들은 더 많이 못 산 걸 후회했다.

겨울에 침대에 누워서 한 가지를 생각했다. 상점에 생선 통조림이 있었는데 왜 나는 대구 간유 11병만 샀을까? 이 '왜'는 끔찍한 고통이었다. 나는 먹지 않은 수프 한 그릇, 버려진 빵 껍질과 감자 껍질을 생각하며 많은 후회와 절망감을 느꼈다. 그래도 우리는 할 수 있을 만큼 했다. 라디오에서 안심하라는 발표를 믿지 않았다.

과학 아카데미 책임자인 그레고리 크냐제프는 다리 마비로 휠체어를 타고 있었다. 니콜라이 1세가 룩소르에서 수입한 한 쌍의 스핑크스를 지나, 박공지붕이 있는 멘시코프 궁전과 루미안세프 광장을 지나 아카데미의 현관까지, 바실리옙스키 섬의 800미터 제방 위를 휠체어를 밀고 다녔다. 반대편 강둑에 고전적인 상트페테르부르크 전경이 펼쳐져 있다. 왼쪽으로 궁전 다리 너머 에르미타주 미술관과 겨울 궁전의 로코코 양식의 건물, 그 뒤로는 궁전 광장의 천사와 '피의 구세주 대성당(그리스도 부활 대성당)', 앞에는 바늘 첨탑이 있는 해군성 건물, 오른쪽에는 성 이사크 성당의 달걀 모양의 돔과 팔코네의 표트르 대제 청동상이 보인다. 크냐제프가 포위망 전체를 관찰할 수 있다는 의미에서 '작은 반경'이라고 불렀던 곳이다. 그의 일기에는 "나의 먼 친구이자 미래 공산주의 사회의 구성원이자, 모든 전쟁이 식인 풍습처럼 혐오스러울 당신에게 이 편지를 보낸다."고 쓰여 있다. 그는 전쟁 첫날 라디오를 들으며 구급상자를 정리하고 7월 2일에는 옛 상원의원 건물의 기록관리소를 방문했다.

한때 레르몬토프의 펜싱 샤브레칼이 부딪치는 소리를 들었던 계단에.[22] 지금은 가스 경보기가 달려 있다. 어둠 속의 복도를 따라 걷다 보면, 나는 마치

---

22 미하일 레르몬토프(1814~1841)는 러시아의 대표적인 낭만주의 시인으로, 소설 『우리 시대의 영웅』이 대표작이다. 27세에 결투로 사망했다는 점에서 푸시킨과 유사하다.

메이어홀드 극장에 있는 것처럼 느껴졌다. IRLI(러시아 문학 연구소) 보관소는 끔찍한 광경이었다. 작업실의 모든 것이 혼란에 빠졌다. 푸시킨의 원고는 완전하게 포장되어 있었다. 야단법석이었다.

엘레나 스크랴비나는 차르의 여름 궁전 주변의 (가격이 급락한) 다차를 빌려 살기로 결심했다. 그곳에서 그녀와 아이들은 예카테리나 공원을 거닐며 햇빛 속에서 시간을 보냈다. 그곳은 "푸른 하늘, 푸른 호수와 해변의 녹색의 선. 평화로움. 어떤 소리도 들리지 않고 아무도 거닐지 않은 길. 오직 어딘가, 저 멀리 궁궐의 은색 벽이 주변 녹지를 반사해 빛나는 곳"이다. 그렇지만 현실을 외면할 수는 없었다. 그녀는 다가올 기근을 걱정했다. 안정적인 식량 공급을 보장했던 정부의 확신은 새빨간 거짓말이었다.

구름 한 점 없는 하늘 위로 날아가는 비행기는 수증기 궤적을 남겼는데, 레닌그라드 시민들은 이를 일종의 표적 장치라고 생각했다.

■■■

침공 후 11번째 날인 7월 3일이 돼서야, 스탈린은 그의 첫 번째 전시 방송을 내보냈다. 이 연설은 BBC의 모스크바 특파원 알렉산더 워스의 표현에 따르면 "감동적인 피와 땀과 눈물의 연설, 처칠의 덩케르크 연설과 견줄 만한 것"이었다. "동지들, 시민들, 형제들과 자매들이여! 나는 당신들에게 애원합니다. 친구여!" 이것은 나폴레옹에 대항하는 투쟁의 전통에서 애국전쟁이라고 불렀다. "트럭 하나도, 빵 한 덩이도, 기름 한 방울도" 파시스트들에게 넘겨주면 안 되었다. 그들의 전선 뒤에서 빨치산은 도로, 다리, 전화선을 폭파하고 숲과 상점에 불을 질러야 했다. 파시스트 무리

---

23 프세블로트 메이어홀드(1874~1940)는 볼셰비키를 지지한 러시아의 연극배우이자 감독으로 상트페테스부르크에서 감독에 역임했으나, 스탈린 집권 후 숙청되었다.

들과 공범자들은 '무관용의 원칙'으로 대하기로 했다. '징징거리는 사람, 겁쟁이, 탈영병'은 군사 재판소에 보내졌다. 스탈린은 "승리를 위해 인민의 모든 힘은 적을 깨부수는 데 사용해야 한다."고 강조하며 연설을 마무리했다.

연설은 레닌그라드에서도 효과가 있었다. 모스크바의 영화관에서 스탈린이 뉴스에 나올 때마다 관객이 열렬하게 환호했고 "어둠 속에서 사람들은 그렇게 느껴야만 한다고 생각했다." 스탈린은 바르바로사 작전을 과소평가했지만, 많은 러시아인들은 최악의 상황으로 느껴졌다.

유명한 레핀, 박스트, 휘슬러 밑에서 공부한 70세의 수채화 화가 안나 오스트로우모바 레베데바는 레닌그라드의 아파트에서 하녀 뉴샤와 함께 연설을 들었다. "스탈린 동지의 웅변을 들었다. 그의 말은 차분함, 희망 그리고 영혼에 환호의 감정을 부여해 준다."라고 그녀는 일기에 썼다. 독일인이 실제로 얼마나 가까이 다가왔는지 알았다면, 그렇게 안심하진 못했을 것이다.

소련의 경우, 전쟁의 첫 11일은 파괴적이었다. 400만 명의 독일과 추축국 군대와 3,350대의 탱크, 7,000개의 야포, 2,000대 이상의 항공기와 600,000마리의 말. 북쪽에서 붉은 군대는 독일군의 655,000명에 비해 370,000명으로 열세였다(총, 탱크, 전투 항공기의 수는 대략 엇비슷했다). 게다가 독일군은 더 나은 조직력을 갖고 있었다. 국경을 따라 공격한 세 그룹 중 하나는 마지노선[24]을 무너뜨린 65세의 빌헬름 리터 폰 레프 원수가 이끌었다. 16군과 18군을 지휘하는 그의 통솔 하에, 에른스트 부슈 장군과 그레고르 폰 퀴흘러 장군이 참여했다. 집단군의 선봉은 에리히 회프너 장군이 지휘하는 제4기갑군이었다. 여기에 한스 라인하르트와 에리히 폰 만슈타

---

24 1927년에서 1935년 독일의 침략을 막기 위해 건설된 요새로 장관 앙드레 마지노의 이름에서 따왔다. 1940년 독일이 마지노선을 우회하면서 무용지물이 되었다.

인 장군이 참여했다. 붉은 군대의 북서부군은 스탈린의 대대적인 숙청으로 조직 개편을 진행 중이었다. 따라서 병력이 부족했고 일부는 실탄조차 지급받지 못했다.

무엇보다도 독일군은 '기습'이라는 이점이 있었다. 6월 22일 새벽녘, 포탄 소리에 잠을 깬 국경 수비대의 병사들은 스탈린의 경계 태세 강화 명령을 받지도 못했다. 당황한 장교들은 상부 명령에 매달렸다. "우리는 공격 받고 있습니다.", "무엇을 해야 하지?" 루프트바페[25] 조종사들은 소련의 전투기가 비행장에 줄지어 서 있고 이륙한 전투기조차도 손쉬운 먹이감이 되는 것을 보고 놀랐다. "러시아는 우리보다 훨씬 뒤쳐져 있었다."라고 핀란드의 공군 에이스는 썼다. 소련군의 미숙한 비행은 뒤뚱거리는 오리 새끼에 불과했다. 1,200대의 비행기가 모두 전쟁 첫날 66개의 기지에서 파괴되었고 그중 4분의 3이 지상에 있었다. 독일군은 공중전에서 우세했고 폭격을 가할 수 있었다. 레닌그라드의 공습이 9월 초까지 이루어지지 않은 건 독일군이 접수한 비행장 수리가 지연되었기 때문이었다. 만약 수백 개의 탐조등과 대공포 그리고 폭격기를 추적할 수 있는 음향 탐지기가 없었다면, 피해는 더 컸을 것이다.

독일군은 모든 면에서 우월했고 놀라운 속도로 진격했다. 전쟁 3일 후에 폰 레프의 탱크 부대가 리투아니아를 손에 넣었고 다음 날 라트비아에 있는 드비나 강의 교두보를 점령했다. "격렬한 돌진과 비교할 만한 것이 있을까? 이는 모든 탱크 사령관들이 꿈꾸던 것이었다."라고 폰 만슈타인은 회상록에 적었다. 리투아니아와 라트비아의 시민들은 소련군이 퇴각하는 것을 보며 기쁨에 들떴다. 여인들은 독일군 기병대에게 꽃다발을 던졌고 민병대는 전투와 유대인 린치에 가담했다.

---

25 루프트바페(Luftywaffe)는 제2차 세계대전 당시 독일 국방군(베어마흐트)의 공중전 담당군대다. 루프트바페는 공군을 가르키는 독일어 일반명사로도 쓰인다.

독일군의 공격이 가속화되면서, 붉은 군대의 통신도 마비되었다. 전멸된 병력을 배치하라거나 독일군 후방이 되어버린 지점을 방어하라는 등 현실과 동떨어진 명령이 내려졌다. 제5기동소총연대의 경험은 바로 그 전형적인 예이기도 하다. 다른 국경 분대처럼, 이 부대는 비정규군으로 내무인민위원회(이하 NKVD)에 속해 있었다. 6월 22일 아침 10시에 부대가 리투아니아의 빌뉴스에서 북쪽 라트비아의 리가로 향하던 중 독일 폭격기 슈투카의 폭격을 받았다. 연대는 "샤울리아이의 마을이 불탔다. 독일 비행기는 길을 따라 이동하는 부대와 피난민을 폭격했다. 전쟁이 시작되었다는 것이 분명하다."라고 보고했다. 연대는 숲속으로 대피했다. 그때 리가로 이동하라는 명령을 가지고 전령이 도착했다. 리가에 도착했을 때, 라트비아 빨치산에게 도시가 장악되었음을 알게 되었다. 그들은 소련을 반대했다. 붉은 군대와 NKVD 본부 그리고 라트비아 공산당과 철도역이 공격받고 있었다. 연대는 그들과 격전을 벌였다. 창문과 종탑에서 쏟아지는 포격을 기관총과 탱크의 화력으로 대응했다. 체포한 120명은 총살했고 민간인들에게도 보복했다. "전사한 전우들의 시체 앞에서 부대원들은 파시스트들을 무자비하게 박살 내겠다고 맹세했고 같은 날 리가의 부르주아들에게 복수를 했다."

제8군이 6월 30일에 도시에 도착했지만 5일 후 소련은 리가를 포기하고 북쪽 에스토니아로 후퇴해야 했다. 작전은 엉망이었다. 리가의 철교는 소련군이 모두 건너기도 전에 폭파되었다. 남겨진 사람들의 소식을 알 수 없었다. 제12국경수비대의 장교와 참모진이 전투에서 빠져나오지 못했기 때문에, 어떤 문서도 남아 있지 않았다.

7월 10일 독일군이 이미 돌파한 나바스트 강을 수비하라는 명령이 즈다노프에게 전달되었다. 두 시간 동안의 잔혹한 전투 후, 붉은 군대는 뷔크흐마 마을로 무질서하게 철수했다. 이 무렵에 제5연대는 뷔크흐마에서 새로운 공격을 하라는 명령을 받았다. 이것은 불가능한 요구였다. 도망치는 군인들과 시민들로 길이 막혔기 때문이다.

라인하르트 기갑군은 1940년 이전의 에스토니아/소련 국경에 있는 오스트로프의 '스탈린 라인'을 돌파했다. 이 지역부터 은빛으로 풍화된 나무 오두막과 로즈베이 버드나무 뒤에 숨겨진 감자밭과 자작나무와 갈대, 버드나무와 습지대로 어우러진 대러시아의 풍경으로 바뀐다.[26] 7월 8일 라인하르트는 동쪽 루트의 철도 교차로에 있는 중세 도시 프스코프의 요새와 40개의 교회를 차지했다. 바꿔 말하면, 소련은 후퇴하는 군대가 모두 다리를 건너기 전에 다리를 폭파했다. 215개의 기관총 중 206개가 버려졌고 군인들은 떠다니는 통나무에 매달려야 했다. 하루 만에 독일 국방군(베어마흐트)은 450킬로미터를 진격하여 발트해 전체를 점령했을 뿐만 아니라 이제 레닌그라드를 위협했다.

다가오는 위험을 충분히 이해하는 사람은 거의 없었다. 이는 노력의 문제가 아니었다. 리디아 긴즈부르크는 "우리는 눈을 뜨자마자 라디오 앞으로 달려갔다."라고 썼다. "정보에 대한 갈증은 두려운 것이었다."고 그녀는 기억한다. 사람들은 하루에 다섯 번씩 하던 일을 멈추고 확성기에 귀를 기울였다.

당국은 대중에게 정보를 제대로 알려주지 않았다. 소련 정보국은 통신문을 발행할 권한이 있는 유일한 기관이었는데, 전쟁이 시작된 지 3일 만에 소빈포름부로(Совинформбюро)로 개명되었다. 매일 두 번씩 발표하는 보고서에는 전투 상황과 익명의 '포인트 N'[27]의 승패를 언급하며 의도적으로 모호한 표현을 사용했다. 패배를 인정하기보다는 전쟁 특파원 바실리

---

26 모스크바 대공국으로 러시아 민족이 형성된 본토를 뜻한다.
27 이 관행은 19세기 소설로 거슬러 올라간다. 예를 들어, 고골의 『죽은 영혼』은 지방 마을 N에 있는 여관 문을 통과하는 장면에서부터 시작된다.

그로스만이 "이반 푸킨이 숟가락으로 독일군 5명을 죽였다."라고 조롱한 것처럼 황당한 영웅주의 사례만 골라 실었다. 패배나 항복은 며칠이 지나도록 보고되지 않았다. 프스코프 전투는 도시가 함락된 지 나흘 후에도 여전히 '격전지'로 언급되었다.

잘못된 뉴스의 결과는 부모와 아이들을 생이별하게 만들었다. 옐레나 스크랴비나의 친구들 중 몇 명은 거의 잡힐 뻔했다. 7월 8일 이웃 류보프 쿠라키나는 이미 절반은 점령당한 벨라루시에서 아이들을 구출하는 데 성공했다.

> 그는 몇 걸음 떨어진 곳에서 독일군을 봤다고 말했어요. 스타킹 속에 숨긴 당원 카드가 발각될까 봐 걱정되었지만 일이 잘 풀려서 집으로 돌아왔습니다.

또 다른 친구의 남편은 '당 간부의 총애를 받는 노동자'로서 차를 이용할 수 있었다. "덕분에 여러 마을을 돌 수 있었고 딸을 찾았다." 전쟁이 시작될 당시 열한 살이었던 역사가 안젤리나 쿠파이고로드스카야는 그해 여름 캠프를 이렇게 기억한다.

> 우리는 하이킹을 하고 있었어요. 두세 시간이 지나고서 히틀러가 공격했다고 들었습니다. 모든 것이 바뀌었지요. 그때부터 우리가 얻은 것은 카샤(삶은 곡물)뿐이었습니다. 남자들은 사라졌고 여자들만 있었죠. 아무도 우리를 데리러 오지 않았어요. 누구도 설명하지 않았지요.

그녀는 결국 7월 말에 부모가 데리러 왔다. "나머지 아이들에게 무슨 일이 일어났는지 모르겠어요. 많은 아이들이 여전히 남아 있었고 독일군은 이미 가까이에 와 있었죠."

겁쟁이라는 비난이 두려워서 소련의 군대 통신마저 수사적이었다. "폴리아나 마을이 우리의 포격으로 무너지자마자, 독일군은 속옷을 입고 막사에서 뛰쳐나왔다. 참호의 군인도 달아났다. '훌라!'라는 외침과 함께, 부대원들이 파시스트에게 덤벼들었다." 수류탄과 총검과 소총의 개머리판이 화염병과 함께 등장했다. 효과는 엄청났다. 7월 2일에 오스트로프 외곽의 NKVD 국경부대는 다섯 대의 독일 탱크의 공격을 받고 있었다. "이미 가슴에 두 번 상처를 입은 브로이트만과 나고르스키 동지가 기관단총으로 적을 공격했다. 그들은 아군의 후퇴를 엄호하다가 용감하게 전사했다."

현실에 더 가까운 것은 당시의 냉소적인 농담이었다. 붉은 군대 중위가 버려진 독일 트럭에 앉아 있었다. 총에 맞을지도 모르니 내려오라고 했다. 그러자 그는 반문했다. "누구에게? 독일군은 자기네 트럭이라고 생각할 것이고 우리 부대원들은 도망칠 텐데?" 전쟁의 첫 몇 주 동안 북서부 집단군은 완전히 혼란 상태였다. 보고서에는 부대가 개별적으로 후퇴하고 있다는 표현이 등장하는데, 이는 무질서를 완곡하게 표현한 것이다. 독일의 진격에 막혀 낙오된 많은 수의 군인이 황폐한 시골을 헤매며 전선으로 돌아가거나 적에게 투항하려고 했다. 전단은 새로운 소련-영국 동맹의 뉴스로 그들을 격려했다.

가까스로 부대에 복귀한 병사들은 겁쟁이, 탈영병 또는 스파이 혐의로 기소되었다. 7월 3일까지 북서부 육군 군단의 21개 보병 및 기갑사단 중 12개에서 15개 사단이 전멸했다고 추정했다.

혼란은 소련 최고사령부의 책임 전가로 점입가경이 되었다. 가장 눈에 띄는 희생자는 서부 총군 사령관인 드미트리 파블로프 장군이었는데, 그는 7월 4일에 체포되어 22일에 부하 세 명과 함께 처형되었다. 소련 공군 사령부의 코페츠 장군은 전쟁 둘째 날에 자살함으로써 문제를 해결했다. 셀 수 없이 많은 장교들이 무단 후퇴를 했다는 죄목으로 군사 재판소에서 총살당했다.

    모스크바의 주코프 장군은 유혈 진압을 촉구했다. "명령도 없이 전선에서 후퇴하는 지휘관들이 처벌을 받지 않고 있다."라고 주코프는 경고했다. 또한 "(탈영병 소탕을 담당하는) NKVD 부대도 성과를 내지 못하고 있다."고 비난했다. 군사위원회 대표와 군검찰은 전방 부대로 달려가 겁쟁이와 반역자들을 그 자리에서 처리하라고 지시했다. 따라서 전선으로부터의 많은 보고서에 비참한 어조가 담겨 있었다.

■■■

    47세의 장군 키릴 메레츠코프의 운명이 레닌그라드를 위해 중요한 것이었다. 그는 전쟁 초기에 반소련 음모의 일원으로 체포되었다. 9월에 다시 소환되기 전에 베리아(NKVD의 서장)의 대리인에게 구타당했다. 어느 날 면도를 하고 제복을 입고 나오라는 지시를 받은 그는 스탈린의 사무실로 가는 길에 다정한 인사를 받았다. 그 대리인이었다. 메레츠코프의 안부를 물어본 스탈린은 그를 북서부총군의 스타브카(고위 사령부) 사령관으로 임명했다. 메레츠코프는 붉은 군대의 최고 사령관 두세 명 중 한 사람으로 활동했다.

    유혈사태와 함께 군 고위직 인사가 개편되었다. 레닌그라드는 무능한 보로실로프 원수에게 배정되었다. 60세의 허영심 많은 그는 고위 장교들을 숙청시킨 즈다노프와 비슷했다. 글라스노스트 시대[28]에 작가가 되기 전에는 소련군 정치 교육부 책임자였던 드미트리 볼코고노프는 보로실로프를 사형집행인의 하수인에 불과하다고 평가했다. 보로실로프의 이인자, 그레고리 쿨릭 원수도 마찬가지였다.

---

28   1985년 미하일 고르바초프가 실행한 개방정책으로 반정부적 문학작품, 영화, 연극이 허용됨

러시아 내전에 참전했던 베리아의 측근인 보로실로프는 술주정뱅이였으며 레닌그라드가 포위되게 만든 책임이 컸다. 병사들은 그의 지휘 스타일을 '감옥 아니면 훈장'이라고들 했는데, 부하가 그를 기쁘게 하면 상을 받았고 그렇지 않으면 체포되었다.

스탈린이 핵심 참모들을 많이 제거할수록, 히틀러는 기뻐했다. 총통은 독일 북부 집단군이 리가를 점령한 날 자정과 새벽 2시 사이에 의견을 밝혔다. "크림의 아름다움은 아우토반을 통해 접근할 수 있을 것이다. 반도는 독일 리비에라가 될 것이다. 크로아티아는 우리에게 또 다른 관광 천국이 될 것이다." 며칠 후 프스코프를 점령하자 히틀러는 할더를 불러 "모스크바와 레닌그라드를 폐허로 만들라. 도시는 공군에 의해 파괴될 것이다."라고 말했다. 소련 전체가 자기 손에 넘어올 것이라는 확신에 찬 총통은 할더에게 우랄 지역 작전 계획을 세우라고 지시한 것이다. 신중한 할더조차도 일기에 "일이 순조롭게 진행되고 있다."고 인정했다. 바르바로사의 초기 목표였던 디나 강과 드네프르 강 서쪽의 붉은 군대를 격파하는 것은 어느 정도 달성되었다고 생각했다. 아직 해야 할 일이 많이 남아 있었지만 러시아 전쟁을 2주 만에 승리했다고 말한다고 해서 과장은 아닐 것이다.

---

29 러시아 혁명이 벌어진 직후 좌파와 우파로 갈라져 싸운 전쟁으로 적백내전(1917~1923)이라고도 부른다.

30 제2차 세계대전 당신 NKVD(내무인민위원회)의 부부장을 맡았으며, 1940년에 폴란드 장교와 지식인들이 처형된 "카틴 숲의 학살"을 주도했다.

3. 우리는 이기고 있지만 독일군은 진격하고 있다

Мы побеждаем, но немцы продвигаются.

레닌그라드의 유일한 공식적인 매체는 시민들에게 신뢰를 빠르게 잃어가고 있었다. "우리는 이기고 있지만 독일군은 진군하고 있다."라고 사람들은 속삭였다. 시민들은 선전 매체의 언어를 해석하는 법을 배웠다. 복잡한 상황은 심각한 사태였고 성명서에 적힌 '우월한 적에 대한 무거운 방어 전투'는 일방적인 후퇴를 의미했다. 붉은 군대가 독일의 공격을 막을 수 없다는 것은 분명했다.

푸시킨에 사는 반볼셰비키이자 연금 수령자인 리디아 오시포바는 8월 중순에 독일군이 겨우 50킬로미터 떨어진 곳에 있다는 것을 알았다. "어제 식당에서 한 비행사가 계산대에 있는 소녀에게 시베르스카야에 있는 적들을 폭격하러 갈 거라고 말했어요. 그때서야 독일군이 멀지 않은 곳에 있다는 것을 알았습니다. 그들이 여기까지 오는 데 얼마나 걸릴까요? 정말로 올까요?" 공산당의 이른바 '보고서'는 쓸모가 없었다. "어떤 질문도 하면 안 되었거든요. 주여, 언제 끝날까요?"

추측은 아는 것과 같지 않았고 소문이 공백을 채웠다. 히틀러가 숨겨진 딸에게 주려고 레닌그라드를 폭격하지 않았다는 풍문이 돌았다. 바실리옙스키 섬은 알프레드 로젠베르크(히틀러의 오스트미네리움 수장)[31]가 태어난 곳이기에 폭격을 피할 수 있다는 유언비어도 있었다. 독일군은 악마의 바퀴처럼 포탄을 뿜어내는 원형 탱크가 있다는 소문도 돌았다.

당국은 소문을 막으려고 노력했다. 시의 소비에트 집행위원회는 군사 기밀 누설로 체포될 수 있다며 직원들에게 전쟁에 대해—특히 전화로—떠들지 말라고 했다. '허위 소문 유포자'를 군사 재판소에 기소할 수 있는 새 법령에 따라 많은 '패배주의자'가 체포되었다. 당국의 이런 행동은 스파이의 공포를 확대 재생산해서 스스로가 만든 유언비어에 빠져들었다. 가이드북과 지도는 자전거, 카메라, 무선 라디오와 마찬가지로 정부에 제출해야 했다. 트램은 정거장 안내를 중단했고 도로 표지판을 검게 칠했다. 길을 물어보거나 개성 있는 옷을 입고 돌아다니는 것이 위험해졌다. 드미트리 리하체프는 옅은 회색 코트(소련에서는 밝은색 옷이 흔하지 않았다)를 입었다는 이유로 어린 소년들에게 쫓겼다. 엘레나 스크랴비나는 키가 크고 안경을 쓴 아들 디마를 잠시 가게 밖에 있으라고 했는데, 경찰관이 다가와 심문했다. 그녀는 남편의 군대 증명서를 제시하고 디마가 아직 청소년이어서 신분증이 없다고 말해 간신히 벗어났다. 또 다른 일기 작가인 엘레나 코치나는 전염병처럼 퍼진 스파이 광풍에서 자신도 자유롭지 않다는 것을 알았다.

어제 시장 근처에서 레인코트를 입은 가자미처럼 생긴 작은 할머니가 나를 붙잡았다. "당신 봤지? 스파이가 확실해!" 그녀는 뒤에 오는 남자들에게 손을 흔들며 소리쳤다.

---

31 히틀러 제국의 동부 지부

"뭐라구요?"

"바지와 자켓이 색깔이 달라."

나는 웃지 않을 수가 없었다.

"그리고 콧수염이 마치 불 붙은 것처럼 보여."

그녀의 지그시 뜬 눈동자가 나를 지루하게 바라보았다.

"실례합니다."

잡힌 손을 떼어냈다. 그는 몇 걸음을 따라왔다. 나도 많은 사람들이 의심스러워 보였다.

침공 4주 후 시민들은 평온한 일상과 라디오의 충격적인 뉴스 사이에서 혼란스러워했다. "전쟁이 벌어지고 있다는 말을 믿을 수가 없었어요."라고 게오르기 크냐제프는 썼다. "모든 것이 너무 고요했습니다."

날씨는 계속 더웠다. 러시아 사람들이 '푸흐пух'라고 부르는 솜털이 덮인 포플라 씨앗이 바람에 날아가고 퇴근한 사람들은 루미얀체프 광장에서 도미노를 하기 위해 모여들었다.

크냐제프는 독일군이 얼마나 가까이 왔는지 알 수 없었다. 레닌그라드는 심각하게 위협받고 있기나 한가?"

안나 오스트로우모바 레베데바는 군 병원 맞은편에 살았다. 그녀는 부상자들이 들것에 실려 벙커로 내려가는 모습을 지켜보았다. 그녀는 7월 21일에 "아직 레닌그라드에는 폭탄이 한 발도 떨어지지 않았다."라고 썼다.

새벽 5시 30분에 공습경보 때문에 잠에서 깼다. 옷을 입고 마당으로 나가 벤치에 앉았다. 맑은 아침이었고 태양은 하늘의 방벽 풍선을[32] 환하게 비추고 있었다. 풍선은 마치 자유롭게 떠다니는 것처럼 보였다.

---

32 방벽 풍선은 강철 밧줄로 지상에 연결시킨 풍선으로 적 항공기의 접근을 방해하는 것이 목적이다.

많은 공공정원이 폐쇄되었지만 그녀는 식물원에 들어갈 수 있는 허가증이 있었다.

정원은 세심하게 가꿔지진 않았다. 그래도 멋진 수국을 보는 즐거움이 있었다. 흰색, 분홍색, 파란색의 꽃망울이 큰 항아리를 가득 채우고 있었다. 햇살은 풀잎과 나뭇잎 사이에서 반짝였다. 빛은 벤치에서 원피스로 책의 페이지를 가로지르며 일렁였다. 강에서 시원한 바람이 불어왔다. 조용하고 평온한 순간이 잠깐이나마, 우리가 전쟁 중이며 도시가 불타고 있다는 현실을 잊게 했다.

도시가 조용했던 이유는 여성과 청소년 5만 명이 방어선을 구축하기 위해 100킬로미터 떨어진 남서쪽으로 차출되었기 때문이었다. 첫 번째 건설단은 6월 29일에 작업을 시작했지만 방어선은 7월 4일이 돼서야 공식적으로 윤곽이 드러났다. 7월 4일, 주코프가 북서부 육군 그룹에게 나르바(레닌그라드 서쪽 120킬로미터)에서 루가와 스타라야 루사를 거쳐 도시 남동쪽으로 250킬로미터 떨어진 보로비치까지 방어 진지를 구축하라고 명령했다. 루가 강 뒤쪽에는 15킬로미터의 깊은 지뢰밭과 대전차포, 방벽이 있었으며, 루가와 가치나 사이에 붉은 군대가 후퇴할 수 있는 틈새를 더 만들어야 했다.

또한 페테르고프에서 가치나를 거쳐 콜피노까지 이어지는 라인과 네바 강 항구에서 강 상류의 리바츠코예까지 도시 전체를 둘러싸는 공사가 진행 중이었다.

레닌그라드 대학교의 학생이었던 올가 그레치나는 회고록에 냉소적으로 기록했다.

우리의 우상인 구코프스키 교수는 집회에서 학생들의 군입대를 촉구했다. 그 결과 많은 사람들 자원했기에, 그도 입대할 거라고 예상했다. 어느 날 그는 지팡이를 짚고 출근했다. 급성 류마티스라는 말도 있었다.

반볼셰비키였던(의사인 아버지는 러시아 혁명 때 작은 마을로 추방되었고 삼촌은 굴라크로 보내졌다) 그레치나는 7월 셋째 주에 일기를 남겼다.

기차에서 내렸을 때는 이미 어두웠기에 파블롭스크 궁전의 공원에서 밤을 지내야 했다. 독일군이 인근 비행장을 폭격했고 주변의 모든 것이 흔들렸다. 사람들로 가득 찬 길을 따라 빠르게 걷기 시작했다. 모두들 어디로 갈지 몰라서 두려워했다.

20킬로미터를 행진한 후에야 학생들은 마을에 도착했고 한 집에 두세 명씩 배당되었다. 그날 오후 그들은 임무를 전달받았다.

임무는 대전차 도랑(1,2미터 깊이)과 방공호(아마도 1미터 높이)를 파는 것이었다. 도구는 삽과 도끼, 들것(흙을 나르는 도구)만 있었다. 날은 화창하고 더웠다. 오전 5시부터 오후 8시나 9시까지 일했고 점심 식사 후 두세 시간의 휴식을 취했다. 2주 후에 일을 하다가, 갑자기 허리를 제대로 펼 수가 없었다.

엘레나 코치나는 독일 폭격기 슈투카의 공격을 받은 수많은 사람들 중 한 명이었다.

우리 실험실 전체(주로 여성들)가 레닌그라드 주변에 대전차 참호를 팠다. 갑자기 비행기의 날개가 하늘을 뒤덮었다. 기관총이 발사되고 총알이 작은 금속 도마뱀처럼 바스락거리며 멀지 않은 풀밭으로 떨어졌다. 나는 그저 멍하니 서 있었다. '달려!' 누군가 내 소매를 잡아당기며 소리쳤다. 그때 뒤를 돌아봤다. 저 멀리 작은 다리가 보였다. 그 아래, 깊은 웅덩이가 있어서 한 시간 내내 웅크리고 있었다.

옐레나 스크랴비나는 아들 디마가 땅굴 파기에 동원될까 봐 걱정했다. 얇은 드레스와 샌들을 신은 어린 소녀, 반바지와 셔츠를 입은 소년이라도 예외가 될 수 없다. 옷을 갈아 입으러 집에 갈 수도 없었다. 과연 얼마나 쓸모가 있을까? 청소년들은 마른 흙을 부수는 데 필요한 무거운 지렛대는커녕 삽을 쓸 줄도 몰랐다. 소녀들은 수영복을 입은 채로 땅을 팠다. 아이들은 손과 발에 물집이 잡힌 채 숙소로 돌아갔다. 짚을 깔아주며 잠을 재워준 농민들은 어린 소녀들에게 눈총을 보냈고, 감독관은 "여기 놀러왔는 줄 알아? 너희는 어머니 조국을 구하러 왔다."라고 소리를 질렀다. 초기의 열정은 빠르게 사라졌다. 위문을 나온 교수가 "피곤하지 않느냐"고 묻자, 한 소녀가 "우리가 크로켓을 치고 있는 줄 아세요?"라고 울화통을 터뜨렸다.

좁고 울퉁불퉁한 루가 라인은 독일군이 첫 번째 난관을 만난 곳이기도 했다. 모스크바에서 주코프는 7월 4일 북서군단에게 루가 라인을 점령하라는 명령을 내렸고 제1사단은 같은 날 그 자리를 점령했다. 주코프는 보로실로프에게 일멘 호수 서쪽의 솔치를 점령하고 만슈타인의 제8장갑사단을 공격하라고 명령했다.

전격전은 러시아의 지형과 기후 때문에 느려지고 있었다. 탱크의 무게를 견딜 만큼 다리는 튼튼하지 않았고, 어느 독일 장교가 말했듯이 "주요 도로에서 벗어나는 것은 20세기를 떠나 중세로 가는 것"과 같았다. 도로가 있는 것처럼 보였지만 실제로는 그저 모래길에 불과했다. 여름의 뇌우로 땅은 진흙으로 바뀌어 탱크는 지나갈 수 있어도 연료와 보급품을 실은 트럭이 통과할 수 없었다. 한두 시간의 비로 인해 기갑군이 정체되었다. 해가 나오고 땅이 마를 때까지 탱크와 수송단 그룹이 160킬로미터 이상 늘어서 있었다.

7월 13일 30도가 넘는 폭염 속에서 붉은 군대는 4일간의 전투를 해야만 했고 그동안은 항공 보급을 받아야 했다. 18일에 위기는 끝났지만 150대의 탱크 중 70대가 망가졌다.

레닌그라드의 지도자들은 전쟁 첫 주에 체포되어 모스크바에서 처형을 기다리는 파블로프 장군의 운명이 자신들의 것처럼 느껴졌다. 희생양은 무공 훈장을 두 번이나 받은 콘스탄틴 피야디셰프 장군이었다. 그는 7월 23일에 직무유기로 체포되어 2년 뒤에 옥사했다. 일주일 후에 즈다노프와 보로실로프는 모스크바로 소환되고 스탈린에게 '사상 부족'이라는 비난을 들었다.

레닌그라드 시민들 사이에서 불안감이 떠돌면서 두 가지 의문이 지배하기 시작했다. 1920~21년 내전 때처럼 굶주림이 있을까? 그리고 대피해야 할까 말까? 침공 뉴스에 공습을 예상하며 시설의 대피가 바로 시작되었다. 제대로 준비한 기관은 에르미타주였다. 이오시프 오르벨리 관장이 몇 달 전부터 전쟁을 부추긴다는 비난을 무릎쓰고 포장재(나무톱밥 50톤, 면화솜 3톤, 기름천 16킬로미터 등)를 비축해 둔 덕분이었다. 그는 박물관의 귀중한 그림 40점을 강철 금고로 옮기라고 지시했다. 다음 날 아침 직원과 자원봉사자들은 날개 달린 바빌로니아 황소에서부터 옥과 수정으로 된 '파베르제의 달걀'에 이르기까지, 컬렉션 전체를 해체해 상자에 넣고 분류하는 작업에 착수했다. 한 미술학도는 "아침부터 저녁 늦게까지 일했다."라

고 썼다.

> 다리가 욱신거린다. 우리는 그림들을 벽에서 떼어냈다. 아래층에서 조각가들이 물건을 상자에 포장하고 있었다. 텅 빈 에르미타주는 장례를 끝낸 집 같았다.

그림을 평평하게 포장했지만 기차 칸에 넣기에 너무 큰 그림(렘브란트의 연약한 '십자가로부터의 강하')은 돌돌 말아야 했다. 오직 한 점(렘브란트의 '돌아온 탕아')만이 나무 상자에 넣어졌고 또 다른 3점(다 빈치의 2점과 라파엘의 '콘스테빌레 마돈나')은 액자 그대로 포장되었다. 나머지(조르지오네, 티에폴로, 브뤼헬, 반 다이크, 홀바인, 루벤스, 게인즈버러, 카날레토, 벨라스케스, 엘 그레코)는 캔버스를 떼어냈기에 텅 빈 액자만 걸려 있었다. 우동Houdon이 만든 거대한 볼테르의 조각상은 해군의 도움을 받았다.

6일 밤낮의 미친 듯한 활동 끝에, 1천 개의 나무 상자에 담긴 50만 개가 넘는 보물을 실은 첫 기차가 7월 1일 도시를 출발했다. 열차는 두 개의 엔진, 22대의 화물차, 특별 장갑차, 경비원과 에르미타주 직원을 위한 객차로 구성되었으며 양쪽 끝에 대공포가 있었다. 목적지는 우랄의 스베르들롭스크였다. 422개의 상자에 70만 개의 물품이 담긴 두 번째 열차는 7월 20일에 떠났다.

이집트학자 밀리츠사 마트예는 더 많은 포장재를 찾아야 했다. "사무실에 길고 부드러운 기둥이 서 있었다. 나는 콥트 이집트의 직물로 감쌀 때가 올 것이라고 믿지 못했을 것이다." 톱밥에서 달걀 상자에 이르기까지 또 다른 351개의 상자를 포장할 만큼 모든 포장재를 충분히 모았는데, 독일군의 포위망이 좁혀와 결국은 겨울 궁전 1층에 있는 갤러리에 상자를 쌓아 놓은 채 전쟁을 치뤄야 했다.

두 번째 에르미타주 열차에는 폴타바 전투에서 승리한 표트르 대제의 모자이크가 포함되었다. 원래는 바실리옙스키 제방의 과학 아카데미 건물에 걸려 있었던(지금은 그 자리에 있다) 작품이다. 크냐제프는 열차 출발을 감독했다.

표트르 대제의 모자이크를 떼어낼 때의 묘한 기분은 이루 말할 수가 없다. 우리가 할 수 있는 일은 신속하게 대피시키는 것뿐이었다. 나는 기진맥진해서 집으로 돌아왔다.

일주일 후, 이번에는 아카데미의 가치 있는 원고 더미 차례였다.

우리는 다 함께 30박스를 포장했다. 모든 예방조치(고무판, 셀로판, 기름천, 폴더와 종이)를 했고 목록을 만드는 데 2주가 걸렸다. 나는 제방까지 트럭을 따라갔다. 마치 가깝고 소중한 가족을 배웅하는 것 같았다. 트럭 운전수에게 천천히 조심히 운전해 달라고 요청했고, 다리를 가로질러 가는 것을 오랫동안 지켜보았다. 그리고 고아가 된 기분으로 기록보관소로 돌아왔다.

다른 36만 개의 항목들에 속한 구텐베르크 성경, 푸시킨의 편지, 스코틀랜드 메리 여왕의 기도서, 그리고 세계에서 두 번째로 오래된 신약인 그리스어 성경은 넵스키에 있는 공공도서관에 보관했다.

스크랴비나와 코치나는 자녀와 동료들과 함께 대피할지, 아니면 남편과 부모와 함께 머물 것인지 갈림길에 선 사람들 중 하나였다. 6월 28일에 스크랴비나는 이렇게 썼다.

피난처로 디마와 유리를 데려갈 수 있지만 어머니와 유모를 남기고 떠나야 한

다. 나는 난관에 봉착했다. 어떻게 그들을 운명의 자비에만 맡길 수 있을까?

많은 사람들처럼 정부의 선전을 스크랴비나도 믿었다.

기근이라니. 정부는 몇 년을 버틸 만큼 식량 재고를 확보했다고 장담했다. 또한 특별한 대공 방어 시스템을 자랑하고 있었다. 만약 이것이 절반이라도 사실이라면, 왜 대피해야 할까?

7월 18일에 배급제가 도입되었다. 육체 노동자의 경우 하루에 800그램, 화이트칼라 노동자는 600그램, 부양가족은 400그램의 빵과 고기, 버터 및 설탕을 받을 수 있었다. 사실 배급량은 넉넉한 수준이었다—스크랴비나는 "이 정도면 살 만하다."라고 썼다—같은 날 71개의 새로운 '커미션 상점'(배급품 상점)이 문을 열었고 비싼 가격이지만 계속 식품을 팔았다. 스크랴비나는 "음식으로 가득 찬 가게를 보면 임박한 기근을 믿지 않게 되었다."고 생각했다. 불안한 코치나는 상점에 남은 4.5파운드의 기장을 서둘러 사려고 했다. 사실 남편의 반대와 어린 딸의 병이 아니었다면 그녀는 사라토프로 떠났을 것이다. "레나가 설사를 하고 열이 있어서 며칠간 대피를 미뤄야 한다. 도로에서 멸균된 아기 젖병을 어떻게 관리해야 하나?" 8월 1일에 스크랴비나는 여전히 푸시킨에 있었다. 조카가 방문했다. "최근의 독일 공격에 대해 조카한테 들어 알게 되었다. 독일군은 레닌그라드로 전격하고 있다. 우리는 시골에 머물기로 결정했다."

일주일 후에 홍수가 시작되었다. 8월 8일, 비가 내리는 동안 라인하르트의 기갑사단은 루가의 북부를 공격하기 시작했다. 3일간의 전투에서 그들은 1,600명의 독일인 사상자를 내며 루가 강 전선 세 곳을 돌파했다. 솔치의 패배에서 회복한 만슈타인의 제8기갑사단은 12일에 킨기세프–

가치나 철도 노선을 차단했다. 8월 1일에 시작된 소련군의 반격은 막대한 병력을 잃으며 실패로 돌아갔다.

레닌그라드 남서쪽으로 60킬로미터 떨어진 숲에서 마차를 몰고 이동하는 임무를 맡은 바실리 추르킨은 "우리는 조금 더 밀고 나갔다."라고 썼다.

> 독일군 탱크 포격을 받으며 퇴각하는 제4포대를 보았다. 짐마차를 끄는 말의 다리 바로 아래에서 포탄이 폭발했다. 탱크가 너무 가까웠기 때문에 우리는 수레에 다가갈 수 없었다.

퀴흘러의 제18군단은 일멘 호수의 관문인 노브고로드로 진격했다. 8월 10일부터 28일까지 소련 제34군은 병력의 절반, 전차 83대 중 74대, 총과 박격포 748문 중 623문, 트럭 670대, 말 14,912마리를 잃었다. 많은 병사들이 후방으로 이송되기를 바라며 자해를 했다. 8월 16일부터 22일까지 4천 명 이상의 군인이 탈영병으로 체포되었는데 어떤 부대에서는 부상자의 50퍼센트가 자해로 의심되었다. 예를 들어, 61번 대피 병원에서 부상자 460명이 왼쪽 팔뚝이나 왼손에 총을 맞았다.

재앙에 대한 스탈린의 대응은 분노에 찬 전보를 즈다노프와 보로실로프에게 보내는 것이었다.

> 이 지역에서 독일의 강점은 크지 않기 때문에, 우리는 세 개의 사단을 투입하기만 하면 되었다.

3일 후 모스크바와 레닌그라드 사이의 추도보가 점령되면서 스탈린의 두려움은 현실로 다가왔다. 8월 22일 즈다노프는 스탈린에게 지원군을 보내 달라고 간청했다. 북서부 집단군의 22개 사단이 싸우고 있는데 그중

7개 사단은 중화기가 거의 없었다. 또한 45~50개의 신규 대대와 5개 사단을 위한 새로운 무기가 필요했다.

8월 25일 저녁, 모스크바 레닌그라드 전선의 추도보에서 북쪽으로 30킬로미터 떨어진 류반도 함락되었다. 다음날 스탈린은 보고를 받았다. 포포프 장군은 '레닌그라드에서 만든 장갑차를 다른 전선에 보내지 말 것'을 다시 요청했고 스탈린은 마지못해 동의했다.

몇 주 안에, 아마도 두 개의 사단을 모을 수 있을 것이오. 귀하의 수하들이 2주 전에 요청했더라면 이미 준비했겠지만 말이지. 어떤 대가를 치르더라도 류반과 추도보를 탈환해야 하오. 이를 귀하에게 맡기네. 크림(스탈린이 보로실로프를 부르는 애칭)이 도와주고 있는가? 아니면 방해하고 있나?

"그는 돕고 있습니다. 우리는 진심으로 고마워하고 있습니다." 포포프는 신중하게 대답했다.

8월 26일, 마침내 스탈린은 레닌그라드에서 서쪽으로 321킬로미터 떨어진 탈린에서의 해상 후퇴를 허용했다. 이 작전은 군사적 참사로 "덩케르크와 비슷한 상황인데다 공중 지원도 없었다." 책임자는 발틱 함대의 총사령관 블라디미르 트리부츠 제독이었다. 라트비아 해안의 소련 해군 기지 리바우가 독일의 공격에 취약하다는 점을 깨닫고 대형 함선들을 에스토니아 동쪽으로 이동시켰다. 선견지명이 돋보이는 조치였다. 리바우는 전쟁이 시작된 지 이틀 만에 함락되었고 그로부터 5일 후 7,000톤급 순양함 키로프는 리가를 탈출해 탈린으로 향할 수 있었다. 탈린을 방어하기 위해 트리부츠는 14,000명의 수병과 1천여 명의 경찰, 그리고 리가에서 탈린으로 후퇴한 약 4천 명 규모의 잔여 병력을 주둔시켰다. 또한 참호를 파는 데 25,000명의 에스토니아 민간인을 징집했다. 야밤에 누군가가 나치 전단지를 뿌렸고, 식당에서 나오던 러시아 장교 한 명이 살해되었다. NKVD는 체포와 재판으로 대응했다.

폰 레프가 루가 라인을 공격하기 시작한 8월 8일, 독일군이 동쪽 해안에 도달하면서 탈린의 육지는 모두 포위되었다. 트리부츠는 함정에서 벗어나기 위해 두 가지 방법—스탈린의 입맛에는 맞지 않는—을 제안했다. 에스토니아와 러시아 국경의 나르바를 향해 동쪽으로 돌파하거나, 만을 건너 핀란드 전선을 뚫고 레닌그라드로 진격하는 것이었다. 스탈린은 모두 거부했다. 에스토니아의 수도는 어떤 대가를 치르더라도 사수해야 했다.

제18군은 8월 19일 저녁 공격을 개시했다. 구시가지의 자갈길 그리고 피리타[33] 해변에 포탄이 쏟아졌다. 키로프의 함포가 항구의 정박지에서 주황색으로 번쩍이며 응사했다. 도시의 민간인들은 바리케이드 문 뒤에서 기다렸다. 포격 일주일 후 트리부츠의 2인자 유리 판텔레예프 제독은 일기에 당시 상황을 묘사했다.

비행장은 점령당했고 함대와 도시는 폭격과 포격을 받았다. 사랑스러운 피리타는 불타고 있다. 도시에 큰 화재가 발생했다. 선박과 항구의 화재는 줄어들지 않는다. 우리의 지휘소는 불길에 휩싸였다.

그날 아침 늦게, 스탈린은 해군 함대를 핀란드만의 해군 기지인 크론슈타트로 철수하는 것을 허락했다. 방어군이 항구로 되돌아와 발전소와 곡물 창고에 불을 질렀다. 장교의 아내들, 당 간부 및 에스토니아 공산주의자 등 함대 민간인 수행단의 승선이 시작되었다. 그리고 8월 28일 아침까지 거의 23,000명과 66,000톤의 탄약이 항구 어귀 밖에서 4개의 호송선

---

33   현재 에스토니아의 수도 탈린 앞바다에 있는 2킬로미터로 펼쳐진 해변

단으로 형성된 228척의 다양한 배에 실렸다.

28일 아침까지 배들은 강풍 7의 거센 바람 속에서 항구에 정박해 있었다. 정오가 되자 바람이 잦아들었고, 출발을 알리는 신호가 울렸다. 바다에 24킬로미터 이상 펼쳐진 호송대는 누구도 원치 않을 임무를 앞두고 있었다. 14개월 전, 덩케르크의 독일군은 영국 해군이 통제하는 해역을 지나 80킬로미터를 이동해야 했다. 트리부츠의 함선들은 354킬로미터나 이동해야 했는데 첫 번째 구간은 해안 포대와 잠수함, 어뢰정의 공격에 노출되었다. 또한 이 항로에는 "보르시 속의 만두처럼"[34] 적의 기뢰가 도처에 깔려 있었다. 안전한 항로를 확보하려면 최소 100척의 기뢰 제거선이 필요했다. 그러나 트리부츠호에는 트롤선을 개조한 38척만 있었다.

출발부터 융커스 88[35] 폭격기의 공격을 받은 호송대는 저녁 6시 탈린에서 동쪽으로 64킬로미터 떨어진 유민다 반도의 앞바다에서 첫 번째 기뢰밭에 부딪쳤다. 오후 6시 5분에 가장 먼저 침몰한 배는 에스토니아 선박이었다. 네 번째 호송대의 예인선도 기뢰에 부딪혔고 15분 후에 가라앉았다. 그로부터 10분 후 쇄빙선 크리스티야니스 볼데마르스호가 폭격으로 침몰했다. 민간인을 태운 비로니아호도 공습으로 피해를 입은 채 견인되었다. 혼란스러운 호송대는 융커스와 포대의 포격을 피하기 위해 지그재그로 동쪽으로 향했다. 군함들은 기뢰를 피하느라 대공포가 없는 수송선을 보호하지 못했다. 어스름이 깔리기 시작하자 기뢰밭의 다음 희생자는 크라프호, 그리고 1분도 채 안되어 파도 아래로 사라진 잠수함, 그리고 비로니아호를 견인하고 있던 사투른호였다. 해가 질 무렵인 오후 8시 30분에는 고속정 한 척이, 8시 48분에는 잠수함 한 척이 침몰했고 2분 뒤에는

---

34 뿌리채소 비트를 넣고 끓여 붉은색을 띠는 우크라이나식 스프. 소시지나 고기나 러시아식 만두 펠메니가 들어간다.
35 융커스 회사에서 개발한 독일의 폭격기

구축함 스베르들로프호가 어뢰를 맞고 6분 만에 침몰했다. 쿠즈네초프 제독이 이렇게 표현했다.

> 거대한 화염 기둥과 검은 연기는 전투함과 수송선의 침몰을 알렸다. 해가 지자 나치 폭격기의 무시무시한 포효는 가라앉았다. 어두운 가운데 부서진 구명보트의 잔해 사이에서 기뢰를 알아보기가 어려웠다.

오후 9시에서 11시 사이 부상자 300명을 실은 수송선 에베리타호, 루가호와 구축함 4척을 포함하여 9척의 선박이 손실되었다. 판텔레예프 제독이 탑승한 민스크호의 기뢰가 폭발했다. 스코리호가 그 배를 견인했지만 기뢰에 부딪혀 30분 후에 침몰했다. 가장 기억에 남는 사상자는 화려한 민간인들이 탄 비로니아호였다. 예인되던 배는 오후 9시 45분에 기뢰에 부딪혀 우현으로 기울었다. 불타는 갑판에서 뛰어내리는 사람들, 권총으로 자결하는 장교들의 비명과 함께 침몰했다.

자정 직전에, 살아남은 함선들은 기뢰밭 한가운데에 정박한 채, 시야가 확보되기를 기다렸다. 날이 밝자 닻을 내렸고 오후가 끝날 무렵, 6척의 배가 더 기뢰에 맞았고, 8척의 배가 폭격으로 침몰했다. 두 척의 예인선이 핀란드 순찰선에 포획되었다. 사상자 중에는 3천 명의 병력이 탑승한 수송선 파딜렛키호[36]와 비로니아호의 생존자를 태운 순찰선도 있었다. 손상된 함선 4척 중 3척은 고글란트 섬[37]의 해변에 상륙하여, 제5소총연대의 잔여 병력을 작은 보트에 태워 크론슈타트로 이송했다. 나머지 함대의 대원들은 항구로 절뚝거리며 돌아왔다. 이 작전에서 64척의 선박과 약 14,000명의 목숨이 희생되었다. 소련 역사상 최악의 참사로 1905년 쓰

---

36 Пятилетки, 1920년대 시작된 소련의 경제개발을 위한 5개년 계획의 이름 딴 배
37 스웨덴에선 호글란트, 핀란드에서는 수르사리 섬으로 불린다

시마 해전보다 최소 두 배의 희생을 치른 사건이었다. 당연히 더 많은 기뢰 부설선을 포함시켜야 했다(하지만 어디서 구할 수 있었을까? 쿠즈네초프는 되물었다). 오늘날의 군사 역사가들은 약 2만 명의 병사가 포로로 잡히고 기껏해야 독일군 4개 사단을 고립시킬 뿐인 탈린 방어 작전에 의문을 제기하고 있다.

사실 근본적인 문제는 소련군 지휘부 전체의 문제, 즉 후퇴가 불가피할 때까지 결정을 미루는 사령관들의 두려움이었다. 카자흐스탄호의 선장인 뱌체슬라프 칼리테예프가 그런 예이다. 그는 대피 첫날 출발하자마자 폭탄에 의식을 잃은 채 바다에 빠졌고 크론슈타트로 이송되었다. 한편 카자흐스탄호는 7명의 생존 승무원만이 남은 채 불타고 있었다. 조사가 시작되었다. 칼리테예프는 왜 배를 버렸나? 그는 왜 배보다 먼저 도착했는가? 바다에 의도적으로 뛰어내렸는가? 카자흐스탄호를 끝까지 돌본 승무원들은 스타브카(군대사령부)의 특별 성명서에서 붉은 무공훈장을 받았다. 칼리테예프는 '비겁함'과 '포화 속의 탈영'으로 처형되었다.

4. 오폴체니예(인민 민병대)

Народное ополчение

"왜 내가 전쟁에 관해 이야기하고 싶다고 생각하세요?" 현재 이스라엘에서 살고 있는 여든 살의 일리아 프렌클라흐는 전쟁이 끝난 지 60년이 지난 후 이렇게 말했다.

지금 누가 진실을 원할까요? 모든 걸 솔직하게 말하면 즉시 '만세 애국자들'이 "비방! 명예훼손! 모독! 조롱!"이라고 고함을 칩니다. "강한 타격으로, 명민한 장교들의 지도력 아래?" 글쎄요, 그런 종류의 위선적인 말에 저는 토할 것 같습니다.

섬유 공장의 노동자였던 프렌클라흐는 '인민 민병대'라는 뜻으로 더 많이 사용되는 나로드노예 오폴체니예Народное Ополчение로서 싸우는 법을 배웠다. 사실 오폴체니예는 소련에서 시작된 것은 아니었다. 러시아가 1612년 폴란드와 1812년 프랑스를 물리친 데는 오폴체니예(인민 민병대)의 도움이 컸는데 그 구성원들은 징집병도 아니었다. 프렌클라흐는 이렇게 기억했다.

> 우리는 가능한 한 빨리 전장에서 싸우기를 원했습니다. 우리 소대에는 농업 연구소의 콤소모르크(하급 콤소몰의 관리)도 있었습니다. 그는 결핵에 걸려서 후방을 제안받았지만 거절하고 첫 번째 전투에서 전사했습니다.

당 문서에 따르면, 바실리옙스키 소비에트가 거부한 자원자들 중에는 교수, 판사, 감독 그리고 위를 절개한 세르게예프, 외다리 루치크 등의 몇몇 병자들이 있었다.

현재 구순이 넘은 소설가 다닐 알시츠는 레닌그라드 대학교 역사 학부의 209명의 학생 중 한 명이었다. 아버지가 1930년대 대숙청으로 추방당해 그는 고아가 되었음에도 공산주의자로 남았다. 그 이유를 이렇게 설명한다.

> 우리 학생들은 조작된 재판(1936/7년의 모스크바 재판)[38]을 믿지 않았습니다만, 스탈린의 통치에 적대감을 느끼지 않았습니다. 우리 모두가 스탈린과 국가는 별개라고 생각했거든요.

그는 분노했다. "전선에 나가 싸우고 싶습니다! 아무도 후방에 있고 싶지 않아요!" 9월 말 전선에 도착했을 때는 서른 명을 제외하고는 모두 전사했다. 지체한 것이 그의 목숨을 구한 것이다.

---

[38] 모스크바 재판은 1936년부터 1938년까지 소련에서 열린 일련의 보여주기식 재판으로, 스탈린의 명령에 따라 진행되었다. 재판은 소련 공산당의 '우익 야당'과 '트로츠키주의자'를 표적으로 삼기 위한 것이었다. 이로 인해 많은 피고인이 처형되거나 투옥되었고 전 세계적으로 비난을 받았다.

오폴체니예는 자발적인 운동이었으나 어느새 공식적이고 강제적인 의무로 바뀌었다. 키로프 작업장의 당 조직자는 이런 변화를 설명했다. 몰로토프가 독일의 침공을 발표한 직후 다섯 명의 적십자 소녀들이 전선으로 가겠다고 요청했다.

> **지원자들이 한꺼번에 몰려 들었습니다. 며칠 동안 수천 명이요. 저는 시당 위원회 위원에게 가서 이 사람들을 어떻게 해야 하냐고 물었지요. 파트콤은[39] 일단 계속 지원서를 받으라고 했습니다. 7~8일 후 오폴체니예의 한 부서를 구성하라는 연락을 받았습니다.**

6월 27일 즈다노프는 레닌그라드 오폴체니예 창설 허가를 모스크바에 요청했다. 다음 날 주코프로부터 7개의 인민지원군 사단을 승인하는 회신을 받았다.[40] 그리고 3일 공식적으로 발표되었다. 모스크바 지방 정부는 자체 오폴체니예를 편성해 그 뒤를 따랐다. 즈다노프는 15개 사단 병력인 27만 명이라는 목표를 야심차게 세웠다.

7월 4일부터 18일까지 총 31,000명의 레닌그라드 오폴체니예 3개 사단이 처음 소집되었다. 각 사단은 지역을 기반으로 했기에 한 공장의 남자들이 뭉칠 수 있었다. 제1사단은 키로프 방위 산업의 이름을 따라서 '키로프치'란 별명이 붙었고 10,000명의 자원자가 두 개 연대와 세 개의 대대를 구성했다. 제2사단은 스코로크호드 신발 공장의 이름에서 따왔다. 문자 그대로 재빨리 가라는 뜻의 '스코로호도프치'였다. 제2연대 외 다른 사람들은 일렉트로실라 발전소 출신이었다. 총 약 67,000명의 공장 노동자

---

39 파트콤(партком)은 작업장, 학교, 집단 농장 등 조직 단위별로 설치된 소련공산당의 하위 조직

40 즈다노프의 숙적 베리아가 경찰을 비롯한 모든 민간 민병대를 NKVD의 통제하에 두기를 원했고 이 계획에 강력히 반대했기 때문에 7월 4일의 제안은 즈다노프에게는 자랑스러워할 만한 성취였다.

들이 입대했는데 대부분은 징집 대상에서 제외된 숙련된 노동자였다. 이 사단은 레닌그라드 최고의 산업 인력을 징발했을 뿐 아니라 수많은 엔지니어, 과학자, 예술가, 학생들도 포함했다. 철도 공학 연구소는 900명, 광업 연구소 960명, 조선 연구소 450명, 전기 기술 연구소 1,200명을 징집했다. 레닌그라드 대학에서는 7개 대대 분량의 인원이 지원했다. 놀라울 것도 없이 오폴체니예의 첫 번째 물결의 중요한 숫자는 공산주의자였다. 7월 6일까지 입대한 97,000명의 남성 중 20,000명은 공산당에, 나머지 18,000명은 당의 청년 조직인 콤소몰에 소속되어 있었다.

즈다노프의 부풀려진 목표에 따라, 더욱 체계적인 징집이 이루어졌다. 지역 소비에트는 거주민 수에 따라 할당량을 부여했다. 공장이 방위 생산 업체로 전환하기 위해서는 핵심 인력을 붙잡아야 했다. 따라서 관리자들은 종종 남성 대신 여성을 보냈다. 키로프 공장에서 모집을 담당했던 당 관계자는 "생산이 중단되었다."라고 기억했다. 관리자들은 소장과 파트콤에게 누가 가고 누가 남을지를 결정하는 기준이 있어야 한다고 말했다. 물론 가지 말아야 할 사람들도 소집되었다. 오폴체니예의 정치 부서장이자 시당市黨 위원회의 위원인 A.I. 베르호글라즈는 선동가들에게 더 노력하라고 꾸짖었다. "애국심을 가르쳐야 합니다! 사람들과 정면으로 마주해야 합니다. 그들에게 '무기를 들어라!'라고 말하세요."

스탈린이 7월 3일 방송에서 오폴체니예를 칭찬한 이후, 인민지원군 입대 거부는 사람들에게 반국가행위로 받아들여졌다. '어떤 자원자'는 "바실리옙스키 소비에트에 면제를 신청했지만 부끄러운 나머지 한 시간 후에 철회를 요청했다." 중요한 것은 지원을 했다는 사실과 그로 인해 자신의 정치적 태도를 드러내는 것이었다. 리하체프는 푸시킨 하우스 사람들의 위선을 경멸했다.

판첸코는 정규군으로 갈 거라며 오폴체니예를 거부했다. 그는 몇 주 후 소집 명령을 받았는데 칼리닌 숲에서 전사했다. 다른 사람들을 부추긴 플로트킨은 병역을 면제받고서 비행기로 레닌그라드를 탈출했다.

그들이 무슨 일을 하게 될지는 알지 못했다. 사실 징집을 피하는 것보다 오폴체니예에서 빠져나오는 것이 훨씬 더 어려웠다. 52명의 배우와 음악가들은 그들의 임무가 군인들을 위문하는 일이라고 생각해서 "무기 사용을 거부"했다. 이러한 현상을 막기 위해 조치가 있기는 있었다. 식물 연구소의 니유코프 동지는 이렇게 말했다.

전문성이 중요하기 때문에 소집 해지를 요청했습니다. 지질학 연구소의 니쿨린과 데니소프도 직장으로 복귀했습니다. 7월 11일이 돼서야 잠콤(부의원)**이 필요한 조치를 내렸습니다.**

입대 기피자에 대한 보고서는 거친 반유대주의에 대한 변명이었다.

제3공병대대에 자원한 유대인 스베르들린은 원래 식품점에서 일했다. 그는 자신이 속한 공병 부대가 곧 전선에 투입될 것이라는 사실을 깨달았다.

번복은 거의 없었다. 대부분의 사람들은 싸우려고 안달이 났거나, 단순히 군중 심리를 따라갔다. 리디아 긴즈부르크는 "눈앞에 있고 확실하고 익숙한 위험(경영진의 불만)과 아직 멀고 불분명하며 무엇보다도 이해할 수 없는 일의 결과 중 어느 쪽이 더 나은 선택이었을까요?"라고 반문했다.

오폴체니예가 창설된 후에 당국의 의심은 더 깊어졌다. 수천 명의 지식인 출신들은 관리하기 어려웠다. 정치부는 제1사단 제3소총연대의 2,600

명(연구소가 밀집한 제르진스크 지역에서 모집됨) 중 약 1,000명이 "교수, 과학자, 작가, 엔지니어 등 고도로 교양 있는 유형"으로 분류했다. 그런데도 통신 장교가 되고 싶다는 무선 기술자와 공병이 되겠다는 광산 기술자의 요청은 '비겁함의 표현'이 되었고 결국 제거 대상이 되었다. 처음 두 개의 오폴체니예 사단에서 자원자들은 투표를 통해 중대 지휘관과 정치 지도자(대대급 오락 장교 겸 선전원)를 선발했지만 스타브카[41]의 명령에 따라 신속하게 폐지되었다. 즈다노프스키와 키로프스키 연대 소속의 한 폴리트룩[42]이 한탄했다.

> 그는 원래 노동자였으나 지금은 장교다. 부대에는 옛 상사가 두 명이 있었다. 장교가 명령을 내리고 대원들에게 "복창해"라고 말한다. 그러면 그의 부하들이 대답한다 "샤샤, 왜 내가 복창해야 해, 날 바보로 아나?"

당 지도부는 자원자가 배신자일 수도 있다고 봤다. 13명의 독일계와 에스토니아계 '외국인'과 전직 트로츠키주의자, 핀란드인, 스페인과 오스트리아 공산주의자들이 가입한 것으로 밝혀졌다. 이들은 모두 오폴체니예에서 해제되었고 그들의 자료는 NKVD에 전달되었다.

7월 7일까지 110,000명의 자원자는 장비를 갖추고 싸우는 법을 배워야 했다. 당국은 비참하게 실패했다. 키로프스키 사단의 첫 번째 자원자들은 7월 4일에 소집되어 학교, 병원, 공장 호스텔의 임시 막사 바닥에서 잠을 잤다. 그들은 웃통을 벗은 채 정치 강의를 듣고 방독면 안에 4리터짜리 보드카 병을 숨겼다. 또한 간첩일지도 모르는 아이스크림 상인에게서 에스키모 막대 사탕을 사 먹었다. 무엇보다도 그들은 훈련을 제대로 받지 못했

41　Ставка, 소련군 최고사령부.
42　политрук(Politruk), 군 부대에서 이념 교육, 충성도 감시 등을 맡는 정치 장교.

다. 원래는 16시간의 교육을 받아야 했다. 무기나 탄약도 충분치 않았고 교관도 거의 없었기 때문에(한 보고서에 따르면 600명당 교관 한 명), 훈련 시간은 아주 짧았다. 7월 7일, 3일간의 막사 생활을 마친 키로프스키의 병사들은 비텝스키 기차역까지 행진하고 전선으로 향했다. 몇 정거장을 행진한 후에 기본 장비를 수령하기 위해 그들은 다시 막사로 되돌아가야 했다. 마치 코메디 같았다. 한 자원자는 전체적으로 이렇게 기억한다.

> 우리는 세 번 전선으로 파견되었다. 첫 번째는 7월 7일이었다. 사령부는 장비가 없다는 이유로 돌려보냈다. 7월 8일 무기가 배급되었다. 우리는 다시 출발했고 도중에 군복을 받았다. 그리하여 또다시 되돌아갔다. 9일까지 마침내 우리는 제대로 옷을 입고 장비를 갖추었다. 우리는 소총을, 장교는 카빈총을 가지고 있었다.

제1사단에는 대포와 기관총, 기관단총 몇 자루가 있었지만 대공포가 없었고 박격포에는 조준경이 없었다. 더구나 소총 중 일부는 40년이나 된 것이었다. ("내 총은 1895년에 만들어졌다. 나와 나이가 같았다."라고 키로베츠는 회상한다.) 사단은 루가와 노브고로드 사이의 철도 마을인 목적지에 공습이 한창이던 7월 11일에 도착했다.

상황은 더욱 심각해졌다. 제2사단에는 대공포도 없었고 기관총 한 자루를 제외하면 자동화기도 없었다. 총기 사용법이 미숙했던 보병들은 "전투 중에 총을 사용하는 방법을 배워야 했다." 오폴체니예 사단장 알렉세이 수보틴 소장이 즈다노프에게 불평했다. 제3사단에 트럭과 오토바이도 몇 대뿐이었다. 그런데도 세 번째 부대는 7월 15일에 레닌그라드 근처의 요새로 파병되었다.

사실 당은 이들을 총알받이로 보았다. 정치부의 동료들과 만난 베르호글라즈는 오폴체니예의 다양성을 칭찬했다. "교수, 금속 세공사, 용광로 작업자, 또는 제빵사와 건축가들이 뒤섞여 있는데, 우리는 싸우면서 훈련하고 훈련하면서 싸운다." 원래 자원병은 "군사 작전에 쓰지 않고 방어용으로만 사용해야 했다." 전투에 투입된 첫 번째 사단은 7월 13일 전선에 도착하자마자, 루가 강을 가로지르는 교두보에서 독일 탱크 부대를 물리치라는 명령을 받았다. 일주일 후 독일 국방군의 기동 사단이 루가 전선을 따라 남쪽으로 흩어짐에 따라, 1사단과 3사단이 뒤를 따랐다.

결과는 공황과 혼란이었다. 그들은 비무장에 훈련받지 못했다. 공습을 피해 낮에는 숨어 있다가 밤에 행군했다. 피곤에 절은 오폴체니예들은 도망치거나 포로로 잡혔다. 많은 사람들이 낡은 소총을 버렸다. 따라서 총을 잃어버리는 것이 조국에 대한 범죄라는 특별 캠페인이 시작되었다. 탱크 공격에 앞서서 비행기의 폭격이 흔한 일이었기 때문에 '탱크 공포증'이라는 이름인 '탱코바야 보야즌'이란 용어가 생겼다. 베르호글라즈는 부하들에게 독일군의 탱크가 가짜 탱크라는 소문을 퍼뜨려야 했다.

> 적의 탱크가 멈추고 한 장교가 내려서 탱크에 기대었는데 거기에 팔꿈치 자국이 선명히 남았다. 아시다시피 팔꿈치는 탱크에 자국을 남기지 않는다. 탱크는 가짜로 판명되었다.

전투에 파병된 자원병들의 삶은 가장 비참하게 소진되었다. 독일 참모총장 하틀러 장군은 일기에 다음과 같이 썼다. "3분 포격, 그다음 일시 정시, 그리고 중무기 지원 없이 우리를 향해 진격. 우리는 그냥 총만 쏘면 알아서 쓰러진다." 그런 보병 중 한 명이 프렌클라흐였다. "일단 앞으로 달려 나가면 됩니다. 그렇지 않으면 뒤통수에 아군의 총에 맞을지도 모르니까요."

전투에서 살아 돌아온 장교들은 당국의 의심에 시달렸다. 베르호글라즈는 7월 말 킨기세프에서 치열한 교전을 하고 온 미하일 세로고드스키를 심문했다.

> 세르고드스키: 우리 900명은 기차역에 도착했고 600명은 전투에서 살아남았습니다.
> 베르호글라즈: 나머지는 죽었습니까? 급히 떠났습니까?
> 세르고드스키: 몇몇은 그도프로 갔고 몇몇은 전사했습니다.
> 베르호글라즈: 당신은 부대를 이끌어야 한다는 것을 이해하지 못했군. 리더십의 부재로 그들은 공포에 질려 도망쳤소.

세르고드스키는 '그룹으로 나뉘어 숲으로 향하라'는 명령을 받았다고 말했다.

> 베르호글라즈: 후방에서 돌아온 이유는?
> 세르고드스키: 식량이 문제였죠. 풀만 먹으며 사흘 동안 숲에서 살았습니다.
> 베르호글라즈: 그리고 귀하의 손실은 얼마나 컸습니까?
> 세르고드스키: 우리 분대에는 65명이 남았습니다.

대대급 보고서에는 분노와 절망이 고스란히 담겨 있었다. 7월 21일, 1사단 모옌세코 중령은 부대가 후퇴할 수밖에 없었던 이유를 설명했다.

> 대대는 연대, 포병대와 통신이 되지 않았고 그 결과 포병이 참호에 아군 병사를 향해 포격을 했습니다.
> 키로프스키 연대의 사령관이 자살했습니다. 그 이유는 두려움과 비겁함이

었습니다. 그가 연설을 한 다음, 밖으로 나가서 스스로 총을 쐈거든요. 병사들은 그가 분파주의자들에게 살해 당했다는 설명을 들었습니다.

자발적 퇴각의 이유를 물었을 때, 한 중위는 "내 잘못된 판단 때문에 많은 사람들이 죽는 것을 원치 않았습니다."라고 눈물을 터뜨리기 직전에 대답했다. 기관총 사수는 짧은 메모를 남겼다. "나는 목숨을 끊기로 결정했다. 부대에 있는 것은 너무 힘들다. 서명, 스미르노프 중대 상사."

7월 16일에 사령부는 오폴체니예 분대를 4개 더 만들라고 명령했고 결국 41,446명의 자원자로 꾸려졌다. 모집 기준은 군 면제자, 안경 착용자, 그리고 '반역자'의 아들들도 포함하도록 완화되었다. 연령 제한은 18세에서 17세로, 50세에서 55세까지 연장되었다.

이 부대는 '근위사단'이라는 웅장한 칭호로도 열악한 장비를 감추지 못했다. 예를 들어, 제1근위사단의 제3소총연대는 2,667명을 위한 791개의 소총, 10개의 저격소총, 5개의 리볼버를 가지고 있었다. 훈련은 최악이었다. ("우리는 그들에게 돌로 싸우는 법을 가르치고 있다."라고 한 교관이 한탄했다.) 새로운 사단은 경험이 풍부한 장교가 부족했다. 제1근위사단의 781명의 장교 중 82명만이 장교였다. 제2경비대 사단을 지휘할 장교를 찾기 위해, 소련 전역을 훑어야 했고 멀리 우랄 산맥에서 차출했다.

새로운 병사들은 피바다에 내던져졌다. 8월 11일에 전선에 도착하자마자, 제1방위 사단의 명령은 세 번 변경되었고 그 결과 일부 연대는 24시간 동안 70킬로미터를 행진해야 했다. 그런 다음 그들은 곧바로 작전에 투입되었다. 의료 소대에는 트럭이 몇 대 밖에 없었으므로 부상자들을 후송할 수도 없었다. 사단 본부에서 내려온 '고위급'들은 도움보다는 방해가 되었다.

제2근위사단은 8월 12일에 가트치나에 있는 전선에 투입되었고 2주 후

산산조각이 났다. 연대장 나바토프는 전투 중에 다음과 같은 사실이 있다고 보고했다.

> A. 어떤 병사들은 소총이나 수류탄을 다루는 법을 전혀 모른다.
> B. 많은 수의 병사들이 은폐하라는 명령 수행에 실패했다. 그 결과 우리는 대포와 박격포 공격을 받았다.
> C. 반격하는 동안 넓게 퍼지는 대신에 병사들은 서로서로 가까이 붙어 있었다.
> D. 병사들은 아군을 적군으로 착각해서, 적에게 포위되었다고 생각했다.
> E. 많은 부대 사령관들이 부대원의 이름을 알지 못했다.
> F. 일부 병사들은 구급상자 사용법을 몰랐다. 그 결과 비교적 가벼운 상처를 입은 병사들도 출혈로 사망했다.

대학살이 계속되는 사이사이에 자원병들은 참호에서 여름 뇌우를 맞으며 비에 젖고 굶주린 채로 "동물원의 하마처럼" 뒹굴었다. 부대원들은 방수포, 텐트, 야전 부엌, 속옷, 면도기, 쓰레기통, 물병, 삽, 참호 매설 도구, 헬멧, 그리고 차량, 통신 장비, 무기(제3경비대는 자원자 4명당 소총 3대만 보유)가 필요하다고 호소했다.

숙청이 이루어진 제2사단에 합류하기 위해 '대부분의 자원병'이 파견되었다고 제4방위 사단 대대의 한 폴리트룩은 보고했다.

> 그들은 소총을 장전할 줄도 모른다. 기관총 사수 205명 중 절반은 엉터리였다. 공병들 중에 폭발물 전문가는 단 한 명도 없었다.

오폴체니예를 해산하기로 한 결정은 9월 19일에 내려졌고 남은 병력은 붉은 군대에 흡수되었다. 약 135,400명이 모두 이 부대에 복무했다.

즈다노프의 대리인인 알렉세이 쿠즈네초프는 이듬해 스몰니의 연설에서 43,000명 이상의 레닌그라드 자원병들이 전쟁의 첫 3개월 동안 실종되었다고 말했다. 이것은 확실히 너무 낮은 수치였다. 제1사단과 제2사단, 그리고 철수하기 전에 사실상 전멸한 제2-4 근위사단의 사상자의 비율은 훨씬 더 높았다. 희생은 그만한 가치가 있었을까? 오폴체니예가 루가 라인을 사수함으로써 레닌그라드가 방어선을 강화할 수 있는 시간을 벌었다는 것이 일반적인 해석이었다. "노동자 사단과 레닌그라드 오폴체니예가 치른 전투는 결정적이었다."라고 키로프의 공장장이 워스에게 1943년에 말했다.

오늘날의 역사학자들은 폰 레프의 진격이 멈췄던 것은 소련 정규군과 쏟아지는 비 때문이라고 확신한다. 설령 맘몸의 자원병들이 전장에서 변화를 가져왔다고 해도, 장교들의 손실은 되돌릴 수 없다. 1941년 9월 말까지 붉은 군대는 전체 장교 44만 명 중 14만 2천 명을 잃었다. 10월 레닌그라드 외곽에서 실패한 작전을 두고 페두닌스키 장군은 "어떤 장교는 단순한 겁쟁이에 가까웠다."라고 보고했다. 군사 역사가 앤서니 비버는 "줄루족 왕이 전사들을 절벽 위에서 행진시킨 것과 유사한 대학살이었다."라고 말했다. 오폴체니예 생존자 프렌클라흐의 상황은 더 가혹했다.

저는 1941년을 오랫동안 생각했습니다. 오폴체니예에 관한 모든 동화는 작가와 정치인의 양심에 달려 있습니다. 무의미한 희생이었죠.

1942년 4월에 보로실로프를 모욕하기 위해 스탈린은 중앙 위원회에 보로실로프 동지(당시는 이미 실권에서 배제됨)를 언급한 메모를 돌렸다. 그는 쓸데없이 오폴체니예 창설에 정신이 팔려 레닌그라드의 방어에 소홀히 했다는 것이다. 사실 보로실로프 그 혼자만의 잘못은 아니었다. 스탈린의 의

중을 예측하는 능력만이 가장 중요한 기술이었던 정치국에서 보로실로프는 잔뼈가 굵었다.

5. 쥐덫에 걸린

Caught in a Mousetrap

51세의 베라 인베르는 8월 24일에 기차로 레닌그라드에 도착했다. 그녀는 트로츠키의 사촌이며, 사회주의 리얼리즘⁴³이 아니더라도 소련의 검열을 통과한 놀라운 소설을 썼다. 남편은 레닌그라드 에리스만 병원의 책임자로 임명된 상태였다. 모스크바에서 딸과 손자가 타타르로 떠나는 것을 배웅하고 인베르는 남편과 합류하기 위해 오고 있었다.

보통 때는 하룻밤이면 되었을 여행이 이틀 반이 걸렸다. 선로에는 최근에 생긴 듯한 포탄 자국이 있었고 반대 방향에서 화물 열차가 덜컹거리며 지나갔다. 그 열차의 위장 천막 아래에는 부피가 큰 기계류가 있었다. 레닌그라드로 향하는 기차는 점점 더 자주 정차했다. "우리는 새벽녘에 멈췄다."라고 그녀는 일기에 썼다.

---

43 사회주의 리얼리즘은 구 소련, 동유럽 공산권, 북한 등의 국가의 예술 사조로 현실을 혁명적 발전의 관점에서 역사성 구체성을 가지고 묘사할 것을 요구했다.

우리는 멈춰 서 있다. 객차에서 떠드는 사람은 거의 없었다. 파이프 연기는 복도를 지나 옅어져서 태양빛에 흩어졌다. 너무 고요해서 기차가 폭신한 이끼 위에 안착한 것 같았다.

기차가 다시 움직이기 시작했다. 폭탄에 쓰러진 나무의 뿌리는 하늘을 향해 있었는데 땅도 검게 그을려 있었다. 역을 통과하면서 마을 이름이 '므가myra'임을 알아보았다. 모스크바에서 출발하는 직행 노선을 독일군이 끊었기 때문에 평상시라면 가지 않았을 노선을 따라가고 있었다. 인베르는 긴장했지만 기차에서 내렸다. 기차역을 나서자마자 처음 본 것은 포스터였다. 독일군이 레닌그라드 앞에 있다는 사실을 공식적으로 인정한 첫 번째 포스터였다.

동지들이여! 레닌그라드인이여! 친구들이여! 우리의 도시를 파시스트가 공격할 것입니다. 집을 파괴하고 공장과 발전소를 점거하고, 거리와 광장을 피로 적시며 조국의 아들을 노예로 만들려 합니다. 혁명의 요람인 레닌그라드는 결코 함락된 적이 없습니다. 우리의 도시, 집, 가족, 명예를 위해 일어섭시다. 철의 규율과 볼셰비키의 결의로 무장하면 치명적인 일격을 가할 것입니다!

인베르는 모스크바를 떠나기로 결정한 지 8일 만에, 레닌그라드의 상황이 극적으로 악화되었다고 회상했다. "남편과 합류하는 것은 옳은 일이었습니다. 전쟁이 발발한다면, 우리는 함께 있어야만 한다고 남편이 말했었지요."

며칠 동안 그녀는 남편을 거의 보지 못했다. 그는 병원에서 정신없이 바빴고 그녀는 시립 라디오 방송국에서 일하며 새 아파트에서 한가로운 시간을 보냈다. 높은 창문 너머로 카르포프카 강과 맞은편 식물원의 유리창에 햇살이 반짝였다. 안쪽 벽에는 장미가 그려진 오래된—예카테리나 황후 시절에 만든 것 같은—도자기 접시가 걸려 있었다. 매일 10~15회의 공급 경보가 울렸지만 훈련 같았고, 모든 것이 지평선 저 너머의 일처럼 보였다.

경보가 울리는 가운데 발코니로 나갔다. 거리는 텅 비었다. 양철 헬멧을 쓴 공습 감시원만이 하늘을 올려다보고 서 있었다. 트램 운전사는 "소년들은 마치 트램을 자기 것인양 계단을 붙잡고 밀고 타요. 하지만 곧 참호 파는 데 동원될 테니까, 신경쓰지 않기로 했어요."라고 말했다.

네바 강 건너편의 사도바야 거리에서 유리 랴빈킨은 체스를 두며 늦여름을 보냈다. 어머니가 하녀를 해고했기 때문에 집안일은 더 많아졌다. 열여섯 번째 생일에는 어머니의 사무실 구내식당에서 5루블의 식사를 하고 체스 책 한 권을 자기 생일 선물로 샀다. 그리고 군사 전략에 관한 책을 뒤적거리며 랴빈킨은 레닌그라드를 구할 계획을 생각했다. 시민 모두를 숲으로 보내고 붉은 군대가 후퇴하는 척하면서 독일군을 함정으로 유인하는 것이었다.

우리의 탱크 부대는 독일군을 궁지에 몰아넣을 것이다. 그리고 아군 포병이 모든 화력을 쏟아부을 것이다. 우리 항공기는 잔당을 폭격하고 나치는 주춤할 것이다. 적은 육해공에서 모두 밀려날 게 분명하다.

랴빈킨은 이것이 덧없는 환상이란 걸 깨달았다. 그는 일기에 이렇게 썼다. "이 모든 것이 불가능했다. 공격할 군대가 없다. 탱크는 수적으로 열세다. 사실 정규 군인조차도 구식 마우저 소총을 가지고 싸운다. 독일군은 탱크를 앞세우고 있고 우리는 수류탄이나 휘발유병을 들고 싸워야 한다고 배웠다. 바로 그거다!"

예술가 안나 오스트로우모바 레베데바는 레닌그라드의 공공 기념물을 스케치하는 것이 금지되어 있기 때문에, 마음속으로 풍경을 그리면서 걸었다. 클로트의 말 조각상이 철거 중이었고 광장의 알렉산드르 기둥은 목재 비계에 가려져 있었다. 팔코네의 유명한 '청동 기마상'인 표트르 대제 동상은 나무판으로 보호되었다. 여동생과 조카들은 레닌그라드를 떠났지만, 그녀는 연대의식과 호기심 때문에 남기로 결심했다. "모두가 같은 질문에 대해 걱정하고 있다."라고 그녀는 8월 16일에 썼다. "떠나야 하는가? 떠나야 한다면 어디로 어떻게 떠날 것인가? 미래는 어떻게 될까? 낯선 곳에서 어떻게 다시 시작해야 할까? 불쌍한 레닌그라드 시민! 나는 머물고 싶다. 그리고 앞으로 벌어질 모든 사건들을 지켜보고 싶다."

사람들을 대피시키지 못한 것은 크렘린의 실수였다. 마지막 기차가 떠나는 8월 29일까지, 공식적으로 636,283명의 사람들이 레닌그라드에서 대피했다. 발트해에서 온 피난민과 도시를 거쳐 간 사람들을 제외해도 숫자는 400,000명으로 떨어진다.

도시에서 2,500,000명의 시민이 떠났고 봉쇄선 안쪽에 있는 주변 도시와 마을에서 343,000명이 더해졌다. 그들 중 400,000명 이상이 아이들이었고 700,000명 이상이 부양가족이었다. 왜 그들이 제때 빠져나가지 못했을까? 정부 정책의 혼란, 시민들의 잘못된 의사 결정, 그리고 공포가 복합적으로 작용한 탓이다. 전쟁 초기부터 산업 및 기관 대피에 우선순위를 두었다. 7월 3일 모스크바의 새로운 5인 국가방위위원회(스탈린이 위원장인 최고 의사 결정 기구)는 레닌그라드, 모스크바, 툴라에 있는 26개 방위 공장을 동쪽으로 이전하기로 결정했다. 8월 말까지 92개의 방위산업체와 163,320명의 노동자가 함께 이전했다. 대부분은 우랄 지역의 산업 도시에서 생산을 재개했다. 철도는 과부하가 걸렸다. 마지막 철도 노선이 끊겼을 때 2천 개가 넘는 기계가 철거 준비를 하고 있었다. 포위전의 첫 겨울과 그 이후에도 화물 야적장에 방치되었다.

전쟁 발발 후 첫 몇 주 동안 어린이 대피는 또 다른 비참함을 수반했다. 6월 26일 레닌그라드 소비에트 정부는 392,000명의 아이들을 부모도 동반하지 않은 채 칼리닌과 야로슬라블의 농촌 지역으로 대피시킨다고 발표했다. "그로 인해 심장은 쿵쾅거렸고 마음은 혼란스러웠다."라고 엘레나 스크랴비나는 썼다. "무엇을 해야 할지 몰랐다. 다섯 살짜리 유라와 떨어진다는 생각만으로도 너무 끔찍했다. 어떤 이유로도 아들을 포기하지 않겠다." 다른 부모들은 아이들을 루가, 가치나 및 레닌그라드의 남쪽과 서쪽의 여름 캠프로 가는 기차에 아이들을 태웠다. 처음 15,192명의 아이들은 6월 29일에 10대의 기차를 타고 떠났다. 엘레나 코치나는 아이들이 기차역으로 이동하는 모습을 지켜보았다.

겁에 질린 동물이 되어 아이들은 기차역을 향해 이동했다. 이제 부모 없는 삶이 시작될 것이다. 어린아이들이 트럭에 실려갔고, 그들의 자그마한 머리는 황금버섯처럼 트럭 밖으로 삐죽 나와 있었다. 그 뒤를 엄마들이 울부짖으며 쫓아갔다.

3주 후 독일군은 루가 라인에 도달했다. 당국의 명령이 실제로는 아이들을 나치의 진격로 한가운데로 보냈다는 것을 부모들이 알게 되었다. 열다섯 살의 클라라 라흐만이 이렇게 썼다. "우리가 트럭에 타고 있는데 독일 비행기가 머리 바로 위로 날아갔어요."

계엄령 때문에 직장에서 휴가를 내지 못하는 상황—기록보관소의 게오르기 크냐제프는 타이피스트 중 한 명에게 어린 딸을 찾도록 허락했다

—에서 아이를 찾는 것은 쉽지 않았다. 리디아 오합키나는 우연히 빵집에서 만난 "60대 초반의 안경을 쓰고 지적으로 보이는 여성"을 설득해 아들을 대신 데려오도록 했다. "그녀는 손자가 21번 유치원(정확한 번호를 기억했다)과 함께 대피했다고 말했는데, 우리 톨리아가 함께 갔다는 말이거든요. 그녀는 아이가 몇 살인지 물었고 나는 곧 여섯 살이 된다고 말했어요." 다음 날 오합키나는 성난 어머니 무리 중 한 명이 되었다. "그들은 모두 흥분해서 시끄럽게 떠들고 있었어요. 심지어 어떤 사람들은 '우리 아이들을 데려와!'라고 외치기도 했지요. '신도 모르는 곳에서 죽는 것보다 여기서 우리와 함께 죽는 게 낫다!'라고 외치기도 했습니다." 오합키나는 그분에게 건네며 빵을 한 가득 사서 보냈다. 보름 동안 기다리던 오합키나는 어느 날 두 명의 소년과 함께 나타난 그녀를 보았다. 그녀는 톨리아를 안고서 트럭과 수레를 갈아탔다. 기차가 폭격을 당했기 때문이다.

어처구니없게도 지역 당위원회는 아이들을 집으로 데려오는 것조차 금지시키고 부모들에게 아이들이 안전하다며 안심시켰다. 그리고 '불온한 소문들을 청산'하라는 지시를 내렸다.

8월 초에는 14세 미만의 어린이와 엄마를 대상으로 한 2차 대피령이 발표되었다. 스크랴비나는 이렇게 썼다.

> **이번에는 엄마들도 아이들과 함께 가도록 허락했지만 여전히 두려웠다. 장티푸스, 콜레라 등의 전염병이 철도를 따라 창궐했다. 대피 열차가 폭격되기도 했다.**

오합키나는 도시를 떠나고 싶었지만 공습경보 중에 톨리아를 잃어버리는 바람에 뒤처졌다. 그녀가 다음 날 경찰서에서 아이를 발견했을 때 기차는 이미 떠난 뒤였다. "대피 서류를 받기 위해 다시 줄을 설 수는 없었어요. 그 사건이 모든 것을 결정했죠. 저는 레닌그라드에 남았습니다."

대피 열차는 볼로그다로 가는 대신 독일군이 점령한 남쪽으로 향했기 때문에, 기차를 놓친 것이 행운이었다. 폭격기가 기차보다 앞서서 도로, 철도 등을 폭격했다. 최악의 비극은 일멘 호수 남쪽의 리스코보에서 일어났다. 독일 낙하산 부대가 근처에 상륙했다는 소식을 전해 들었을 때, 40킬로미터 떨어진 한 집단 농장에서는 유아들을 위한 환영식이 거행되고 있었다. 한 생존자의 증언에 따르면 "우리는 차를 대접받기 시작했는데, 그 순간 농장 책임자가 달려와서 독일 낙하산병이 있다고 외쳤다." 아이들은 트럭에 실려 기차역으로 돌아왔고 그곳에는 수천 명의 피난민들이 기차에 탑승하고 있었다. 아이들이 차례를 기다리는 동안, 머리 위로 슈투카가 나타났다. 한 교사는 "조종석을 볼 수 있을 정도로 낮게 날고 있었다"라고 회상했다. 조종사는 한 번 내려다 보고 폭격 버튼을 눌렀고 '쾅'……. 전쟁 후에 폭격기 조종사들은 아이들이 있다는 것을 몰랐다고 주장했다. 하지만 폭격기 파일럿은 자신이 무엇을 공격하는지 정확히 볼 수 있었다는 증언이 있었다. "말도 안 되는 소리! 화창한 날씨에 아이들은 화려한 색상의 옷을 입고 있었습니다. 떠도는 유아들은 너무 어려서 자신의 이름을 말할 수 없었습니다."

다른 피난민들은 배고픔에 지친 채 장대한 여정을 견뎌야 했다. 8월 말 시베리아 옴스크로 떠난 기차에는 7세에서 16세 사이의 어린이 2,700명이 탑승했다. 평소 같으면 3일 정도면 갔을 텐데 지금은 7주나 걸렸다. 아이들은 음식을 가지고 있었는데 며칠이 지나자 상해서 버려야 했다. "가끔 우유를 조금 받긴 했지만 자주 먹지는 못했어요. 아이들은 배가 고팠어요. 가끔 밭에서 토마토나 당근을 따 먹을 수 있었지만 제대로 씻을 수가 없었죠." 홍역과 머릿니가 만원인 객차에 퍼져 다섯 명의 어린이가 도중에 사망했다.

이런 흉흉한 소문이 레닌그라드를 떠나지 않기로 한 결정적인 이유는 아니었다. 많은 사람들은 피신한 가족이—또는 전장에서 실종된 아들이나 남편—집으로 돌아올지도 모른다는 걱정에 남았다. 이리나 보그다노바는 어머니가 일하던 지질학 연구소의 가족 대피를 할머니가 어떻게 방해했는지 설명했다. 이리나와 할머니 그리고 어머니는 대피 허가를 받았지만 이모 니나는 허가를 받지 못했다. 연구소의 트럭을 타고 기차역으로 가다가 할머니는 트렁크 때문에 집으로 돌아가야 한다고 고집을 부렸다. 그 결과 온 가족이 기차를 놓치게 되었다. 이리나는 당시의 일을 회상했다. "우리는 집으로 돌아와 소파에 앉았어요. 그때 어머니가 나를 안으며 '이젠 우리 모두 같이 죽겠구나'하고 말씀하셨죠." 정말 그랬다. 할머니와 어머니와 이모는 1942년 2월과 3월에 모두 굶어 죽었다. 여덟 살이었던 이리나는 열흘 동안 홀로 살아남았고, 민방위대에 발견되어 보육원으로 갔다. 70년이 지난 후, 이리나는 간식을 아름답게 식탁에 차리고 멋진 옷차림으로 인터뷰에 응하며 "평생 할머니에 대한 원망으로 살아왔다."라고 고백했다. "할머니는 이모와 함께 있고 싶어서 일부러 트렁크를 빼놓고 트럭에 타기를 거부한 것 같아요."

스크랴비나의 친구는 공장장의 아내였는데 모스크바로 떠나는 공장 유치원의 '교사' 자리를 그녀에게 제안했다가 다음 날 다시 "그 사이에 우리의 모든 계획이 무산되었다."라고 알려줬다. 스크랴비나는 안심했다. "나의 고민은 상황에 따라 해결되었다. 더 이상 엄마나 나나를 남겨두고 떠나는 것에 대해 걱정할 필요가 없게 되었다. 이별은 없다."

어떤 사람들은 독일의 점령이 그렇게나 나쁜지 의구심을 가졌다. "유대인이라는 이유만으로 사람을 죽일 수 있을까?" 스크랴비나도 의아해했다. 8월 중순에 그녀는 레닌그라드가 곧 함락될 거라 생각해서 피난을 거절했다. "이런 속도로 전쟁이 진행된다면, 아마도 곧 끝날 것이다. 왜 우리가 정착한 곳을 떠나야 할까? 집에 있는 게 현명할지도 모른다. 어떻게 해야 할까?"

리하체프의 유대인 동료는 푸시킨 하우스에 "뾰족한 모자를 한쪽으로 살짝 눌러쓰고 벨트가 달린 허름한 셔츠를 입고" 식당에 나타났다. "그는 경례로 우리를 맞이하면서 독일군이 오면 자신은 아르메니아인이 될 거라 했다."

미술사학자 니콜라이 푸닌은 운명론에 굴복했다. 8월 26일 저녁, 책상에 앉아 5년 만에 일기를 다시 쓰기 시작했다. 그는 자기 세대의 사람들에게 죽음은 결코 멀지 않게 느껴진다고 썼다. "사실 지난 25년 동안 우리는 때 이른 죽음에 초대를 받았다. 많은 사람들이 죽었다. 죽음은 가까이 다가오고 있다. 죽음이 저렇게 간절하게 우리를 생각하는데, 왜 우리는 죽음을 생각하지 말아야 할까?" 그는 임박한 운명을 느끼고 1937년 대테러를 떠올렸다. 그와 친구들은 매일 저녁 잠자리에 들 때면 몇 시간 후에 문을 두드리는 블랙 마리아를 기다리곤 했다.[44] 낮에 혼란과 혼돈에 빠진 과학학술원을 방문했을 때, 그의 동료들은 같이 사마르칸트로 떠나자고 그를 설득했다.

> 그건 전쟁에 끌려가는 걸 의미한다. 아니, 나는 가지 않겠다. 신이여, 천국으로 올라가는 영혼들에게 평안하게 해주소서… 예조프치나[45] 테러 때는 왜 우리를 대피시키지 않았는가? 그때만큼 두려웠다.

니콜라이 푸닌이 레닌그라드에 남기로 한 배경에는 도시를 떠나는 사람

---

44   체포용 경찰밴을 뜻하는 은어이다.
45   1937/8년의 대숙청 당시 가장 가혹한 숙청을 이끌었던 니콜라이 예조프(Nikolay Yezhov)의 이름을 따라 '예조프지나'라고도 불린다.

들에 대한 강력한 비난도 있었다. 피난민들은 '쥐새끼' 또는 '베젠지Бежен
цы'라고 불렸는데 문자 그대로 '도망자'란 뜻이다. 올가 그레치나와 대학
동기인 형제들과 이별을 해야 했다. 그의 어머니가 중앙아시아에 있는 고
고학 발굴지로 보내 버렸기 때문이다. "많은 사람들이 자원하는데, 건장
한 사람들이 대피한다는 것을 이해할 수가 없었다." 일부 지역 소비에트
는 민간인 대피를 실제로 막았다. 전시 국가 식량 청장인 드미트리 파블로
프는 7, 8월에 대피한 레닌그라드 시민 수가 두세 배는 더 많았어야 한다
고 생각했다. 대피 거부는 때때로 엉뚱한 의심도 받았다. 어떤 일기 작성
자는 다음과 같은 소문에 주목했다.

> P.Z 안드레예프와 S.P. 프레오브란젠스카야는 정부의 대피령을 따르지 않았
> 다. 그들은 '왜'란 질문을 받았다. "우리는 레닌그라드가 굴복하지 않을 것이
> 라 확신하오." 그들은 대답했다. "당신들은 레닌그라드가 항복해야 한다고
> 생각하고 파시스트에게 굴복하겠지! 우리는 심문해야겠소."

8월 25일까지 레닌그라드의 4분의 3이 포위되었다. 발트해로 향하는
철도도 끊겼다. 동쪽으로는 유일한 노선이 므가에서 두 갈래로 갈라졌다.
페테르호프 서쪽의 60킬로미터에 이르는 해안선을 제외한다면 발트해 연
안을 모두 잃었다. 크론슈타트를 통해 보급을 받는 이 '오라니엔바움'[46]은
포위 공격 내내 막대한 대가를 치르면서도 버텨냈다. 북쪽으로는 칼 만네
르헤임 장군의 핀란드 군대는, 스비르 강에서 독일군과 '악수'하겠다는 히
틀러와의 약속에 따르기라도 하는 듯, 라도가 호수 북동쪽 해안을 따라 전
진하고 있었다.

---

46 Ораниенба́ум, 상트페테르부르크 서쪽 핀란드만에 있는 차르의 여름 궁전을 가리킨다.

이제 크렘린의 모든 관심이 레닌그라드에 대한 위협에 쏠렸다. 스탈린이 레닌그라드의 자유주의적인 성향에 대한 의혹과 키로프(1934년 살해됨)와[47] 지노비예프(1936년 모스크바 재판 후에 총살됨)의 고향이어서 레닌그라드를 버렸다는 주장도 있다.[48] 그러나 (때때로 환상적인) 늦은 여름과 겨울에 있었던 스탈린의 분노에 찬 장광설을 읽어보면, 이 이론은 성립되지 않는다.

8월 25일과 27일 사이에, 독일 기갑부대가 레닌그라드의 남쪽으로 진입했을 때, 레닌그라드로 '특별위원회'가 파견되었다. 여기에는 해군과 공군 대장 몰로토프와 무역 위원 알렉세이 코시긴과 국가 방위위원회 소속인 게오르기 말렌코프도 포함되었다. 그는 즈다노프와 숙적이었던 NKVD의 서기장 베리아의 측근이기도 했다. 공식적으로는 '복잡한 상황을 평가'하는 것이 위원회의 임무였지만 실제로는 레닌그라드를 포기해야 할지 그 여부를 결정하는 일이었다. 위원회는 일주일 동안 레닌그라드에 머물렀고, 스탈린은 현실과 완전히 동떨어진 명령을 계속 퍼부었다. 8월 27일 그는 스몰니에 전화를 걸어 가치나에서 볼포프 강까지 120킬로미터에 이르는 새로운 방어선을 따라 평균 2킬로미터마다 500미터 간격으로 탱크를 배치하라고 했다. "보병 사단이 탱크 바로 뒤에 바짝 붙으면 탱크를 기갑 방어용으로도 사용할 수 있소. 이를 위해 귀하는 100~120KV(일종의 중전차)가 필요하오. 나는 귀하가 10일 후에 충분한 전차를 생산할 수 있다고 생각하오. 귀하의 신속한 회신을 기다리겠소." 다음 날 아침 즈다노프는 평소와 같은 슬라브식 타협점을 내놓았다. 스탈린의 '특별한 유형의 방어선'에 대한 계획이 "절대적으로 옳다"며 이조르스크와 키로프 무기

---

47 세르게이 키로프(1886~1934)는 볼셰비키 혁명가로, 블라디미르 레닌과 이오시프 스탈린을 적극적으로 지지했다. 1934년 레오니트 니콜라예프의 총을 맞아 살해되었다. 키로프의 죽음으로 대숙청 혹은 대테러의 광풍이 불었다.

48 세르게이 키로프 암살의 배후 인물로 지목되어 유죄가 이미 결정된 모스크바 재판에서 사형 선고를 받고 총살되었다. 대숙청은 스탈린의 반대파를 제거하기 위한 구실에 불과했다.

공장의 철수를 늦춰 탱크를 생산하는 데 사용할 수 있도록 해 달라고 요청했다.

8월 29일에 독일군이 레닌그라드에서부터 모스크바로 가는 경로에서 겨우 40킬로 떨어진 요충지 토스노를 점령했다. 그들은 남동쪽에서 레닌그라드를 방어하는 전력을 반으로 나누어 네바 강 남쪽에 도달했다. 분노로 이를 갈면서, 스탈린은 몰로토프와 말렌코프에게 전보를 쳤다.

> 토스노가 적에게 함락되었다는 소식을 들었소. 레닌그라드가 항복할까 봐 두렵소. 포포프와 보로실로프는 무엇을 하고 있소? 레닌그라드에는 많은 탱크가 있는데… 왜 이 모든 장비를 쓰지 않았소? 독일 탱크에 맞서서 맨몸으로 무엇을 할 수 있겠나? 누군가가 독일군에게 길을 열어주고 있다고 보이지 않소? 귀하가 모스크바를 향해 떠나야 한다고 생각하오. 지체하지 마시오.

포포프와 보로실로프의 뒷목에 스탈린의 총알이 박힐 가능성이 얼마나 높았는지 우리는 알 수 없다. 말렌코프와 몰로토프는 즈다노프에게 비판을 쏟아냈다. 같은 날 스탈린에게 보낸 편지에서 즈다노프와 보로실로프의 실수를 비판했다고 자랑했다. 더 나쁜 점은 즈다노프와 보로실로프가 레닌그라드 방어를 위해 취해진 조치를 스타브카에 알리지 못한 채, '퇴각한 죄'를 저질렀다는 것이다. 물론 이것은 부적절했다. 스탈린의 대답은 단호했다. "대답하시오. 첫째, 지금 누가 므가를 점령하고 있나? 둘째, 쿠즈네초프에게 발트 함대에 대한 계획이 무엇인지 알아내시오. 셋째, 코진을 보로실로프의 대리인으로 보내려 한다. 이의 있나?"

위원회가 모스크바로 귀환하면서, 말렌코프는 스탈린에게 즈다노프를 체포할 것을 촉구했지만, 베리아는 스탈린을 설득했다. 대신 스탈린은 말렌코프를 레닌그라드의 요원으로 임명했다. 스탈린의 의중은 말렌코프를 통해 즈다노프에게 전달되었고 그 반대의 경우도 마찬가지였다. 즈다노프가 말렌코프를 통해 스탈린과 한 특별한 합의는 전쟁이 끝날 때까지 지속되었다. 즈다노프는 그래도 목숨을 건졌지만 평범한 레닌그라드 시민들은 운이 좋지 않았다. 전투가 외곽에서 벌어지는 동안 몰로토프와 말렌코프는 도시 안에서 공포의 속도를 높였다. 8월 25일 레닌그라드 NKVD가 작성한 표에는 트로츠키주의자, 지노비에프주의자, 멘셰비키, 아나키스트, 카톨릭신자까지 29개 범주로 나눈 2,248명의 체포 및 추방 목표 숫자가 적혀 있었다. 러시아 제국의 옛 장교들과 도둑과 매춘부에 이르기까지. 그들의 열정은 늘 그렇듯 참혹한 결과를 불러왔다. 한 관찰자는 이렇게 썼다.

> 약 100명의 늙은 여인들이 추방을 기다리고 있었다. 구식 망토와 낡은 벨벳 코트를 입은 사람들이 우리 정부가 싸울 수 있는 적들이다. 오직 유일한 적! 독일군은 문 앞에 있는데, 우리는 무방비 상태의 늙은 여인들을 체포하고 추방하기에 바빴다.

희생자 중에는 올가 베르그골츠의 아버지도 있었다. 9월 2일 정오에 경찰 본부에 소환된 그는 당일 저녁 6시까지 출두하라는 명령을 받았다. 베르그골츠는 일기장에 이렇게 적었다. "아버지는 내전 내내 붉은 군대에서 수천 명의 사람들을 구했다. 농담이 아니라 NKVD가 아버지의 성씨를 좋아하지 않는 것 같다." 독일군의 진격 때문에 그는 이듬해 봄, 시베리아 서부의 크라스노야르스크로 추방될 때까지 레닌그라드에 머물 수 있었다. 이유는 무엇이었을까? 유대인이라는 점, 동료들에 대한 밀고를 거부한 점, 그리고 전쟁에 대한 시로 유명해진 딸과의 혈연관계 때문에 아버지가 인질이 되었을 것이다.

8월 말 늦여름 날씨의 찬란한 질주가 끝났다. 빗물이 하수관을 타고 흘러내려 보도블록 위로 펼쳐지며 스투코 외벽의 초록색과 노란색을 칙칙하게 만들었다. 도시 외곽에서는 진흙탕에서 격전이 계속되었다. 8월 31일 세 번이나 엎치락뒤치락하던 므가가 독일군에게 함락되면서 마지막 철도 노선이 끊겼다. 스탈린은 분노했다. "붉은 군대는 후퇴만 아는 것 같다. 우리는 이미 패배를 충분히 겪지 않았나?"

베라 인베르는 자신이 타고 온 기차가 마지막 기차였을 거라고 추측했다. 의사의 소견서 한 장으로 대피 명령을 피했던 엘레나 스크랴비나는 오싹한 기분을 느꼈다. "레닌그라드는 포위되었고 우리는 쥐덫에 걸렸습니다. 내 우유부단함으로 대체 무슨 짓을 한 거죠?" 밤에 책상에 앉아서, 게오르기 크냐제프는 멀리서 총소리를 들었다.

> 며칠 후에 무슨 일이 일어날지는 알 수 없었다. 수십, 수백 개의 마을이 파괴되고 폐허가 된 사례가 신문 보도에 나왔다. 레닌그라드와 같은 콜로세움이 분명하게 있을까? 나는 그 죽음을 보게 되는 것은 아니겠지?

레닌그라드 전투는 치열했다. 므가에서 제16군의 제20기동사단은 소총여단과 NKVD 국경 수비대의 저항에 부딪혀 천천히 북쪽으로 밀려났다. 9월 7일에 제20기동사단은 NKVD 국경 수비대를 네바 강을 향해 서쪽으로, 소총 여단은 라도가 호수를 향해 동쪽으로 밀어붙였다. 숲이 우거진 능선인 '신야비노 고원'에서 치열한 전투가 벌어졌다. 마침내 9월 8일, 독일군은 라도가 호수와 네바 강이 만나는 지점에 요새처럼 자리한 도시 실리셀부르크를 점령했다. 이로써 레닌그라드는 마지막 육로 연결 고리를 잃었다. 앞으로 1년 5개월 동안 레닌그라드 시민들은 라도가 호수나 비행기를 통해서만 '본토'에 갈 수 있었다. 제방의 안개 속에서 크냐제프는 이렇게 썼다. "회색 안개는 성 이사크 성당, 해군성, 겨울 궁전, 상원, 참모총장 건물 아치 위의 청동 말 동상의 윤곽을 덮고 있었다. 그리고 불과 수십 킬로미터 떨어진 어딘가에 독일군이 있었다. 모든 게 비현실적이며 꿈처럼 느껴진다. 어떻게 이런 일이 일어날 수 있을까? 독일군이 레닌그라드 성문 앞에 있다."

제2부

6. 무감각

No Sentimentality

봉쇄의 시작이었다. 지금 생각하면 끔찍한 필연처럼 느껴지는 비극이 전개될 것이었다. 하지만 당시만 해도 사태의 향방은 여전히 오리무중이었다. 독일군이 밀려나거나 레닌그라드가 함락될 것이라고 예상한 사람은 거의 없었다. 동부 전선에서 독일군이 승리를 앞둔 것처럼 보였다. 북쪽에서는 폰 레프의 북부 군단이 레닌그라드를 포위했다. 8주 전 스몰렌스크를 점령한 중앙 군단은 이제 모스크바에서 불과 321킬로미터 떨어진 곳에 있었다. 키이우 외곽에서는 남부 군단이 소련군 4개 군단을 포위하고 도시를 점령할 기세였다.

소련 정권은 곧 무너지거나 굴욕적인 평화협정을 맺을 것처럼 보였다 ("모두가 기대에 부풀어 있었다. 사람들은 런던 퍼트니의 작은 가게에서 사모바르를 팔고 코카서스 춤을 추는 스탈린의 환상을 가지고 있다."라고 조지 오웰은 썼다). 9월 4일 스탈

---

49   밑부분에 숯을 넣어 차를 끓이는 러시아의 찻주전자

린은 소련의 영국 대사 이반 마이스키를 통해 처칠에게 협박과 애걸이 절
반쯤 섞인 서한을 보냈다. 스탈린은 러시아 전선이 '붕괴'했으며 영국이
연말까지 프랑스나 발칸 반도에 제2전선[50]을 개진해 독일군 30~40개 사
단을 우회시켜야 한다고 주장했다. 만약 소련이 패한다면, 영국이 어떻게
승리할 수 있겠냐고 대사가 대화 중에 덧붙였다. 회의를 끝낸 후 처칠은
"그들이 다른 조건을 생각했을 수도 있을 것이다."라고 루즈벨트에게 말
했다.

즈다노프와 보로실로프는 스탈린에게 9월 9일 실리셀부르크 함락 소식
을 하루 늦게 전할 수밖에 없었다. 말렌코프, 몰로토프, 베리아가 공동으
로 서명한 전보를 보고 스탈린은 경멸이 가득한 답신을 보냈다.

> **제군들의 행동에 분노를 느끼오. 어떻게 막을 것인지는 한마디 언급도 없고
> 항복 소식만을 보고하고 있지 않소? 이게 끝? 이미 레닌그라드를 포기하기
> 로 한 것이오? 전차는 어디에 배치했나? 왜 전장에 병력을 지원하지 않았는
> 가? 전선에서 어떤 개선점을 기대할 수 있는가? 하루 두세 번의 상황 보고를
> 요청하오.**

실리셀부르크에 대한 답변을 듣기도 전에 스탈린은 새로운 지도부를 구
성하기로 결정했다. 요컨대 브로실로프 장군을 주코프 장군으로 교체하
는 것이다.

탁월한 전술 감각과 스탈린에 맞설 용기를 가진 43세의 주코프는 소련
사령관이었다. 그는 2년 전에 소비에트 몽골에 침입한 일본군을 성공적으
로 물리쳐서 명성을 얻었다. 이후 스탈린그라드에서 포위망을 구축하는

---

[50] 연합군이 제2전선을 구축하라는 요구는 1944년 6월 6일 연합군이 노르망디에 상륙하면서 비로소
형성되었다.

데 성공했고 베를린까지 진군해 승리를 이끌었다. 1941년 가을 레닌그라드 목전에서 3주간 독일군을 저지한 일은 전설의 일부가 되었다.

주코프는 신뢰하는 미하일 코진 장군과 이반 페두닌스키 장군을 대동하고 모스크바를 떠났다. 라도가에 가까워지자 구름이 걷혔고 그들의 비행기는 한 쌍의 메서슈미트(독일 전투기)에게 발각되었다. 이 전투기들은 레닌그라드 외곽의 대공포가 보일 때까지 그들을 쫓았다. 비행장에 무사히 착륙한 장군들은 곧장 차를 타고 스몰니로 향했는데, 경비병이 정문 앞에서 저지했다. "그들은 통행증을 제시하라고 했지만 우리는 당연히 통행증이 없었어요. 제가 신분을 밝혔는데도 도움이 되지 않았습니다. 결국 명령은 명령이니까요. '여기에서 대기해야 합니다.' 장교가 우리에게 말했습니다. 우리는 본부 사령관이 허락하기 전까지 15분 동안이나 문밖에서 기다렸습니다."

주코프가 걸어 들어갈 때, 군사위원회가 공장을 철거하고 발트 함대를 철수하는 방안을 논의하고 있었다. 그가 도착한 후 분위기가 반전되었다. "우리는 최후의 한 사람까지 레닌그라드를 방어할 것입니다." 그날 밤 군사위원회는 레닌그라드 남쪽으로 12킬로미터 떨어진 풀코보 주변을 강화하는 방법을 논의했다. 전차를 포격하기 위해 대공포를 조정하고 배의 승조원들을 보병으로 전환했다. 풀코보로 보낸 무기 중에는 10월 혁명의 시작을 알린 33발의 공포탄을 쏘았던 순양함 아브로라호의 함포도 있었다. 핀란드군과 대치하고 있는 23군의 일부를 독일군과 싸우도록 남쪽으로 이동시켰다. "함선을 침몰시켜야 한다면 전투에서 침몰하게 하라"고 선언했다. 코진은 북서군단 참모총장을 맡았다. 페두닌스키는 풀코보의 42군단을 시찰한 후 군의 사기가 바닥을 치고 있다고 보고 했다. 사령부는 시내 키로프 제철소의 지하실로 이동했다. 주코프는 페두닌스키 장군에게 "42군을 빨리 장악하라"고 명령했다.

바실리 체크리조프는 수도메흐 조선소 수석 엔지니어였는데 대숙청 때 당원 자격을 박탈당했었다. 하지만 이런 경험도 그의 처신을 바꾸지는 못했다. 그는 타고난 내부 고발자였다. 포위전이 진행됨에 따라 부패한 상사들과의 갈등이 점점 더 심해졌다.

9월 1일, 그는 벙커를 건설하기 위해 푸시킨 근처의 마을에 팀과 함께 파견되었다. 체크리조프가 마주한 장면은 동부 전선에서 흔하게 보는 장면들이다. 비틀거리는 농민들, 군중 사이를 지나가며 소리를 지르는 기마병, 공원 벤치에서 차를 끓이는 군인, 염소를 줄에 매어 끄는 소년들을 한 달 내내 보았다.

해가 질 무렵에는 마을 세 곳이 불타는 것을 보았다. 이틀 동안 점점 더 심한 포격에 시달렸고 체크리조프 팀은 밤에도 작업을 해야 했다. 크레인이나 트렉터가 없어서 양동이에 물을 담아 옮겼고 콘크리트 블록을 손으로 운반했다. 그들은 18세와 19세 가량의 간호사들과 숙소를 함께 사용했고, 교대로 바닥에서 잠을 잤다. 체크리조프는 "11명 중 담요를 가진 사람은 1명뿐"이라고 격분했다. "우리는 겨우 4일째인데, 그들은 한 달 반 동안 여기에 있었다. 본부에서 더 좋은 곳을 마련해 주면 안 될까?" 9월에 처음으로 폭격을 경험한 사람들의 얼굴에 나타난 공포와 당혹감에 깜짝 놀랐다. "내 얼굴도 저들과 똑같을까?" 며칠 전까지만 해도 간호사들에게 '빨치산 스타일'로 자랑하던 10대 후반의 팀원 2명이 공습으로 중상을 입었고 1명은 그날 밤에 사망했다. 체크리조프는 시신을 가지고 레닌그라드로 돌아왔다.

가족에게 관을 가져갔다. 장례식에 가고 싶었지만 도저히 견딜 수 없었다. 더 정확하게는 그 어머니의 얼굴을 다시 마주할 수 없었다.

전선의 혼란이 어느 때보다 더 심했다. "푸시킨과의 통신이 두절되었다."라고 체크리조프는 16일에 썼다. 상황은 똑같았다. 차량을 보내 달라고 요청한 본부에서는 한두 명의 사람들이 모든 현안을 처리하려는 것 같았다.

우리에게 부품을 배달하는 트럭 운전사들은 각각의 양식으로 문서를 작성해야 한다. 그는 30분이 꼬박 걸렸다. 문서는 뒷면도 있었다. 오, 우리는 문서를 얼마나 숭배하는가! 독일인들은 더 간단하겠지.

체크리조프가 곧 함락당할 벙커를 위해 고군분투하는 동안 몇 킬로미터 떨어진 곳에서는 28세의 안나 젤레노바가 파블롭스크 궁전의 최종 대피를 준비하고 있었다. 그녀는 "엄청나게 서둘러야 했던" 시간이었다고 기억한다. "전기가 끊겨서 촛불을 켜거나 밧줄과 종이를 태워가며 작업했습니다." 그녀는 레닌그라드로 향하는 마지막 트럭에 짐을 싣고 최종 점검을 위해 도서관으로 뛰어 들어갔다.

아래층으로 내려가 책상과 캐비닛 열을 따라 달리며 모든 문을 열었어요. 그리고 마지막 선반에서 포트폴리오를 보았을 때 말문을 잃었죠. 모두 로시(건축가)의 원안이었어요. 그러다 가장 큰 것을 열었더니, 캐머런의 도면과 곤차고 콰렌기, 보로니힌의 도면도 있었죠. 무엇보다 보로니힌 가구의 태피스트리 장식이 버려진다는 사실에 괴로웠어요. 태피스트리 조각은 수백 개의 작은 금박 못으로 의자에 고정되어 있었어요. 저는 덮개를 거의 다 자를 수 있었습니다. 새 상자에 포트폴리오를 넣고 태피스트리를 깔았죠.

---

51 찰스 캐머런(1745~1812)은 스코틀랜드인으로 1779년 러시아에 도착하여 1796년 예카테리나 2세가 사망할 때까지 차르스코예셀로 궁과 파블롭스크 궁의 수석 건축가였다.

거대한 조각품들은 궁전 지하실의 구석으로 옮기고 벽돌을 둘러서 쌓았다. 새 벽을 기존 벽과 조화롭게 만들기 위해 진흙과 모래를 칠했다. 아폴론, 헤르메스, 플로라, 니오베 같은 야외 조각상들은 공원에 있던 그 자리에 묻었다. 사방에서 붉은 군대는 후퇴하고 있었다.

9월 19일 아침 궁전에 들어선 젤레노바는 군용 오토바이가 여제 마리아의 정원에 주차된 것을 보고 분노했다. 마침 소령이 전화기 손잡이를 돌리고 있는 것을 보았다.

> 소령은 천천히 수화기를 내려놓았고 저는 말하기 시작했어요. "오토바이를 정원에서 치워 주십시오!" 그는 "누구의 정원이요?"라고 물었습니다. 그리고 지친 소령은 불쌍하게도 제게 찰스 캐머런에 대한 강의를 내내 들어야 했습니다.

그날 저녁 젤레노바는 레닌그라드 박물관 관리국으로부터 전화를 받았다. 그녀가 파블롭스크 관장으로 임명되었다는 소식이었다. "그러다 전화가 끊겨서 아무것도 설명할 수 없었습니다. 떠나야 한다는 것은 알았지만 상자와 아직 챙기지 않은 짐을 어떻게 다 버릴 수 있을까요? 아니, 차라리 계속 일하자고 결심했어요." 레닌그라드로 다시 돌아올 트럭이 없을 것이란 사실을 깨닫고 그녀는 말이 끄는 수레를 징발했다.

> 마지막 수레 기사들을 배웅한 후 녹색 MK 자동차가 나타났습니다. 키 작은 중위 한 명이 큰 목소리로 "당신들은 여기서 뭐 하는 거요?"라고 물었습니다. 제가 고궁 박물관과 공원의 관장이고 이분들은 제 동료들이라고 설명했습니다. 그 중위는 "마을 사람들은 모두 대피했습니다!"라고 외쳤습니다. "본부 직원들이 모두 떠났는지 확인하러 내가 돌아왔으니, 당신들은 운이 좋

은 거요. 빨리 이 차에 타십시오." 저는 상부의 명령으로 왔기 때문에 아무 데도 갈 수 없다고 대답했습니다. 그랬더니 그 중위가 말하더군요. "당신은 이해하지 못하는군요! 지금 우리는 전선에 있는 것도 최전방에 있는 것도 아닙니다. 독일군 후방에 있다고요!"

사이렌이 울리자, 젤레노바는 궁전 지하실로 뛰어 내려갔다. 그리고 사람들에게 파블롭스크가 버려졌다고 전했다. 그때 어떤 산림 관리인이 뛰어 나왔다. "공원에 독일군이 오토바이를 타고 왔어요. 제가 봤어요. 자작나무 옆에서요!" 젤레노바는 위층으로 올라가 서류를 챙긴 후 레닌그라드 방향으로 걸어서 출발했다. 밤새도록 들판과 밭을 비틀거리며 도시에 도착했다. 가는 길에 그녀는 푸시킨 궁전 마을을 지났다. 그곳에서도 막바지 구조 활동이 펼쳐졌다. 리날디의 극장이 화염에 휩싸여 무너지는 것을 보았고 콜피노에서는 이조르스크 공장의 불길이 여명처럼 하늘을 비추고 있었다. 레닌그라드에 가까워질수록 도로는 덜 망가져 있었다. 그녀는 부상자들로 가득 찬 군용 트럭에 올라타고 시내로 갈 수 있는 곳에 도착했다. 오전 10시에 마침내 성 이사크 대성당에 도착한 그녀는 포위 공격이 계속되는 동안 기다려야 했다.

독일군이 파블롭스크에 입성하던 날에 푸시킨도 점령했다. 레닌그라드로 대피한 마을 시민들은 다시 집으로 돌아가라는 소리를 들었다. 질서 정연한 대피를 하기에는 너무 늦었다.

리디아 오시포바는 친구들이 어떻게 해야 할지 고민하는 모습을 보았다. 8월 7일에 '애국자'와 '패배주의자' 사이에 분열이 일어났다고 썼다. '애국자'는 가능한 한 빨리 대피하려고 하고 우리 같은 '패배주의자'는 대피를 피하려고 했다. 다른 사람들과 마찬가지로 그녀도 나치의 잔학 행위를 믿지 않았다. 일기장에 "히틀러는 야수가 아니다."라고 썼다. "독일의 유대인, 미국의 흑인, 인도의 인디언을 불쌍히 여기는 사람들은 바퀴벌레처럼 몰살당한 우리의 농민들을 잊고 있다."라고도 적었다. 많은 유대인들이 이런 말을 했다. "우리가 왜 어디로 가야 하나요? 잠시 수용소에 갇혀 지내야 할지도 모르지만 다시 풀려나겠죠. 지금보다 더 나쁠 수는 없어요."

전투가 가까워짐에 따라 불안감도 상승했다. 오시포바의 이웃인 옛 당원은 9월 2일 밤을 이렇게 보냈다.

> 방에서 마당의 쓰레기장까지 레닌 책을 한 아름씩 옮겼다. 그사이 그녀는 우리에게 다가와 이야기를 나누고 담배를 피웠다. 자신의 처지와 볼셰비키 통치를 한탄한 그녀는 소련에서 자랐고 당의 권력의 사다리를 보았다. 이 모든 것이 그녀를 냉소주의자로 만들었다. 오시포바는 세 명의 유대인 전 남편이 있었고 딸도 반은 유대인이었기 때문에 특히 조심해야 했다. 그래서 공산주의의 가면을 계속 쓰고 있었던 것이다.

붐비는 공습 대피소의 어두운 곳에서 대화는 좀더 자유로워졌다. 푸시킨에 포탄이 떨어지기 시작하자 그녀와 이웃은 지하 대피소로 주거지를 옮겼다. 8월 15일 오시포바는 해방을 갈망하며 이렇게 썼다. "우리는 독일군이 어디에 있느냐고 물었다. 쿠즈미노에 있다고 했다. 두 시간 정도면 도착할 거리라는 뜻이다." 이틀 후에도 거리는 여전히 텅 비어 있었다.

> 우리는 독일군이 아니라 NKVD가 올까 봐 두려워했다. 독일군이라면 몇 가지 사소한 제한이 있지만, 공산당은 우리를 식물인간으로 만들 억압을 행사할 것이다.

다음 날 독일 비행기가 떨어뜨린 반유대주의 전단을 주우면서 불안감을 처음 느꼈다. "우리는 착각하고 있지 않았나요? 독일인이 그렇게나 나쁠까요?" 19일에 드디어 기다림이 끝났다. "독일군이 왔다."라고 그녀는 기뻐하며 일기에 적었다. "처음에는 믿기 어려웠다. 대피소에서 나오니 진짜 독일군 두 명이 길을 따라 걷고 있었다. 이제 자유다!" 그녀는 틀렸거나 일부러 눈을 감았다.

작곡가 보그다노프 베레좁스키는 푸시킨에서 온 난민 중 한 명이었다. 그는 푸시킨이 독일군에 점령된 후에 탈출한 사람을 만났다.

푸시킨 중학교의 독일어 교사는 통역사로 자원하여 공산주의자를 골라내는 '역할'을 맡았습니다. "다정한 아네츠카가 공산당원이라는 건 모두가 알고 있었죠. 남편과 다섯 살짜리 아들은 도망쳤는데 그녀는 늦겼습니다. 파시스트들은 그들에게 먼저 무덤을 파게 한 후 총살했어요. 리히테르 부부와 유대인들은 교수형을 당했습니다. 그중에는 어린애들도 있었죠."

모든 유대인은 메인 스트리트 1번가의 모퉁이에 있는 아방가르드 극장 건너편에 있는 코만단트(지휘관)의 사무실에 8월 4일에 '등록'하라는 명령이 떨어졌다. 이어서 푸시킨의 유대인과 공산주의자들을 찾는 독일군의 수색이 뒤따랐다. 수백 명의 여성, 아이, 노인들이 예카테리나 궁의 지하에 갇혀 있다가 끌려 나와 총살당했다. 독일군은 그들의 옷을 궁정 학교의 2층 창문 아래에서 군중에게 던졌다. 검거는 몇 주 동안 계속되었다. 10월 20일에는 또 다른 성인 15명과 어린이 23명이 예카테리나 궁전 밖에서 총살당했다. 열흘 동안 노천에 방치된 시체 중 일부는 폭탄 구덩이에 던져졌고 나머지는 정원에 묻혔다. 비록 유대인 인구의 상당수는 차르의 정착지 밖에 있었기 때문에 도시에는 상대적으로 적은 숫자였지만, 독일군은 점령 첫 주에 이미 그 지역에 있는 3,600명의 유대인을 학살했다.

붉은 군대는 푸시킨과 파블롭스크를 잃은 동시에 레닌그라드 남서쪽 끝의 알렉산드롭스크와 풀코보에서도 쫓겨났다. 핀란드만을 따라 라인하르트의 기갑사단은 페테르호프를 점령하며 소련 제8군을 '오라니엔바움'에 고립시켰다. 주코프는 레닌그라드 남서쪽 외곽에서, 라도가 호수와 핀란드만의 사이의 북쪽 중간 지점인 네바 강까지 방어선을 구축하라고 명령했다. 9월 17일에 특유의 전투 명령서를 통해 후퇴는 없다고 선언했다.

1. 레닌그라드 전선 군사위원회는 (폴코보/콜피노) 육군 군사위원회의 서면 명령 없이 후퇴하는 군인은 즉시 총살될 것이라고 발표한다.
2. 명령은 지휘관 및 정치 간부에게 발표한다. 간부를 사이에 널리 전파한다.

사흘 후 스탈린은 전선에서 이탈하는 러시아 민간인들에게 주저없이 발포하라는 명령을 내렸다.

주코프, 즈다노프, 쿠즈네초프와 메르쿨로프에게
나치들이 노인과 여인네와 아이들을 보내 평화를 위해 항복해 달라고 한다는 소문이 돌고 있소. 제발 감정에 치우치지 말라는 것이오. 대신 적과 그 공범들을 이빨로 부숴버려야 하오. 전쟁은 나약한 쪽이 패배하기 마련이거든. 흔들리는 사람은 누구든 레닌그라드 함락에 대한 책임을 져야 할 것이오. 독일군과 그들을 따르는 자들을 물리치시오. 그들이 누구든 적이라는 사실에는 차이가 없으며, 나치나 부역자들에게 자비 따위는 없소. 지휘관과 사단 및 연대 사령관, 발트 함대 군사위원회와 함선 사령관 및 사령관들에게도 이 내용을 알리시오.

마침내 전선이 유지되었다. 9월 24일, 에르미타주까지 불과 15킬로미터밖에 남지 않았지만 양측이 퇴각하면서 전투는 소강상태에 접어들었다. 독일군은 19만 명의 병사가 사망하거나 부상을 입었고 500정의 총과 탱크 700대를 잃었다. 소련군의 사상자는 훨씬 더 많았다. 같은 기간 발트 함대와 북서군단은 총 214,078명이 전사, 실종 또는 포로로 잡혔고(포로가 전체의 70~80%로 추정), 130,848명이 다쳐 병력의 3분의 2에 달하는 인원 손실이 있었다. 또한 4,000대의 탱크와 약 5,400문의 총기, 2,700대의 항공기를 잃었다.

9월 중순은 레닌그라드 방어의 전세가 역전된 시기였다. 최근의 새로운 해석은 독일의 전략 변경에 더 중점을 둔다. 작전명 '바르바로사'가 시작되고, 중요한 전략적 목표가 모스크바인지 레닌그라드인지를 두고 히틀러와 장군들 사이에 논쟁이 끊이지 않았다. 히틀러의 원래 지시는 1940년 12월 발트해 연안, 레닌그라드, 크론슈타트를 점령한 후 붉은 함대를 격퇴하고 레닌그라드의 무기공장을 확보하고서 모스크바로 진격하는 것이었다. 그러나 참모총장 프란츠 할더가 이끄는 장교들은 이에 동의하지 않았다. 러시아의 수도를 먼저 점령해야 하고 레닌그라드가 두 번째라고 주장했다. 의견 충돌은 7월 중순, 폰 레프 장군이 북군 그룹을 위해 더 많은 병력과 장비를 요청하면서 일어났다. 레닌그라드에 대한 히틀러의 입장은 확고했다.

"모스크바의 중요성을 강조하는 나의 항변은 무시당했다."라고 할더는 7월 26일 일기에 썼다. 10일 후 독일군이 노브고로드에 접근했을 때, 할더는 다시 한번 시도했다. "이번에는 파울루스 장군에게 남부군 사령관이 모스크바의 중요성을 강조했다. 총통은 다시 한번 전혀 귀를 기울이지 않았다. 레닌그라드에 호스(육군 중앙집단군 제3기 기갑사단 사령관)가 투입된 상황이며, 그다음이 우크라이나 동부, 마지막이 모스크바라고 지시를 받았다."

다음 날 할더는 이 작전에 참모총장 알프레드 요들을 참여시키려 했다. "레닌그라드는 폰 레프의 병력으로 점령할 수 있다. 우리는 모스크바에

필요한 병력을 레닌그라드로 돌리면 안된다." 하지만 폰 보크는 모든 병력을 모스크바로 집중해야 한다고 반박했다. "총통에게 물어보십시오. 겨울이 시작되기 전에 모스크바 병력을 줄일 여유가 있습니까?"

더 많은 자원을 요구하는 폰 레프의 탄원, 즉 '북부 군단의 요청'에 짜증이 난 할더는 8월 21일 총통 지시로 인해 사임할 생각까지 하게 되었다. 히틀러는 "OKH(최고사령부)의 계획안은 내 의도와 일치하지 않는다."라고 선언했다. "겨울이 시작되기 전에 달성해야 할 목표는 모스크바가 아니라 크림반도와 도네츠를 치고, 레닌그라드를 포위해서 핀란드와의 접경 지대를 점령하는 것이다. 이러한 목표가 달성되어야만 수도로 진격할 수 있을 것이다."

히틀러의 간섭에 할더는 분노했다. 네 번째 승리를 거둔 최고사령부는 더 이상 "명성을 더럽혀서는 안 된다."라고 생각했고 총사령관인 브라우히치는 "정말 터무니없는" 대우를 받고 있었다. 할더는 브라우히치에게 두 사람 모두 사표를 제출하자고 했지만, 그는 "사표가 수리되지 않을 것이므로 바뀌는 건 아무것도 없을 거"라면서 거절했다. 갈등은 9월 5일까지 해결되지 않았다. 마침내 히틀러는 폰 레프가 10일 이내에 레닌그라드를 점령하지 않으면 회프너의 판저 4군을 모스크바 공세에 합류시키겠다고 했다. 할더는 '레닌그라드의 포위망'은 "굶주림이 우리의 동맹으로서 효력을 발휘할 때까지 상황은 유지될 것이다."라고 썼다.

당시에는 재배치가 그다지 중요해 보이지는 않았다. 그러나 돌이켜보면 독일이 절호의 기회를 놓친 시점이었다. 2년에 걸친 전투에도 북부 집단군은 도시를 제대로 공격할 수 있는 기동력과 화력을 확보하지 못했다. 레닌그라드를 중심으로 전선은 피로 뒤덮인 참호전으로 굳어졌고, 그동안 어느 쪽도 결정적인 전력을 모으지 못했다. 히틀러의 바르바로사 작전이 실패한 것처럼 말이다.

최고사령부의 지시에 따라 다음과 같이 명령한다.

1. 레닌그라드 시를 봉쇄하고 우리 군의 불필요한 노력을 아끼기 위해 봉쇄선을 최대한 단단히 묶어야 한다. 항복 조건은 제시하지 않는다.
2. 오스트제(발트해)에서 레닌그라드를 빨리 제거해야 한다. 상수도 및 발전소를 파괴하면 방어 능력을 잃을 것이다. 모든 군사 대상은 폭격과 포격으로 파괴한다.

스몰렌스크의 시가전에서 중부 집단군은 막대한 피해를 보았고 새로 점령한 키이우에서 NKVD가 원격으로 폭탄 수십 개를 터뜨려 혼란에 빠졌다(건물과 호텔에 설치된 폭탄으로 독일군 고위 장교들이 사망했다). 히틀러에게도 좌절감이 번지기 시작했다. "동쪽에서 독일인들은 원주민과 구분하기 위해서 일등석이나 이등석으로 이동해야 한다. 일등석에는 양쪽에 좌석 3개씩을 두고 이등석에는 각각 4개씩 좌석을 둔다."라는 망상, 그리고 "앵발리드의 돔은 깊은 인상을 주었지만 판테옹은 실망스러웠다." 또는 '로마의 길과 잉카의 도로, 디자인과 세탁기와 타자기의 가격 설정, 건강에 좋은 폴렌타의 효능'[52] 등과 같은 잡다한 의견 표출은 이제 소련 방어군의 완고함에 대한 불평과 섞여 나왔다. 총통은 9월 25일 점심 식사 중 "우리는 제1차 세계대전 당시 러시아인들이 우리와 싸운 끈질긴 투지를 잊어버렸다."라고 불평했다.

초기 구상은 히틀러가 건설한 빛나는 제국의 천년 비전에 따라 두 도시를 모두 파괴하는 것이었다. 7월 초에 열린 회의에서 할더는 '총통의 결정'을 언급했다. 7월 초 회의 후 그것은 '모스크바와 레닌그라드를 쓸어버려서, 폐허로 만드는 것'이었다고 할더는 일기에 썼다. '겨울 동안 시민들을

---

52 밀가루가 아닌 옥수수 가루 등을 끓여 죽이나, 크림처럼 만든 요리

먹여 살릴 필요성을 해소'할 뿐만 아니라 러시아에 '볼셰비즘뿐만 아니라 무스코비테 민족주의(러시아 민족주의)의 원천을 박탈'하는 심리적 타격을 줄 것이다. 이제 북부군 사령부가 레닌그라드 주변을 봉쇄하자, 최고사령부의 참모들은 민간인들의 운명이 어떻게 될지 저울질하기 시작했다. 9월 21일에 열린 회의에서 다음과 같은 여러 가지 방안이 논의되었다.

1. 도시를 점령하라. 식량 공급을 우리가 책임져야 하므로 거부됨.
2. 기관총과 전기 울타리로 도시를 단단히 봉쇄하자. 약자는 예측 가능한 시간 내에 굶어 죽을 것이고 강자는 살아남을 것이다. 전염병이 우리 쪽으로 퍼질 위험이 있다.
3. 포위망의 틈새를 통해 여성, 어린이와 노인을 빼낼 수 있다. 나머지는 굶어 죽도록 내버려 둔다.
4. 도시를 봉쇄한 후, 우리는 네바 강 뒤쪽으로 후퇴하고 북쪽 지역을 핀란드에 맡긴다. 정치적 해결책으로도 좋다. 그러나 레닌그라드의 인구 문제는 우리가 해결해야 한다.

회의 내용은 다음과 같다. 독일 정부는 스탈린이 레닌그라드를 군사적 목표로 취급하기 때문에 독일도 그렇게 할 수밖에 없다는 점을 '전 세계에 분명히 밝힐 것'이다. 또한 레닌그라드가 항복하면 '인도주의적 지원을 할 것'이라고 발표했다. 한편 내년 초에 독일은 레닌그라드를 함락하고 이 도시를 낱낱이 파괴하고서 네바 북쪽 지역을 핀란드군에게 넘겨준다. 계획한 사람도 그다지 만족스럽지 않았고 북부 군단이 그대로 실행할 수 있을지도 의문이었다.

독일 해군 참모들도 비슷한 우려를 표시했다. 최고사령부의 회의 다음 날인 9월 22일, 육군 소속 연락 장교는 제독에게 편지를 보낼 때, 독일 병사한 명 들어가지 않고서도 레닌그라드가 파괴될지 의심스럽다고 덧붙였다.

> 저는 6,000명의 유대인을 총살하는 것을 목격했습니다. 그중에는 여성과 어린이도 있었죠. 수백만 명을 죽이는 것은 얼마나 더 어려울까요?

히틀러는 이런 '감상주의'에 짜증이 났을 뿐이다. 9월 2일 저녁 식사 자리에서 그는 "어떤 사람들은 총통이 어떻게 상트페테르부르크 같은 도시를 파괴할 수 있느냐는 질문에 답하려고 머리를 쥐어뜯고 있는 것 같다."라고 말했다. "나는 본질적으로 전혀 다른 사람이다." 그는 나흘 후 북부군에 대한 악명 높은 지시를 통해 흔들리지 않는 결의를 강조했다.

주제: 페테르부르크의 미래

총통은 페테르부르크를 지워버리기로 결정했다. 모든 구경의 포탄을 사용한 포격과 공중에서 폭격으로 도시를 초토화하려고 한다. 도시가 포위된 후 항복 협상 요청은 거부될 것이다.

10월 7일 요들 장군은 레닌그라드를 폭격과 포격으로 파괴하며 민간인이 접근하면 총살한다는 공식 명령을 내렸다. 그러나 논쟁이 완전히 종식되지는 않았다. 폰 레프 북부 군단 사령관은 일기에 "오늘 레닌그라드에 대한 OKW(국군 최고사령부)의 결정이 도착했다."고 털어놓았다. 이 경우 러시아 군대를 포로로 잡을 수 있는지를 묻는 편지를 OKH(육군 최고사령부)에 보냈다. 만약 그렇지 않는다면 러시아인들은 필사적으로 싸울 것이다.

장교들은 도망치는 민간인에게 발포하는 것이 정당한 것인지 토론했다. 10월 24일 전선을 둘러본 폰 레프 참모총장은 부하들이 한두 번은 그런 명령을 수행하겠지만, "그들이 여성과 어린이, 무방비 상태의 노인들에게 계속해서 발포할 수 있을지는 의문"이라는 분대 사단장의 의견을 전달했다. "레닌그라드에 포위된 수백만 명의 사람들을 먹여 살릴 수 없다는 것은 충분히 이해하지만", 그러한 명령은 "독일군의 심리를 불안정하게 하여 전쟁이 끝난 후에도 폭력 행위를 자제할 수 없게 만들 수 있다."라는 것이었다. 여성과 어린이에게 발포하는 병사들의 부담을 덜기 위해 차라리 지뢰밭과 포격으로 대신하자는 것이 총사령관 브라우히치의 판단이었다. "그때도 민간인의 상당수가 죽겠지만 우리 눈앞에서 죽지는 않을 것이다."

문제는 레닌그라드의 지도부나 시민들은 항복 협상을 하거나 집단 탈주를 시도한 적이 없었다는 것이다. 독일군은 시민들이 탈출할 수 있도록 전선에 빈틈을 남겨두지 않았고 라도가 호수 위의 피난민을 태운 바지선과 트럭을 공격했다. 그 후 세 번의 겨울 동안 독일군은 도시 안팎으로 사람과 물자의 이동을 최대한 막고 폭격으로 식량 창고, 공장, 병원, 학교와 주택을 파괴했다(첫 공습 직전에 발표된 총통의 지시는 '상수도를 파괴하는 것이 특히 중요'하다고 강조했다.). 대량 기아는 계획 단계부터 승인받았고 군 정보부의 핵심 계획임을 기억해야만 한다.

독일인들이 최근에서야 국방군의 범죄를 불편하게 인정하기 시작했다. 할더, 브라우히치, 요들, 폰 레프 등 최고사령부 구성원은 소련 침공 후 몇 주 만에 히틀러와 이견을 보이기 시작했다. 그러나 이는 군사적 편의 때문이었다.

전쟁이 끝난 후에도 군대는 속죄를 다 하지 못했다. 레닌그라드를 포위하라는 공식 명령에 서명한 요들 장군은 뉘른베르크의 국제재판소에서 유죄 판결을 받고 교수형을 당했다. 반면 폰 레프는 가볍게 풀려났다. 1942년 1월 히틀러에게 사임을 요청한 그는 뉘른베르크에서 고작 3년의 징역형을 선고받았다. 그의 후임으로 북부군 사령관이 된 게오르크 폰 퀴흘러는 20년 형을 선고받았지만 8년 만에 풀려났다. 할더와 북군 제4기갑사단 사령관 에리히 회프너의 운명은 기묘했다. 광신적 인종주의자였던 회프너는 "수만 명의 발트해 유대인 학살에 정성껏 협조했다." 그러나 독일의 패배가 예상되자 히틀러 암살 음모에 가담했다. 히틀러 암살이 실패하자 폰 슈타우펜베르크와 폰 트로트와 함께 체포되어 처형되었다.

할더 또한 투옥되었다가 풀려나 뉘른베르크에서 전범들의 증거를 제공하는 대가로 기소를 면했다. 이후 14년 동안 미 육군 역사 연구소의 독일 분과장으로 있었다. 그리하여 홀로코스트를 알지 못한 채, 미친 독재자에게 괴롭힘을 당했던 '순진한 국방군'이라는 신화를 확립하는 데 일조했다. 1961년, 케네디 대통령은 외국인이 미국 정부에 받을 수 있는 최고의 영예인 '민간인 공로 훈장'을 그에게 수여했다. 1980년대 후반에 출판된 할더의 일기를 영어로 번역한 편집자의 서문은 다음과 같은 놀라운 말로 끝을 맺는다. "그는 저명한 군인이었다."

7. 우리의 마지막 심장 박동까지

До последнего удара нашего сердца

9월 8일 저녁 7시 5분, 광학 엔지니어 드미트리 라자레프는 사이렌과 공장의 굉음, 선박의 경적으로 가득 찬 거리를 따라 걷고 있었다. 다른 행인들과 함께 아치형 통로 아래에 서서 머리 위로 엔진 소리를 들었다. 하늘 높이 떠 있는 독일 정찰기의 은색 반점에 익숙했지만 이번에는 달랐다. 20대가 넘는 폭격기들이 대형을 이루며 지붕 위로 낮게 날았다. 대공포가 발사되기 시작했다. 경보가 그치자 라자레프는 사촌의 아파트로 향했다. 친척들은 발코니에 모여 남쪽 하늘을 바라보고 있었다. 운하의 곡선 너머로 거대한 구름이 떠올랐다. 어떤 곳은 검고 또 다른 곳은 눈부시게 하얗게 보였다. "처음엔 불처럼 안 보였어요. 엄청나게 아름다운 광경이었죠."

▤▥▦

베라 인베르 부부는 폭격에도 슈트라우스의 『박쥐』를 보러 극장에 갔다. 사회자는 돔형 천장을 가리키며 위험하니 벽에 가까이 서 있으라고 요청했다. 40분이 지나자 경고음이 울렸고 오페레타는 더 빠른 속도로, 덜 중요한 곡은 생략한 채 계속되었다. 극장을 나서자마자 기다리던 운전기사를 만났다. "차가 광장을 돌자 화염이 보이고 소용돌이치는 연기의 산이 갑자기 보였다. 지옥의 모든 불길이 하늘로 풀려난 것 같았다." 코브로프는 고개를 돌려 "독일군이 식량창고에 폭탄을 투하했다."고 말했다. 석유 저장 탱크 그리고 시의 식량저장소인 38개의 목조 창고가 불에 타고 있었다.

첫 번째 대규모 공습이었는데, 소이탄이 연기가 나기 시작하면 민방위대가 모래를 뿌려서 꺼야만 했다. 두 번째 공습은 같은 날 저녁 10시 34분에 있었다. 무게가 250에서 500킬로그램에 이르는 48개의 대형 폭탄이었는데 핀란드 역 주변에서 24명이 사망했다. 페트로파블롭스크 요새 옆의 동물원도 피해를 보았다. 약 30년 전, 함부르크에서 러시아로 온 코끼리를 포함해 직원 1명과 어린이, 70마리의 동물이 죽었다. 한 동물학자는 원숭이들이 "그 후 며칠 동안은 포탄이 떨어져도 무감각한 상태로 조용히 앉아 있었다."라고 말했다.

올가 베르그골츠는 아파트 복도에 앉아 공습을 지켜보았다. "두 시간 내내 다리가 떨리고 심장이 쿵쾅거렸지만 겉으로는 침착함을 유지했어요." 일이 끝나자마자 연인인 유리 마코고넨코를 만나기 위해 그녀는 라디오 하우스로 달려갔다. 그녀는 병약한 남편을 사랑한다고 일기에 썼고 유리와의 관계가 '변덕'이라는 것도 알고 있었지만 유리를 더 강렬히 원했다. 조국을 사랑하는 마음과 정부를 증오하는 마음이 뒤섞인 베르그골츠는 "내일은 마음에서 우러나오는 글을 써야 한다. 머릿속에서 생각이 맴돌지만 펜은 저절로 움직인다."라고 다짐했다.

공습은 포위 공격이 시작된 첫 주에 가장 심했고 강추위로 잠시 중단되었다가 1942년 2월에 재개되었다. 전쟁 기간 레닌그라드에는 약 69,000발의 소이탄과 4,250발의 고폭탄이 투하되었다. 런던에 투하된 폭탄보다는 적었지만, 레닌그라드는 런던보다 작은 도시였다. 폭격뿐만 아니라 점점 더 많은 포격이 가해졌고 밤에는 폭격, 낮에는 총격이 반복되는 패턴은 레닌그라드 시민들을 괴롭혔다. 모두 16,747명의 민간인이 적의 포격으로 사망하고 33,000명 이상이 다쳤다.

아이들에게는 공습이 흥미진진했다. 8세의 이고르 크루글리야코프는 박물관의 지붕에 떨어져서 미끄러지는 소이탄을 보며 즐거워했고, 공습 경보 해제 후 극장에 몰래 들어가 영화를 보거나 친구들과 불발탄 모으기 경쟁을 했다. 무서운 밤을 지새우며 불장난을 하던 십 대들은 수줍은 연애를 했다. 클라라 라흐만은 학교를 지키는 교대 근무를 마치고 플러팅 게임(실내 게임)에서 보가가 "내가 사랑한다고 말하면 어떡할래?"라고 쪽지를 보냈다고 썼다. "별거 아닌 줄 알았는데 계속 편지를 보내왔죠. 이런 시기에 연애는 어리석은 일이라는 것을 알고 있지만. 그가 오늘 저녁 나를 집에 바래다 주었어요."

에리스만 병원의 수석 병리학자이자 안나 아흐마토바의 연인인 블라디미르 가르신 교수에게 공습은 새로운 종류의 시체를 의미했다.

옷 조각과 먼지가 뒤섞인 인육 덩어리에 창자 내용물이 묻어 있었다. 친척들이 들어왔고 비명을 질렀다. 공습 후 영안실에서 보낸 며칠은 결코 잊을 수 없다. 영안실에서의 일은 인간의 한계를 넘어선다. 저녁 무렵 당신의 영혼은 마비될 것이다.

레닌그라드의 시민들은 아파트의 보일러실이나 계단, 또는 공원이나 참호 같은 곳으로 피신했다. 그들은 차 한 잔을 반쯤 마시고서 외투와 덧신을 신고 내려가, 어둡고 혼잡한 지하실의 벤치와 매트리스에서 졸고("쥐들이 줄타기하듯 배관을 따라 뛰어다녔다.") 다시 위층으로 올라가 차가워진 난로를 대하는 데에 익숙해졌다. 폭탄이 다가올 때마다 휘파람 소리가 커지고, 충격과 폭발에 이어 건물이 무너지는 굉음과 비명이 들렸다. 더 깊은 지하실에서는 비행기와 대공포 소리가 거의 들리지 않았지만, 시민들은 몸을 움츠리고 견뎠다. 베르그골츠는 "모두들 '이번엔 자기 차례'라고 생각합니다. 포격이 지나가지만 잠시 후 다시 포탄이 터지면서 우리는 죽거나 부활하고 안도의 한숨을 쉬고 또다시 죽습니다. 얼마나 오래 지속될까요? 조금씩 죽이지 말고 한번에 죽여줘!"

폭격으로 부서진 아파트 건물은 무대 세트나 인형의 집처럼 보였고 소파, 수레국화 무늬 벽지 등 평범한 가정 내부가 노출되었다. 분석력이 뛰어난 리디아 긴즈부르크는 '단면'이라고 이를 표현했다.

파사드를 그대로 간직한 뼈대뿐인 건물이 있고. 위층의 빈 창문 사이로 하늘이 보인다.

베라 인베르와 남편은 에리스만 병원에서 철제 침대 두 개, 원통형 난로, 책상, 책장, 작은 방을 배정받았다. 그녀는 모스크바에 남겨진 친구와 친척들에 대한 걱정을 더 많이 했었다. 이번 이사로 병원이 생활의 중심이 되었고 그녀는 보고 들은 것을 충실히 기록했다.

최악의 대낮 공습(280대의 비행기가 528발의 고폭탄과 약 2,000발의 소이탄을 투하)이 있던 9월 19일, 폭탄이 넵스키 대로의 쇼핑 아케이드에 떨어져 98명이 사망했고 네바 강 어귀의 병원과 시장도 폭격으로 파괴되었다. 인베르는 50명의 부상자가 실려 오는 것을 보았다. 그중 예닐곱 살의 어린이는 다리에 감은 지혈대가 아프다고 불평했다. 사람들은 고통이 곧 사라질 거라고 아이를 위로했다. 그런 다음 마취를 하고 다리를 절단했다. 아이는 병실로 돌아와서 말했다. "더 이상 아프지 않아요." 자기 다리가 없어졌다는 사실을 아이는 전혀 모르고 있었다.

나흘 후, 황금빛 가을 아침 10시 반에 대형 폭탄이 떨어졌지만 폭발하지 않은 채, 중앙 정원의 분수대 언저리에 박혔다. "이상한 점은 거의 느껴지지 않았다. 문이 무겁게 쾅 닫혔다는 생각이 들었다."

> 병동 한가운데 놓인 의자에 앉아 고리키의 소설을 큰 소리로 읽고 있었다. 갑자기 사이렌이 울렸다. 폭탄이 떨어지고 창문이 덜컹거렸다. 비행기가 머리 위로 지나는 것을 외면한 채, 두려움에 목소리가 떨리진 않을까 걱정하며 계속 책을 읽었다. 집에 돌아와서 힘이 하나도 없어 그냥 누워 있었다.

포격은 경보도 없었기 때문에 사람들은 폭격보다 더 두려워했다. 9월 4일부터 연말까지 독일군은 18시간 동안 총 13,000발이 넘는 포탄으로 레닌그라드를 272회 공격했다. 가장 큰 피해를 많이 본 곳은 도시 남쪽에 있는 공장들로, 키로프 방어 시설과 일렉트로실라 발전소가 있었다. 11월 말까지 발전소는 공격을 73번 받았다. 54,000명의 시민과 28개 공장이 포격 범위에서 벗어나기 위해 북쪽으로 이동했다.

9월 중순은 도시가 함락될 것처럼 보였다. 사람들은 포격 소리를 들을 수 있었지만 여전히 전투가 어디에서 벌어지고 있는지 정확히 알지 못했다. 소빈포름부로의 보도는 그 어느 때보다 모호했다. 전선이 매우 가까워다는 것은 거리에 떨어진 포탄과 기차역 주변 수백 명의 농민들을 보면 분명해졌다.

사람들이 도시 외곽에서 방어 시설을 만들고 있다는 소식을 들었다. 그중에는 열일곱 살의 올가 그레치나도 있었다. 군수품 공장에서 장부 정리 일을 하며 불행하게 지내던 그녀("당신은 박물관에나 있을 법한 사람이다."라고 상사가 말했다)는 다시 참호를 파기 위해 북동부 교외로 돌아갔다. 7월보다 훨씬 더 힘들었고 분위기는 더 침울했다.

 날씨가 추워지기 시작했고 9월 초에 서리가 내리기 시작했다. 어느 날 저녁 우리는 집주인의 거실에 앉아 그녀의 유일한 음반인 '푸른 스카프'를 듣고 있었다. 모두 울음을 터뜨리기 시작했다. 전쟁 전에 유행했던 이 노래에 많은 추억이 떠올랐다. 사랑하는 사람들과의 이별은 현실적인 일이 되었다.

 9월 14일, 레닌그라드로 돌아오라는 명령을 받았다. 그레치나는 대학의 언어학부를 방문했다. "사방에 불이 나고 폭탄이 터지는 상황에서 도대체 추상적인 개념을 논할 수 있을까? 갑자기 부르주아들과 어울리게 된 프롤레타리아가 된 기분이 들었다." 강의에서 일찍 나와서, 그녀는 직원식당으로 가서 배급 쿠폰을 말고기와 카샤로 바꿨다.[53]

 공식 뉴스 매체들도 도시가 위기에 처했다는 사실을 인정했다. 9월 16일, 푸시킨이 버려진 날, 레닌그라드 시의 프라우다는 즈다노프의 「적이 성문 앞에 있다! 우리는 마지막 심장 박동까지 레닌그라드를 위해 싸울 것이다!」라는 제목의 사설을 실었다. "오늘 용감하게 싸우지 않으면 내일은 나치의 노예가 될 것이오!"라고 촉구했다. 다음 날 신문은 「레닌그라드, 죽느냐, 사느냐」라는 강렬한 헤드라인을 달았다. 공장 민병대는 시가전을 대비하고 있었다. 또한 탱크를 파괴하기 위한 매뉴얼을 외웠다.

 무엇보다도 마음가짐, 용기와 결단력이 있어야 한다. 머뭇거리지 않는 신속함과 돌진력을 보여야 한다. 엄폐물 뒤에서 탱크가 10~15미터 이내로 접근하면 신속하게 수류탄을 무한궤도 아래 던져야 한다.

---

53 우유나 물을 부어 익힌 죽, 주로 메밀 카샤를 의미한다. 러시아 국민음식이기도 하다.

수류탄이나 화염병이 없으면 '총검이나 도끼로' 탱크를 무력화시켜야 한다고 배웠다. 강철 '헤지호그'[54]와 콘크리트 '용의 이빨'[55], 그리고 자갈과 모래로 바리케이트로 설치하고 벽돌로 창문을 막아 만든 사격 엄폐물이 효과적이었다.

크냐제프와 아내는 과학 아카데미아의 사무실로 잠을 자러 갔다. 바실리옙스키 섬과 본토를 연결하는 두 다리 중 가장 서쪽에 있는 슈미트(구 니콜라스) 다리 옆에서 선원들이 철거 작업을 하는 모습을 목격했다. "그들은 땅을 파고 뭔가를 열심히 묻고 있다. 스핑크스 바로 맞은편에서. 무슨 뜻일까? 심장이 멎는 것 같았다."

소련의 파괴목록 '플랜 D'는 2005년까지 공개되지 않았다. 이제 도시의 공장은 물론 발전소, 상수도, 전화 및 전신 교환소, 빵집, 다리, 철조망, 조선소 및 항구가 포함되었다는 것을 알게 되었다. 각 기관에서 기관장, 당 서기, NKVD 대표로 구성된 '트로이카'는 기계(건물)를 파괴할 순서 목록과 계획을 작성하라는 지시를 받았다. 이 '특별조치'는 쿠즈네초프가 내렸고, 그 실행은 NKVD의 지역 지부가 맡았다. 계획은 극비리에 진행되었지만 비밀이 새어 나와 공장 노동자들이 공포에 떨었다. "공장이 폭파되면, 우리는 무엇을 해야 할까?" 한 남자가 물었을 때, 친구는 대답했다. "독일군이 온다고 해도 우리는 어쩔 수 없이 일을 할 수밖에 없어."

'비겁한 모습'을 보였다거나 '무단결근'했다는 이유로 질책이나 해고를 당한 공장 책임자들이 적지 않았다. 즈다노프는 9월 산업 관리자들에게 보낸 각서에서 절도와 횡령에 대해 불평했다. 가장 눈에 띄는 인물은 '붉은 화학자'[56] 공장의 퀀트였다. 공장장인 그는 직원에게 5만 루블을 인출하

---

54 I자 빔이나 L자 빔이 교차된 형태의 대전차 장애물.
55 콘크리트로 만들어진 피라미드형의 대전차 장애물.
56 프리드리히 엥겔스의 별명. 1922년에 '레닌그라드 엥겔스 공장'으로 개칭되었다..

라고 지시했는데 경리가 당국에 그 사실을 신고하지 않았다면 도주했을 것이다. 라도가 동쪽의 로데노예폴의 니코노로프 서기장 같은 사람들도 두려움에 빠져 술에 취해 있었다. 독일군이 다가오는데도 서기장은 "음주 가무에 몰두했다."라고 한 수사관이 지적했다. 지역 경찰들 사이에서 음주와 카드 게임이 번성했는데 마르티노프 경찰서장도 참여했다. 연말까지 '볼셰비키 당원이라는 높은 직책에 걸맞지 않은' 시 공무원 1,540명이 당원증을 박탈당했다.

동시에 보안 조치가 더욱 강화되었으며 집 전화도 끊겼다. 베라 인베르는 "이상한 기분이 들었다."라고 썼다.

> 전화기 너머 젊은 목소리가 "전쟁이 끝날 때까지 전화가 끊깁니다."라고 말했다. 나는 항의를 하려고 했지만 소용이 없다는 것을 알았다. 우리는 모든 것에서 단절되었다.

검문소가 늘어났고 도로는 봉쇄되었다. 또한 탈영병에 대한 검거도 있었는데, 도시에 '홍수'가 났다고 할 정도로 그 수가 많았다. 그 결과 9월 13일부터 17일 사이에 3,566명이 구금을 당했다.

우크라이나 도시 리비우에서 독일군이 접근하자 NKVD는 포로들을 총살했다. 레닌그라드에서는 노동 수용소로 대피시켰지만 결과는 비슷했다. 10월 9일 라도가 호수를 건너던 수송선의 한 생존자가 당시의 항해를 기억하고 있었다.

> 죄수들을 계단을 따라 화물칸으로 몰아넣었다. 어두운 허공에 작은 불빛이 깜박거렸다. 저녁이 되자 화물칸은 꽉 차 버렸다. 약 3,000명을 수용하는 남성용 구역, 약 800명이 있는 여성용 구역, 그리고 200명의 독일군 포로로 구

분되었다. 시체가 쌓여 있어서 앉기도 힘들었고 냄새도 나기 시작했다. 화물칸을 떠날 때 주위를 둘러보았다. 썩어가는 시체 더미가 쌓여 바닥이 보이지 않았다.

정부의 보안 단속에도 하룻밤 사이에 스탈린을 비난하는 벽보가 붙고 레닌그라드를 파리 스타일의 '빌 우베르트'[57]로 선포할 것을 촉구하는 전단이 등장했다. 당원들이 전선으로 떠나면서 레닌그라드 당원은 122,849명에서 61,842명으로 반토막이 났다. 독일군의 점령 가능성이 커지자 화학 공장의 노동자가 지역 당 비서에게 당원 명부에서 본인의 이름을 삭제해 달라고 요청했다.

■■■

9월 중순, 모스크바 방어가 최우선 과제였던 늦가을과 초겨울까지 스탈린은 레닌그라드를 포기할 것을 고려했다는 사실이 드러났다.

코드명 '태풍 작전Unternehmen Teifun'으로 명명된 나치의 계획은 9월 6일 윤곽을 드러냈다. 80만 명의 병력과 1천 대가 넘는 탱크가 두 차례에 걸쳐 모스크바의 남쪽과 서쪽에서 협공을 시도해 포위하는 것이었다. 30일에 시작된 작전은 첫 번째 목표를 달성했다. 작은 도시 오룔은 순식간에 점령되어 독일 전차가 시내를 달리는 트램을 추월했다. 공격 5일 후 소련 정찰기가 오룔에서 북쪽으로 193킬로미터, 수도에서 불과 128킬로미터 떨어진 유흐노프로 이동하는 전차 부대를 발견했다. 이 소식을 보고한 공군 장교는 "도발죄로 체포될 수 있다."라고 위협받았다.

10월 6일 스탈린은 주코프에게 모스크바 방어의 책임을 맡겼다. 낙오

---

57 ville ouverte: 무방비 도시라는 뜻으로, 교전국 간의 암묵적 또는 명시적인 합의에 따라 도시 파괴를 막기 위해 전쟁 없이 항복한 도시를 일컫는다.

자들로 임시 부대가 편성되었다. 6주 전 중부 전선을 점령했던 80만 명 중 9만 명만이 독일군과 수도 사이에 남아 있었다. 나흘 후, 히틀러의 공보국장은 베를린의 기자단을 초청해 붉은 군대의 잔당은 이제 '독 안의 쥐'라고 선언했다. 동유럽에서의 승리가 확실시되었다. 다음 날 아침 신문에는 「위대한 시간이 찾아왔다!」라는 헤드라인이 실렸다.

모스크바 붉은 광장에서 포탄 소리가 들리자 정부는 대피하기로 결정했다. 최고 소비에트 의회, 국방위원회 그리고 연합국 대사관은 특별 열차를 타고 볼가의 사마라에 있는 쿠이비셰프로 15일에 떠났다.[58] 다음 날, 불에 탄 수백만 장의 서류가 도로 위에 휘날리면서 도시는 무정부 상태에 빠졌다. 경찰은 사라졌고, 관리자들은 트럭을 타고 도망쳤으며, 노동자들은 약탈과 린치를 당했다. 질서는 5일 후에야 회복되었다. 이 불명예스러운 에피소드는 '빅 드랩'이라고 불렸는데, 이 말은 '드랩drap'이란 단어의 2가지 의미, 즉 '메달리본'과 '도주'라는 이중적 의미에서 비롯된 단어로 대탈출이란 뜻으로 풀이된다.

모스크바가 위기에 처한 상황에서 레닌그라드를 포기할 가능성은 그 어느 때보다 높아 보였다. 장군들이 레닌그라드 방어를 책임지기를 꺼리는 걸 보면 더욱 그랬다. 주코프가 모스크바로 떠난 후 지휘권이 이반 페두닌스키에게 넘어갔지만, 그는 즉시 미하일 코진에게 넘어가도록 로비를 했다. 코진은 이제 막 인수한 제4군단을 떠날 수 없다고 주장하며 이를 거부했다. 그 후 즈다노프는 니콜라이 보로노프 원수를 영입하려 했지만 그 역시 국방부 부위원장으로 바쁘다는 이유로 거절했다. 2주간의 시간 끌기 끝에 모스크바가 개입했고 10월 26일 마침내 코진에게 명령이 내려졌다. 그의 공백으로 페두닌스키가 제4군 사령관을 맡게 되었다.

---

58 영국군은 군용 열차가 자주 정차하는 바람에 도착하는 데 일주일이 걸렸다.

레닌그라드의 역할은 가능한 한 많은 무기를 생산하는 동시에 라도가 호수의 바지선을 통해 공장과 노동자들을 대피시키는 것이었다. 실제로 이조르스크 제철소와 탱크 공장의 6천 명의 직원 및 가족의 대피가 10월 2일에 시작되었고 2주 후에 11,614명의 노동자가 있는 키로프 제철소도 그랬다. 그때 널리 퍼진 슬로건인 '전선을 위한 모든 것!'보다 '모스크바를 위한 모든 것!'이 훨씬 더 정확한 표현이었을 것이다. 레닌그라드의 생산물은 중부 전선으로 흘러 들어가서 고갈되었다. 시민들이 얼어 죽는 것을 막을 수 있었던 석탄은 포탄 생산에 사용되었다.

동시에 스탈린은 즈다노프에게 포위망을 해제하라고 명령했다. 10월 13일 보낸 전보에는 다음과 같은 전갈이 적혀 있었다. "므가를 통해 동쪽으로 빨리 돌파해야 한다. 다른 길이 없다는 것을 당신들도 잘 알고 있지 않나. 곧 모든 자원이 떨어질 것이다. 너무 늦을까 두렵다."

이틀 후 보르노프는 생산 목표를 높이기 위해 레닌그라드로 날아갔다. 첫 회의에서 즈다노프에게 포탄 생산량을 한 달에 백만 발로 늘릴 것을 요구했다. "한 달에 백만? 미친 짓입니다!" 즈다노프는 폭발했다. "무식한 소리입니다! 군수품 생산이 어떻게 돌아가는지 이해하지 못하는군요!" 사흘 후 스탈린은 작전이 어떤 이유로 시작되지 않았는지 물어봤다.

> 즉시 진격하라는 지시를 보냈는데 회신이 없다. 무슨 일인지? 왜 대답하지 않는가? 명령을 이해했는가? 언제 공격이 시작될 것인가? 우리는 두 단어로 빠른 대답을 요구한다. "예"는 지시를 신속하게 이행한다는 의미이며, '아니요'는 부정적인 의미이다.

10월 23일, 티흐빈을 위협하는 독일군의 공격에 스탈린은 분노를 표출했다. 이번에는 모스크바가 레닌그라드를 도울 수 없다는 점을 강조했다.

당신들의 나태함으로 볼 때, 레닌그라드의 상황을 깨닫지 못한 것 같소. 앞으로 며칠 안에 (독일군) 전선을 돌파하지 못하면 모두가 포로가 될 것이오.

바실리옙스키는 같은 날 페두닌스키의 제54군단과의 통화에서 이를 재차 강조했다. "현재 상황에서 논의는 레닌그라드가 아니라 군대를 구하는 것임을 명심해 주십시오."

레닌그라드의 민간인들이 죽어 나가던 11월까지도 모스크바가 우선 순위였다. 주코프가 즈다노프에게 두 번째로 보낸 편지에 당당하게 공개되었다. "우리가 함께했던 어렵고 힘들었던 밤낮으로 돌아갑니다. 사업을 완수하지 못한 것이 유감입니다."라고 편지 끝에 따끔한 일침을 가했다. "즈다노프가 다음 호송대에 82밀리 박격포 40문과 50밀리 박격포 60문을 보낼 수 있겠나?" "당신들은 박격포로 넘쳐나는데, 우리는 하나도 없다." 수송기 증편과 식량 요청은 전혀 이행되지 않았다. 즈다노프는 말렌코프가 전달한 스탈린의 즉각적인 돌파 요구에 대해 "24대의 더글라스[59] 폭격기를 우리에게 배정했습니다. 그런데 그 비행기들은 어디 있습니까? 가능한 한 빨리 보내주십시오."라고 답변을 보냈다.

10월 1일부터 12월 사실상 폐쇄되기 전까지 레닌그라드의 공장은 제452군단에 76mm 야포 29,000여문과 박격포 1,854문을 보냈다. 지금 생각해보면 모스크바보다는 레닌그라드 외곽이나—독일군의 호숫가 거점으로 폭이 16킬로미터에 불과한—라도가 남쪽에 배치하는 것이 더 나을 수도 있었다. 독일군이 레닌그라드를 포위하기 1년 전에 본토로 연결된 육로를 확보했다면, 수십만 명의 사람들을 구할 수 있었을 것이다.

---

59 미국 더글라스 회사에서 만든 전투폭격기로 미국 육군 항공대(USAAF), 소련 공군(VVS), 소련 해군 항공대(AVMF), 영국 왕립 공군(RAF)에서 사용되었다. 총 7,478대의 항공기가 제작되었으며, 그중 3분의 1 이상을 소련군이 운용했다. 미국이 『무기대여법(Lend-Lease Act)』으로 소련군에 항공기를 제공했다.

8. 125그램

125Grams

열아홉 살의 마리나 예루크마노바의 첫 근무는 '콘서트 여단'이었다. "역 플랫폼은 군인들로 가득했고 흐느끼는 사람들도 있었다. 물론 우리도 있었다." 악보를 든 네 명의 소녀들이 4중주를 연주했다. 그녀는 타슈켄트로 대피할 기회가 있었지만 가족과 함께하기로 했다. 공습이 시작되자, 가족은 이모의 1층 아파트로 이사했다. 어른 네 명, 아이 네 명, 닥스훈트 네 마리, 아기 한 명이 방 한 칸에 옹기종기 모여 살았다. 1937년 숙청 당시 해군 장교였던 마리나의 의붓아버지는 복직 통지서가 도착하기 며칠 전인 10월 초에 심장마비로 사망했다. 가족은 프레오브라첸스키 대성당에서 장례식을 치르고 무덤에 나무 십자가(나중에 땔감으로 도난당함)로 표시했다.

마리나와 여동생 바르바라는 어머니의 직장에 일자리를 구할 수 있었다. '호텔 드 유럽'에 드루지니치로 등록했다.[60] 넵스키 대로의 이 호텔은

---

60 무급 보조원으로 주로 10대 소녀들로 이루어져 경찰의 지시에 따라 다양한 전시 업무를 맡는다.

레닌그라드에서 가장 오래되고 웅장한 호텔이다. 1830년대에 설립되어 1870년대에 엘리베이터와 중앙난방 시설을 새로 갖추고 재건되었다. 소녀들에게는 그곳은 '엘리시움[61]'처럼 보였다. 가구, 카펫, 커튼, 그릇 등 모든 것이 최상급이었다. 샤워실에는 뜨거운 물이 있었다. 어느 곳이나 청결했다. 아래층 주방에서는 붉은 머리의 거대한 '차르'라고 불리는 수석 주방장이 일했다. 위층에는 포마드 기름을 머리에 바른 웨이터들이 1층의 '빅 레스토랑'에서 가벼운 상처를 입은 사람들을 접대했다. "그들은 우리에게 테이블을 놓고 '손님'을 맞이하는 방법을 가르쳐주었다." 수석 웨이터는 소녀들에게 걸죽한 욕설로 따끔한 맛을 보게 했다. "처음 몇 번은 어디를 봐야 할지 몰랐다. 엄마는 단호하게 못 들은 척하라고 말씀하셨다." 그들은 조용히 이사했고 아치형 천장, 이집트 석고 장식, 스테인드글라스 창문이 있는 '오리엔트' 식당 위의 발코니에서 잠을 잤다. 마리나는 하루 15시간씩 무급으로 일했지만 감사한 마음으로 호텔을 기억했다.

　마리나의 어머니는 전쟁 소식을 듣자마자 식량이 부족할 때 먹을 러시아 전통 음식(수하리)을 만들었다. 다른 사람들도 마찬가지였다. 당시에 시장에서 살 수 있는 건 말린 과일과 데친 아몬드 그리고 캐비어와 백화점의 장난감과 스포츠 장비뿐이었다.

　1941년에 50세의 러시아인은 불가 대초원을 강타한 1891~92년의 첫 번째 기근, 곡물 징발과 내전으로 인한 1921~22년의 두 번째 기근, 볼셰비키가 약 700만 명을 사형에 처했던 1932~33년의 세 번째 기근을 겪고 살아남았다. 레닌그라드는 식량을 비옥한 남쪽에서 수입했기 때문에 봉쇄에는 특히 취약했다. 노브고로드 바로 북쪽 늪지대의 먀스노이 보르, 소 떼가 지나가는 마을이라서 '고기 숲Мясной Бор'이라고 불리던 곳은

61　호메로스의 『오디세이』에 등장하는 이상향.

1942년 봄에 비참한 현장이 되었다.

9월 8일 도시를 빠져나가는 마지막 도로가 차단되었을 때 약 280만 명의 민간인이 포위망 안에 갇혔는데, 그중 246만 명은 도시에, 34만 3천 명은 근교 마을에 있었다. 포위망 안에 있는 군대와 해병은 약 5만 명으로, 모두 합치면 약 330만 명이 먹을 음식이 필요했다. 독일군은 레닌그라드의 인구를 400만 명 이상으로 과대평가했다. 그들은 도시가 굶주리게 되는 시점을 너무 빨리 잡았다. 도시가 봉쇄되던 날 모스크바에서 날아간 드미트리 파블로프는 창고에 보관된 식량의 재고 리스트를 작성하기 시작했다. 현재의 소비 수준이라면 한 달을 버티지 못할 것이라고 생각했다. 수중에 곡물과 밀가루는 35일 분량, 메밀, 쌀, 세몰리니와 마카로니는 30일 분량, 육류와 생고기는 33일 분량, 기름과 지방은 45일 분량, 설탕과 과자류는 60일 분량이 남아 있었다. 레닌그라드 당국은 라도가 호수로 수송해 달라고 요청했지만 모래톱이 많은 서쪽 해안에는 항구 시설이 없었다(오시노베츠의 다차 마을에 부두와 창고를 짓기로 결정한 것은 9월 9일이 돼서였다).

레닌그라드 정부가 식량과 연료를 충분히 비축하지 못한 것은 부주의 때문이었다. 무엇보다도 지도부의 거듭된 오판이 상황을 악화시켰다. 무역과 보급을 담당했던 국방위원회 위원 아나스타스 미코얀이 회고록에서 들려주는 이야기다. 레닌그라드가 남쪽의 곡물에 기대고 있다는 사실을 알고 있던 미코얀은 호송대를 도시로 보내기로 결정했다.

당시에는 레닌그라드가 포위될 것이라고는 상상하지 못했다. 스탈린은 식량을 더 보내지 말라고 지시했다.

---

62 파스타를 만드는 밀의 일종

즈다노프는 라이벌을 상대로 성공적으로 자신을 피력했다. 기차는 다른 곳으로 향했다. 포위 공격이 시작된 후에도 혼란과 안일함은 계속되었다. 파블로프는 '식량 공급에 대한 관할권'을 기억했다.

> 식량 공급에 대한 관할권이 10개의 다른 기관에 있다고 기억한다. 모스크바 중앙 사무소의 지시가 없으면 각 부서는 절차에 따라 식량을 배급해야 했다. 9월 중순, 모스크바의 설탕산업 중앙부는 레닌그라드에서 볼로그다로 설탕을 보내라고 지시했다. 비슷한 사례가 많았다.

파블로프가 레닌그라드에 도착했을 때는 아직 매점과 식당에서 기름, 버터, 고기, 설탕 등을 살 수 있었다. 또한 맥주와 아이스크림의 생산은 쉬지 않았고 캐비어, 샴페인, 커피와 같은 사치품의 판매도 계속되었다.

9월 8일의 바다예프 창고 화재는 기아를 앞당기는 방아쇠 역할을 했다. 밤하늘의 공기는 햄과 설탕 타는 냄새로 가득 찼다. 당시 레닌그라드 시민들은 도시 전체의 식량 재고가 거의 전소된 것으로 추정했다. 마리아 예루크마노바가 말했듯이 "삶이 끝나고 생존이 시작되었을 때"가 되었다. 파블로프는 창고에 서류와 예비 부품 상자가 보관되어 있었고 소실된 식품은 밀가루 3,000톤과 설탕 덩어리 2,500톤뿐이었다고 주장했다. 그러나 대중이 보기에 바다예프 화재는 의심할 여지 없이 재앙이었다. 예루크마노마는 이렇게 회상한다.

> 우리는 렌틸콩 8킬로그램과 게살 캔과 몇 가지 다른 것들을 받았다. 그 시절에 배급 지시를 내리는 것은 많은 용기가 필요했을 것이다. 그러나 그들이 더 과감했다면 어땠을까?

1941년 가을 레닌그라드 지도부의 조치 중 그나마 성공적이었던 것은 대체 식량을 개발하려는 노력이었다. 먼저 시골에서 수확물을 도시 동쪽과 북쪽으로 가져오는 작업이 시작되었다. 배급카드가 없는 집단 농장 노동자들에게 이것은 가혹한 압박을 의미했다. 11월까지 한 달에 1인당 15킬로그램의 감자만 농민이 보유할 수 있었고 나머지는 지역 소비에트에 넘겨야 했다. 감자를 숨긴 농민들은 "전시법에 따라 책임을 져야 했다." 즉 형사 처벌을 받게 되었다. 도시에서 추가 인력도 징집되었고 가능한 한 많은 농산물을 집으로 가져갔다. 9월 16일의 문서에 따르면 "주요 도로와 교외 트램에서" 수백 명의 사람들이 자루와 바구니를 들고 있었다. 이 무정부 상태를 막기 위한 조치를 취하지 않으면 모든 것이 허공으로 흩어질 것이다. 시골에 대한 압박은 강제 구매 및 '기부' 형태로 이루어졌고, 첫 번째 봉쇄 기간 동안 4,208톤의 감자와 기타 채소, 4,653톤의 고기, 2,000톤 이상의 건초, 47톤의 밀가루와 곡물, 179,000개의 계란이 확보되었다. 밀가루와 곡물의 5분의 3은 농민의 개인 상점에서 나왔고 가축의 4분의 1과 감자의 절반 이상도 마찬가지였다.

도시의 식품 가공 및 유통관련 기관들은 밀가루 대용품을 찾으라는 명령을 받았다. 제분소에서는 벽과 장판 아래에서 밀가루 먼지를 긁어냈고, 양조장에서는 8,000톤의 맥아를, 군대에서는 말에게 먹일 귀리를 구했다. 폭격으로 침몰한 곡물 바지선이 해군 잠수부에 의해 인양되었고 싹이 트기 시작한 곡물을 건조하고 제분했다. 물론 빵에서 곰팡내가 났다. 부두에서는 (기름을 짜고 남은 걸로 압축한) 대량의 목화씨 덩어리를 발견했다. 이러한 모든 대체품과 배급량 감소로 인해 레닌그라드의 4가지 소비량은 9월 초에 하루 2,000톤 이상에서 11월 1일까지 하루 880톤으로 감소했다.

가을이 겨울로 바뀌면서 배급은 빵, 고기, 설탕 대신에 엉터리 식품대용품으로 바뀌었다. 야적장에서 발견되는 (아마인유를 짜고 남은) 아마인 찌

꺼기는 회색 '마카로니'를 만드는 데 사용되었다. 부두에서 나온 2천 톤의 양 내장과 제혁소에서 나온 송아지 가죽은 정향 기름을 첨가하여 미트 젤리로 변했다. 11월 말부터 임업 아카데미의 화학자들이 고안한 공정에 따라 소나무 부스러기에서 추출한 10% 목화씨 덩어리와 10%의 셀룰로스가 포함된 빵이 출시되었다. 이렇게 절약된 기름은 매점에 공급되었다. 임업 아카데미의 또 다른 발명품은 '발효된 자작나무 톱밥으로 만든 효모 추출물'을 시트 형태로 공급해서 뜨거운 물에 녹여 수프처럼 제공한 것이었다.

 포위 기간에 이루어진 배급이 각자의 운명을 결정지었다. 참전국에는 배급제가 있었고 모든 곳에서 부패와 암거래와 사기가 만연했다. 봉쇄된 레닌그라드에서는 정권의 무능력이 더해졌다. 그 결과 또한 날로 확대되었다. 다른 곳에서는 잘못된 계획과 부실한 관리가 배고픔이였다면, 레닌그라드에서는 시체 더미를 의미했다. 소련 연방에서 식량은 당근과 채찍의 수단이었으며 쓸모없는 사람들을 없애는 방법이었다. 레닌은 기근이 한창이던 1921년 식량 회의 연설에서 다음과 같이 선언했다.

  식량 같은 국가 자원은 노동 생산성을 위해 꼭 필요한 노동자에게만 제공되어야 합니다.

 '일한 만큼 먹는다'라는 슬로건으로 요약되는 이 철학은 소련 최초의 노동 수용소인 백해의 솔로베츠키 섬에서[63] 시험 삼아 적용되었다. 수감자들은 중노동에 적합한 수감자, 가벼운 노동만 가능한 수감자, 무능한 수감자 등 세 그룹으로 나뉘었다. 첫 번째 그룹은 하루에 800그램, 두 번째 그룹은 500그램, 세 번째 그룹은 400그램의 빵을 할당받았다. 예상대로 첫

---

63   러시아 북서쪽의 바렌츠해의 남쪽 만

번째 그룹은 건강을 유지했고 세 번째 그룹은 죽어 나갔다. 수용소를 자급자족할 수 있도록 설계된 이 시스템은 이후 굴라크 전역에서 실시되었다.

다른 한편으로 음식은 당의 위계를 확립하는 수단으로 사용되었다. '폐쇄'된 상점과 식당은 소수의 사람들에게만 개방되었다. 직장 식당은 세밀하게 등급이 매겨졌다. 특파원 바실리 그로스만은 그의 자전적 소설 『삶과 운명』에서 모스크바 과학 아카데미 물리학연구소의 식당에서 제공되는 여섯 가지 메뉴를 묘사한다.

> 하나는 이학 박사, 하나는 연구 책임자, 하나는 연구 보조원, 하나는 선임 실험실 보조원, 하나는 기술자, 하나는 행정 담당자를 위한 것이었다. 과일 조림이나 분말로 만든 젤리 등 디저트만 달랐고, 이 특별 메뉴가 큰 차이를 만들었다.

영국의 공산주의자 존 기븐스는 전쟁 기간에 모스크바 라디오에서 일했다. 소련 전역에서 식량난이 극심했던 1941~42년 겨울, 직장에서 그의 점심 식사로 마른 빵과 차만 나왔는데 같은 사무실의 상사는 햄과 계란을 먹는다는 사실을 알게 되었다. 상사가 자신이 한 조각도 나눠주지 않았기 때문에 더욱 기분이 나빠졌다.

레닌그라드의 배급 시스템은 굴라크와 비슷하게 운영되었다. 도시 방어에 필수적인 군인과 산업 노동자의 목숨은 살리고 직장인, 노인, 실업자, 어린이는 희생되었다. 7월 중순의 초기 배급량은 육체노동자에게는 600그램, 어린이와 실업자에게는 총량 400그램에 해당하는 빵과 고기, 지방, 시리얼 또는 마카로니, 설탕으로 모스크바 시민들과 동일하게 할당되었다. 놀랍게도 소련은 모스크바 직행 철도가 끊긴 지 거의 2주가 된 9월 2일까지도 레닌그라드의 배급량을 줄이지 않았다. 파블로프의 주장에 따라, 열흘 후 육체노동자에게는 빵 500그램, 사무직 노동자에게는 300그램, 부양가족에게는 250그램, 어린이에게는 300그램으로 다시 줄었다. 감소분을 보충하기 위해 지방과 설탕의 배급량을 늘렸는데, 이는 끔찍한 실수로 드러났다. 파블로프는 나중에 "설탕 배급량과 지방 배급량을 9월에 늘리면 안 되었다."라고 인정했다. 그는 9월과 10월에 소비된 약 2,500톤의 설탕과 600톤의 지방이 12월에 매우 유용했을 것이라며, "당시에는 도시가 그렇게 오랫동안 단절되리라고는 아무도 상상하지 못했다."라고 덧붙였다.

11월 20일 이후 육체노동자로 분류된 시민의 34%에게는 하루 250그램의 빵이, 그 외 모든 사람들에게는 125그램(얇은 조각 3개 분량)의 배급량이 떨어졌다. 하위 카테고리 카드 소지자의 경우 배급량이 공식적으로 하루 460칼로리에 해당하는데, 성인 1인당 필요한 하루 2,000~2,500칼로리의 4분의 1에도 미치지 못했다. 이 460칼로리조차도 공식적인 수치일 뿐이다. 빵은 오염되었고 고기는 사라졌으며 배급이 없는 날도 있었다. 공성전 생존자들을 대상으로 태아와 유아 영양실조를 연구하는 영양학자들은 실제 수치가 하루 300칼로리에 가까웠을 것으로 추정한다. 파블로프는 9월 12일의 두 번째 배급 삭감이 며칠만 더 일찍 이루어졌더라면 거의 3,000톤의 밀가루를 절약하고 최종 배급 삭감도 피할 수 있었을 것이다.

배급은 특히 어린이와 청소년에게 치명적인 영향을 미쳤다. 12세 미만의 어린이는 같은 범주에 속해 11세 어린이는 1세 유아랑 같은 배급량을 받았다. 열두 살에서 열네 살까지는 '부양가족'으로 분류되었다. 따라서 9월 12일과 10월 1일 두 차례의 배급 삭감 사이에 열두 살이 된 어린이는 빵 배급량이 하루 300그램에서 250그램으로 줄어들었다. 파블로프도 적절치 않다고 인정했지만 "더 나은 식량을 공급할 수 없는 상황"이었다. 마찬가지로 부당하게 '부양가족'으로 분류된 사람들은 빵 가게에 줄을 서서 물물교환하는 어머니들이었다. 부양가족에게는 생필품도 적게 할당되었다. 예를 들어 부양가족은 성냥 한 상자를 받는 데 비해 노동자에게는 두 상자가 배급되었다. 부양가족 카드의 별명은 '죽음'을 뜻하는 단어에서 나온 '사형수 cмертник'였다.

생산직을 위한 배급이 비생산직으로 전용되지 않도록, 노동자가 식량을 집으로 가져가는 것을 금지했다. 연로한 어머니를 홀로 남겨두고 병원으로 이사를 해야 했던 한 군의관은 배급을 집으로 가져갈 수 있도록 요청했다. 물론 거절당했지만 그녀는 병원 직원을 통해 어머니에게 음식을 밀반입할 수 있었다. 그녀는 나중에 "어머니를 구하는 것이 나의 책임이기 때문에 다른 방법은 없다고 말했다." 많은 직장에서 규칙이 엄격하게 시행되지는 않았다. 다른 직장에서는 직원이 퇴근할 때 가방을 수색했다.

당국은 무자비한 실용주의에 몇 가지 예외를 두었다. 많은 학자들이 죽어가고 있다는 소식에 즈다노프는 추가 식량 꾸러미를 보내도록 직접 명령했다. 수혜자 중 한 명은 예술가 안나 오스트로우모바 레베데바였는데, 1942년 1월 20일 흰 코트를 입은 한 여성이 버터, 고기, 설탕, 말린 완두콩이 가득 찬 상자를 가지고 들어왔다고 했다. "음식을 보내준 것은 즈다노프 동지였는데, 노동자가 한 달 동안 배급받을 양이었다."라고 그녀는 일기에 썼다. 배달된 음식으로 그녀와 가정부 뉴샤는 열흘 동안 버틸 수 있었지만 그녀의 태도를 누그러뜨리진 못했다. 부양가족 카드는 사형선고였고 "모든 불필요한 입들(가정주부와 노인들)"을 제거하기 위해 고안된 '불명예'라고 생각했다.

배급 시스템의 불가피한 약점은 부패에 대한 취약성이었다. 소련의 공식적인 기록은 소수의 나약한 영혼과 방해꾼을 제외하고는 모든 시민들이 헌신하는 것으로 묘사한다. 파블로프는 '이기주의자'와 '메뚜기'가 시스템을 약화하려고 시도했으나 이렇게 결론을 내렸다.

식량 배급 시스템에 대한 시민의 신뢰는 유지되었다.

사실 이 그림은 장밋빛이었다. 레닌그라드 시민들은 춥고 어두운 곳에서 몇 시간씩 줄을 섰다. 그렇게 받은 음식은 정해진 배급량에 훨씬 못 미쳤다. 모든 일기에는 부패한 관리자와 장밋빛 뺨을 가진 매점 직원들을 불평하는 내용이 나온다.

페트로그라드 지구 소비에트 의장과 부의장은 배급 이외의 음식을 추가로 받았다. "이바노프 동지는 사무실을 침실로 개조하여 부하 직원과 성관계를 가졌다. 연해주 당위원회에서도 비슷한 일이 벌어졌는데, 제1서기 겸 지구 소비에트 위원장이 이끄는 12명의 위원들이 구내식당(트러스트)에서 특별 배달을 받았다." 11월 7일 혁명의 날 축제 전에, 한 NKVD 수사관이 보고했다.

> 트러스트는 초콜릿 10킬로그램과 캐비어 및 통조림 8킬로그램을 전달했다. 6일에 위원회는 트러스트에 전화를 걸어 초콜릿을 더 달라고 요구했다. 11월에 총 4,000루블 상당의 음식이 전달되었다. 제13매점에는 위원들을 위한 1,000갑의 담배가 있었다.

기록보관소의 니키타 로마긴은 부패가 만연했다고 썼다. 또한 그 어떤 당 간부도 비리 때문에 처벌 받지는 않았다고 썼다.

정부는 대중이 시스템을 속이는 것을 막는 데 집중했다. 파블로프의 첫 번째 조치 중 하나는 중복 배급 카드를 단속하는 것이다. 9월에 도시에 도착한 파플로프는 카드를 도용할 수 있다는 걸 발견했다. 더 엄격한 검사로 인해 10월 카드 발급 건수는 242만 건으로 전월 대비 9만 7천 건 감소했다. 결국 10월 10일 모든 카드를 재등록하라는 결의안을 통과시켰다. 10

월 12일부터 18일까지 직접 신분증을 제시하고 배급 카드에 '재등록' 도장을 받아야 했다. 이 조치로 인해 유통되는 빵 카드의 수는 88,000개, 육류 카드는 97,000개, 기름과 버터 카드는 92,000개 감소했다. 교체 카드 신청은 폭발적으로 증가했다. 파블로프는 모든 신청자가 "폭격을 피하다가 카드를 잃어버렸다."라는 비슷한 얘기를 했다고 기억한다. 결국 교체 카드는 중앙 배급 카드국에서 증명이 된 경우에만 발급하기로 했다. 이에 따라 신청 절차를 둘러싼 풍자는 아래와 같다.

큰소리로 거절하는 비서가 있다. 아름답고 진한 눈화장을 한 나른한 비서도 있다. 그녀는 악의가 없다. 그녀의 유일한 관심사는 이 귀찮은 일에서 빠지는 것이기에 당신의 신청을 가뿐히 거절한다.

12월에는 지정된 매장에서만 카드를 쓸 수 있게 되었다. 어떤 상점은 물품이 좋았고 또 다른 상점은 형편 없었다. 따라서 좋은 상점에 등록하는 것은 관료주의와의 또 다른 싸움이 되었다(이반 질린스키는 부정하게 운영되는 44번 가게에 절망한 나머지 모피 모자를 관리인에게 뇌물을 주고 다른 가게로 갈아탔다).

사실 세상의 그 어떤 배급 시스템도 레닌그라드처럼 넘쳐나는 인구를 구할 수 없었다. 더구나 도시의 배급 시스템에는 심각한 결함이 있었다. 도시 전역에서 배급 카드에 걸린 식량 때문에 가족의 사망을 은폐했다. 그렇게 남편들은 사후에도 미망인과 자녀들을 부양했다. 세레브리야니코프와 우사초프도 그렇게 세탁실에 보관되었다. 시로파토프와 페도로프도 마찬가지였다. 도시 전역에서 가족은 시신을 숨기고 있었다.

9. 깔대기 아래로 떨어지다

Falling Down the Funnel

9월에도 황금빛 햇살이 가을 강풍과 번갈아 가며 찾아왔다. 10월에는 여름의 마지막이 끝났다. 첫눈이 일찍 내렸고 화강암 제방 아래는 투명한 얼음이 운하를 가로질러 기어오르기 시작했다. 매일 아침 바실리옙스키 섬 제방을 휠체어로 출근하는 크냐제프는 자신의 '작은 반경'을 침범했던 움직임이 사라지는 것을 목격했다. 수병들의 행렬도, 과속하는 군용 트럭과 광장의 군인들도 더 이상 보이지 않는다. 트램의 선로가 포격으로 훼손되었고, 군함이 상원 의사당 앞을 가로막고 있었다. 세 개의 굴뚝은 겨울 위장색으로 하얗게 칠해져 있었다. 룩소르 스핑크스 옆에는 바퀴가 두 개나 빠진 트럭이 받침대 위에 올려져 있었다. 스핑크스는 "매서운 서리에 버려진 벌거벗은 새끼 사자 두 마리"처럼 보였다.

1941년 9월부터 12월 말까지, 세르게이 야로프가 말했듯이, 이 시기는 레닌그라드 사람들에게는 "깔대기 아래로 떨어지던" 때였다. 3개월 동안 도시는 고야풍風의 납골당으로 변했고, 뼈만 남은 시체들이 길거리에 널려 있었다. 시민들은 잦은 공습에 시달렸고 남편과 아내, 아버지와 어머니, 자녀가 굶어 죽는 모습을 무기력하게 지켜볼 수밖에 없었다.

리디아 긴즈부르크에게 기근은 "낙타와 신기루가 가득한 사막"에 속했다. "나는 대도시의 시민들이 굶주림으로 죽을 수 있다고 믿지 않았다. 첫 사망 사례가 발생했다는 소식을 들었을 때 사람들은 여전히 생각했다. 내가 아는 사람인가? 대낮에? 레닌그라드에서? 석사 학위를 가지고? 굶주림으로?"

옐레나 스크랴비나도 굶어 죽는다는 생각이 "터무니 없다."고 여겼다. 어머니, 두 아들 등 네 명의 부양가족이 있음에도 8월 중순에야 도시로 돌아왔기에 뒤늦게 식량을 비축하기 시작했다. 9월 1일에는 마을 사람들과 물물교환을 하기 위해 도시 외곽으로 떠났다. "담배, 남편의 부츠, 여성용 신발 몇 개가 있었다. 며칠 후 끝없이 기다린 대가로 보드카를 사서, '술에 취한' 노파에게 감자와 물물교환했다." 또 다른 행운의 접선은 타타르 상인에게 초콜릿과 말고기를 현금으로 샀다는 것이었다. 그녀는 10월 초에 아파트의 모든 시민들이 운이 좋았던 것은 아니라고 말했다.

> 사람들이 짐승으로 변했다. 귀여운 이리나가 남편을 때릴 수 있다고 누가 생각했을까? 가장 소름 끼치는 광경은 쿠라킨 가족이다. 그의 아내는 끊임없이 짜증을 내고 말다툼을 했다. 아이들은 울며 음식을 애걸하지만 두들겨 맞을 뿐이다.

두 개의 생명줄이 스크랴비나의 가족을 살게 해주었다. 첫 번째는 취사장에 출입할 수 있는 군인 남편의 패스였는데, 이를 통해 수프를 집으로 가져올 수 있었다. 두 번째는 친구의 페이퍼 컴퍼니를 통해 열다섯 살짜리 아들 디마가 성인 노동자의 배급을 받을 수 있었다. 다섯 살짜리 어린 아들 유라는 "마당 일을 도와 장작을 패고 눈을 쓸며" 활기차게 지냈지만 십대인 디마에게는 이마저도 충분하지 않았다.

그는 모든 것에 흥미를 잃었다. 읽지도 말하지도 않고 폭격에도 무관심한 채, 먹을 것을 찾았다. 눈 아래 다크 서클이 생긴 채로 스토브 옆에 온종일 있었다. 이 상태라면 디마는 죽게 될 것이다.

스크랴비나의 남편이 주선한 일자리도 도움이 되지 않았다. 디마는 병원에 고용되어 추운 날씨에 도시 곳곳을 오가며 일했다. 그 대가로 약속된 저녁 식사도 가로채이는 경우가 많았다. "디마가 원장의 아들과 함께 할 때만 고기 패티를 포함한 모든 것을 얻을 수 있다."라며 스크랴비나는 분노했다. 원장 아들이 장밋빛 뺨을 가진 것은 당연하지 않았겠나? 디마는 베개에 얼굴을 파묻고 있었다. "나는 공포에 질려 바라보았다. 아이가 죽을까 봐 두렵다."

━━━

올가 그레치나는 어머니, 남동생 브로디아(줄여서 노바)와 함께 마야콥스키 거리의 화려한 저택에서 살았다. 의사였던 아버지는 몇 년 전에 돌아가셨고 오빠 레오니드는 군대에 징집되었다. 10월, 그녀는 실리셀부르크 인근 마을에서 오빠를 방문할 수 있었다. 그곳에서 간호조무사인 새로운 약혼녀를 소개했다. "마을 전통에 따라 머리를 맞대고 웃으며" 사진을 찍어야 한다고 주장하는 약혼녀는 오빠에게 어울리지 않다고 생각할 수밖에 없었다.

올가가 레닌그라드로 돌아온 지 얼마 후, 어머니는 교통사고를 당했다. 경미한 상처였지만 쇠약해진 어머니는 지하실로 대피할 때 도움을 받아야 했다. 어려운 상황에서도 어머니는 애완견과 배급을 나눠야 한다고 고집했다. 그 개를 도둑맞았을 때 올가는 더 이상 음식을 나누지 않아도 되어 안도했다. 그리고 어머니의 진찰을 위해 아버지의 동료였던 미하일로프 박사에게 도움을 청했다.

"어머니는 이미 진단과 치료를 받고 있어요." 박사는 구슬프게 말했다. "만약 내가 왕진을 간다면, 나는 집에 돌아오지 못해요. 하루에 한 번 차이콥스키 거리에서 페스텔리야까지 간신히 오갈 수 있지요. 내가 일하지 않으면 다른 사람들은 어떻게 될까요?" 그리고 그는 환자들이 기다리는 문을 손가락으로 가리켰다.

11월에 올가와 노바는 모두 일자리를 찾았다. 노바는 보일러공으로 일했고 식사와 석탄을 받았다. 올가는 공장에서 반쯤 만들어진 포탄 탄피를 검사하고 옮겼다. 탄피는 강철 부스러기로 뒤덮여 있어 손을 베기도 했지만 그래도 일주일에 230루블을 받을 수 있었다. 그달 말에 가족은 레오니드가 전투 중 사망했다는 소식을 들었다.

12월 초, 같은 아파트에 사는 이웃의 사망 소식을 들었다. (도시 전체에서 흔히 볼 수 있듯이) 가장 먼저 떠난 사람들은 견습 노동자들이었다.

12월 어느 날 밤 오후 1시쯤 누군가 문을 두드렸다. 이웃 N이 작은 유리잔을 손에 들고 있었다. 그녀는 "제 아들이 죽어가고 있으니 해바라기 기름 한 숟가락만 주세요"라고 말했다. "해바라기 기름을 아들의 입에 부어주면 살릴 수 있을 것 같아요."

"하지만 저는 기름이 없어요!"

"아니야, 있어! 내 아들을 구해야 해요!"

사실 내게는 기름이 100그램이나 있었다. 하지만 엄마의 몫이었다. 그녀는 떠났다. 아침에 그녀의 아들이 죽었다. 내가 살인자가 된 것 같았다.

레닌그라드 시민들이 하나둘씩 쓰러지기 시작하면서 도시의 동맥도 함께 망가졌다. 10월에는 발전소의 연료가 바닥나기 시작했고 전기 공급이 줄어들었다. 트롤리 버스는 구급차로 바뀌었으며 트램은 멈춰선 채, 서리와 고드름이 쌓이기 시작했다. 눈을 치우지 않아 주요 도로를 빼면 통행이 불가능했다. 부서진 건물 창문을 덮고 있는 신문지, 포장지, 널빤지, 합판 조각들은 묘한 분위기를 불러 일으켰다. 이제 게시판에는 '장례식 상징'이 표시되어 있다. "사람들이 서로 뒤엉켜 죽어가고 산 채로 묻혔다."

11월 27일부터 주거용 건물은 10시부터 오후 9시까지 전기 사용이 금지되었다. 이때까지 전기는 불규칙하게 공급되었다. 조명과 난방을 위해, 박쥐 랜턴, 스톰 랜턴[64]과 작은 병, 양철 첩 또는 주전자 뚜껑에 심지를 붙인 램프가 고안되었다. 두 종류 모두 얼굴과 손에 끈적끈적한 검은 그을음이 묻었다. 9월에 마지막으로 배급된 1인당 2.5리터의 등유가 떨어지자, 장뇌, 얼룩 제거제, 기계유, 향수, 살충제 등을 대신 태웠다. 이들 제품은 상점에서 빠르게 사라졌고 암시장에서는 터무니없는 가격으로 거래되었다. 두 번째로 중요한 작은 금속 난로, 즉, '부르주이카буржуйка'이다. 가구 조각, 묘지의 십자가, 책 등 닥치는 대로 연료로 쓰였다. 크냐제프는 보일러공의 타타르족 아내가 알려준 대로 마른 대변을 땔감으로 사용했다. 러시아어로 '부르주아'를 뜻하는 '부르주이카'는 내전 당시 난로를 사용한 사람들이 옛 중산층이었다는 사실에서 유래했다. 셋째, 봉쇄를 강력하게 상징하는 것은 장작, 물, 그리고 마지막으로 시체를 운반하는 데 필수적인

---

64 불꽃이 꺼지는 것을 방지하기 위해 유리 덮개가 있는 파라핀 램프

'산키санки' 혹은 어린이 썰매였다.

레닌그라드 사람들은 자연에 대해서 알아갔다. 자작나무는 잘 타고 아스펜은 잘 타지 않는다는 사실, 신문지에 말아 만든 담배에 불을 붙이는 방법, 렌즈를 햇빛에 비춰서 불을 붙이는 걸 배웠다. 얼음낚시를 시도한 사람은 없었는데, 낚시줄과 드릴이 없었기 때문일 것이다. 연극 제작자는 이를 타임머신에 탄 것 같다고 비유했다. 봉쇄로 인해 레닌그라드는 18세기로 돌아갔지만 모피 코트도 우물도 없었다. 양동이 대신 주전자에 물을 담아 집으로 운반해야 했기 때문에 더 나쁜 상황이었다. 아파트에서는 꼭대기 층부터 단계적으로 상수도 공급이 중단되었다. 시간이 지남에 따라 누수는 얼음 언덕으로 변하여 손과 무릎으로 소켓을 밀어야 했다. 드미트리 리하체프는 소화전에서 물을 모아 아기 욕조를 매단 썰매로 집으로 끌고 왔다. 그는 먼저 막대기 몇 개를 물 위에 띄우면 도중에 덜 흘리는 것을 알았다. 동물학자들은 쥐와 비둘기를 잡을 수 있기에 살아남을 수 있었다. 수학자들은 대부분 죽었다.

개인 비축량이 바닥나자 시민들은 점점 더 절박한 심정으로 대체 식량을 찾았다. 그중 가장 흔한 것은 아마인 껍질(즈미크와 두란다)이다. 갈아서 기름에 튀기면 '팬케이크'로 만들 수 있는데, 잘만 준비하면 실제 식사처럼 느껴졌다. 또한 동물의 뼈와 발굽으로 만든 목재 접착제도 먹었다. 리하체프는 푸시킨 하우스에서 여덟 장을 발견했는데, 아내는 여기에 월계수 잎을 넣어 끓여 젤리를 만들고 식초와 겨자를 넣어 강제로 먹었다.

미술 교사는 친구들의 빈집을 수색했다. "찬장을 뒤져서 여러 종류의 껍질로 작은 가방을 가득 채웠어요. 학생 중 한 명이 오일 덩어리를 가져왔는데 엄청난 양이었어요!" 그는 물감을 섞고 캔버스에 밑 작업을 할 때 사용하는 아마인유와 아교도 먹었다.

대용품은 종종 위험했다. 독성이 없더라도 설사와 구토를 유발하거나 얇아진 위벽을 손상할 수 있었기 때문이었다. 그래도 아무것도 먹지 않는 것보다는 낫다. 이제 시민들은 치약, 기침약, 감기약과 마찬가지로 글리세린에도 칼로리가 있다는 사실을 알게 되었다. 공장 노동자들은 공업용 카제인(페인트 성분), 덱스트린(주조 주형에서 모래는 뭉치는 데 사용), 탱크 기름 및 기계 오일을 먹었다. 생리학 연구소에서는 실험용 개를 잡아먹었고 또 다른 연구소에서는 과학자들이 '리빅 추출물'(송아지의 배아로 만든 고깃국물로 박테리아를 키우는 배지로 사용됨)을 나눠 먹었다. 한 가정은 동물원에서 공습으로 희생된 순록의 사체에서 구더기가 낀 무릎 부위를 집으로 가져왔다.

일반 가정에서 키우는 반려동물도 잡아먹혔다. 아내가 남편에게 보낸 편지에 따르면 "온종일 우리는 먹을 것을 찾느라 바빠요. 아버지와 함께 고양이 두 마리를 먹었어요. 우리 모두 개를 찾고 있지만 한 마리도 보이지 않았어요." 어떤 가족은 이웃들 앞에서는 프랑스어로 샤(chat, 고양이) 고기란 말을 하기도 했어요." 다른 사람들은 자기 반려동물을 먹지 않기 위해 생필품과 물물교환을 하기도 했다. 교사는 길거리에서 발견한 손글씨로 쓴 광고를 교무실로 가져왔다. "4, 5미터의 플란넬(광목천)과 프리머스를 고양이 한 마리와 바꾸겠습니다."라는 문구를 본 사람들은 "고양이를 먹는 것이 도덕적인가, 그렇지 않은 것이 나은가"를 두고 긴 논쟁을 벌였다. 그런데 그런 비아냥거림도 곧 사라졌다. 포위 공격 생존자는 풀코보 천문대의 천문학자였던 아버지의 동료들을 기억하며 이렇게 말했다.

1942년 1월, 메세르는 엘리자베타가 개를 누르고 있는 동안 목을 베었다. 개는 힘이 넘쳐 혼자서는 감당할 수 없었기 때문에 이웃에게 도움을 요청했다. 작업이 끝났을 때 그들은 이웃에게 개의 창자를 주었다.

---

65 프리머스 스토브는 파라핀을 태우는 작은 조리기구를 말한다.

개인이 보유한 식량이 삶과 죽음을 가르기도 했다. 어떤 가족은 10년 전 일기장에 기록된 양초 상자를 발견했는데, 1923년 당시 한 개당 8코펙에 구입한 양초를 625루블에 판매할 수 있었다. 또 다른 여성은 전쟁 전 미국을 방문했을 때 샀던 남편의 옷을 식량과 교환했다. 대숙청 당시 자본주의 동조자로 총살당한 남편은 아메리카 여행으로 목숨은 잃었지만 최상급의 양복과 재킷 덕분에 남은 가족을 구할 수 있었다.

먹을 것이 없던 시절에는 환상이 그 자리를 대신했다. 포위 공격 당시 여덟 살이었던 이고르 크루글리야코프는 여동생과 함께 가족 상자에서 호두를 찾았을 때의 기억을 떠올렸다. "속은 건조하고 쪼그라들었지만 우리는 그걸 먹었고 정말 음식처럼 느껴졌어요. 식탁의 갈라진 틈에서 부스러기를 모두 주워 먹었는데, 역시 좋았어요." 11월 말에 그의 할아버지는 '이질'로 사망했다. 크루글리야코프의 어머니는 과망가니즈산 칼륨 희석액(다목적 소독제)을 주었다. 이들은 이제 침대에 옹기종기 모여 앉아 마데이라 케이크, 젖먹이 돼지 요리법이 담긴 '젊은 주부들을 위한 몰로코비츠 부인의 선물'을 훑어보았다. "그림도 있었는데 우리에게 즐거움을 주었다."

현재 상트페테르부르크 박물관에 전시된 굶주린 열여섯 살 소년 발야 쳅코가 쓴 가상의 '메뉴판'은 그 시대의 참상을 보여준다. "이렇게 굶주리고도 내가 아직 살아 있다면, 첫 번째 코스는 수프로 할래요. 감자와 버섯, 절인 양배추와 고기를 넣어 만들죠. 두 번째 코스는 카샤로, 버터와 오트밀 기장, 진주 보리, 메밀, 쌀 또는 양질의 거친 밀가루가 들어가죠. 그리고 메인 코스로는 으깬 감자를 곁들인 미트볼을 먹겠어요. 우리가 이것을 볼 수 있을 때까지 살 것 같지 않아서 이를 꿈꾸는 것은 헛된 것일테죠!" 그 소년은 2월에 죽었다.

육체적 쇠약보다 더 슬픈 것은 굶주림이 인격을 파괴하는 방식이었다. 이제 사람들은 먹을 것을 찾는 거 말고는 모든 것에 흥미를 잃었다. 옐레나 코치나는 10월 3일에 "공성전 이전에 사람들은 인간다움이 있었다. 전쟁의 허리케인이 그 누더기를 찢어 버렸다."라고 썼다.

낡은 신문 여백, 벽지 조각, 인쇄된 양식 뒷면에 적힌 그녀의 일기에는 결혼 생활이 무너지는 모습이 기록되었다. 전쟁 직후 그녀는 갓난아기와 다정한 남편과 함께 즐거웠다. 남편 디마가 딸의 기저귀를 가는 것을 보면서, 6월 16일에 이렇게 썼다. "디마는 휴가 중에 아기를 목욕시킨 후, 옷을 입히고 밥을 먹이는 등 딸과 함께 바쁘게 지냈다. 섬세한 디자이너의 손은 이 모든 것을 놀라운 솜씨로 처리했다." 6일 후 이들은 독일의 침공 사실을 알았다. "나는 색색의 딸랑이를 들고 레나를 정원으로 데리고 나갔다. 울부짖는 소리, 깨진 접시 소리, 옆집 여자가 지나갔다. 옐레나 이오시포브나! 독일군과의 전쟁! 방금 라디오에서 발표했어!"

전쟁이 시작된 지 2주가 지나자 부부는 심각한 다툼을 벌였다. 옐레나가 연구소와 함께 사라토프로 떠나야 할지를 놓고 다툼이 벌어진 것이다. 옐레나는 대피하지 않기로 결정했고 결국 가족이 레닌그라드에 갇히게 되었다. 9월까지 밤에는 지역 민방위대와 함께 불을 감시하고 퇴근 후에는 채소밭에서 감자를 캐느라 남편은 잠을 거의 자지 못했다. 매일 아침 옐레나는 두유를 배급하는 소아과 병원으로 걸어갔다.

> 단풍나무는 꺼져가는 불씨처럼 뜨겁게 붉게 타오른다. 단풍잎은 천천히 떨어져 내 손에 바로 떨어진다. 이것이 내 인생의 마지막 나뭇잎이 될지도 모른다. 병원에서 배급하는 두유를 레나는 금방 마셔버리고 엉엉 울어버린다. 그러나 그들은 더 이상은 주지 않는다. 3.5온스가 배급량이다.

선반 작업자로 일하다 방위산업체 공장으로 옮긴 디마는 육체노동자 배급을 받았다. 한낮의 휴식 시간에 옐레나는 이렇게 썼다,

> 그는 고기 패티와 으깬 감자 두 숟가락을 점심으로 가져다주면서 나보고 다 먹으라고 했다. "먹어, 제발, 아기에게 젖을 먹여야 해. 내 걱정은 마, 난 배부르니까." 하지만 사실이 아니라는 것을 알 수 있었다. 그가 먹은 것은 수프뿐이었다.

10월 초, 부부는 감자와 빵을 비축해 두었지만 옐레나의 젖이 말라버렸다. "레나는 작은 야생 동물처럼 내 가슴에서 비명을 지르고 눈물을 흘렸다. (불쌍한 것!) 이제 우리는 배급 카드에 나오는 버터와 설탕을 아기에게 주었다." 4주 후에는 아기에게 먹일 기장 14온스만 남았다. 더 이상 남편을 믿지 않게 된 옐레나는 아파트를 떠날 때마다 '굴뚝 위, 침대 아래, 매트리스 아래'에 기장을 숨기기 시작했다. 하지만 그는 결국 찾아냈다. 11월 26일, 그녀는 남편의 행동을 포착했다.

> "감히!" 나는 나 자신을 통제하지 못하고 소리를 질렀다.
> "닥쳐, 나도 어쩔 수 없어."
> 그는 절망적으로 나를 바라보았다. 결국 점심을 내게 주면서 그는 나보다 먼저 배가 고파지기 시작했다.

기장은 12월 2일에 다 떨어졌다. 이틀 후, 낯선 사람의 친절로 옐레나는 쿠폰을 마카로니로 교환할 수 있었다. 판매할 음식을 찾아 거리를 배회하던 그녀는 상자를 가득 실은 말이 끄는 수레를 발견했다.

군중이 수레 뒤를 따라가는 행렬에 합류했다. 수레에는 마카로니가 있었다. 우리는 훈련된 짐승 같았다. 말은 어떤 상점 앞에 잠시 멈췄다가 다시 카트를 끌고 지나갔다. 우리는 다시 쫓아갔다. 이런 일이 다섯 번 일어났다. 마침내 목적지에 도착했다. 밖에 모퉁이를 돌아 길게 선 줄이 있었다. 낙원으로 가는 길. 주인은 '충실한 영혼'을 세어 한 번에 10명씩 들여보냈다. 나는 멍하니 바라보고 있었는데, 줄 서 있던 할머니 한 분이 "당신 차례는 언제예요?"라고 물었다. 나는 아직 멀었다고 대답했다. 나에게는 집에 아기가 있고 어떻게 그 애를 먹여야 할지 모르겠다고 덧붙였다.

가게 문이 열렸을 때 그녀는 엘레나를 앞으로 밀어 들어가게 하고 자신은 밖에 머물렀다. "나는 너무 놀라서 마카로니를 손에 쥐고 흥분으로 떨면서도 이 일이 현실이라는 것이 믿기지 않았다."

디마는 종종 폭격 현장에서 고철을 가지고 부르주이카를 만들었지만, 12월 중순이 되자 무기력에 빠져들었다. 엘레나에 따르면 그의 움직임은 이제 '고장 난 로봇의 움직임'이었다. 두 사람 모두 음식 외에는 아무것도 생각할 수 없었다.

디마를 위해 (목제접착제와 빵부스러기로 만든) '수프' 네 국자를 붓고, 나를 위해서는 두 국자를 부었다. 디마는 더 오래 먹기 위해 티스푼으로 먹었다. 하지만 오늘은 나보다 더 빨리 자기 몫을 먹었다. 나는 딱딱한 크러스트 조각을 얻어서 즐겁게 씹고 있었다. 그가 계속 움직이는 나의 턱을 증오의 눈으로 쳐다보는 게 느껴졌다.

"일부러 천천히 먹는군! 날 괴롭히려는 거잖아!" 그가 소리쳤다.
"무슨 소리야? 내가 왜 그러겠어?" 나는 깜짝 놀라 말을 더듬었다.
"부인하려고 하지 마! 이제, 난 모든 걸 볼 수 있어!"

그는 분노로 창백해진 눈빛으로 나를 노려보았다. 나는 겁이 났다. 그가 미쳐버린 것일까?

베라 인베르는 12월 1일 처음으로 썰매에 실려가는 시체를 목격했다. "관은 없었다. 시신은 하얀 수의에 무릎이 드러나 있었으며 시트는 단단히 묶여 있었다. 성경에 나오는 고대 이집트의 매장 방식이었다. 사람의 형체는 분명했지만 남자인지 여자인지는 알 수 없었다." 월말이 되자 그녀는 이런 풍경에 익숙해졌다.

10월에 NKVD는 12월 말 레닌그라드에서 식량난으로 6,199명이 사망했다고 보고했는데, 이는 한 달에 약 3,500명이 사망했던 전쟁 전 사망률에 비해 80% 가까이 증가한 수치였다. 11월에는 9,183명으로 증가했고, 12월 첫 25일 동안에는 39,073명이 되었다. 지난 5일 동안 매일 113~147구의 시신이 길거리에서 발견되었다. 사망률은 특히 남성(전체의 71%)과 60대 이상(전체의 27%)과 유아(14%)에서 높았다. 1,524명의 '투기꾼'이 체포되었음에도 암시장의 물물교환 가격이 폭등했다. 토끼털 코트 한 벌은 감자 한 푸대(16킬로그램), 회중시계 한 개는 빵 1.5킬로그램, 덧신이 달린 펠트 부츠 한 켤레는 두란다[66] 4킬로그램의 가치가 있었다. 12월 마지막 6일 동안 13,808명이 추가로 사망하여 한 달 동안의 총 사망자 수는 거의 53,000명에 달했다.

베를린도 진행 상황을 모니터링하고 있었다. 육군 정보부와 나치 친위대 정보부는 정보원, 탈영병, 포로들로부터 정보를 취합하여 정기적으로 보고했다. 11월 24일, 정보국은 "질병이 확산되기 시작했다."라고 보고했다.

---

66 관목에서 자라는 노란색의 베리류. 주로 잼이나 주스로 만들어 먹는다.

여성은 인후염에 걸리기 쉬우며, 유아 사망률은 상당히 높다. 발진티푸스도 있고 이질도 다수 발견되었다.

그로부터 2주 후 폰 퀴흘러의 18군으로부터 또 다른 첩보가 들어왔다. 병원, 마린스키 극장, 식품 창고 및 스카야 프라우다[67] 사무실에서도 굶주림이 만연하다는 것이다. 독일 정보국이 관심을 기울인 뉴스는 기근이 시작되었다는 것이었다. 배급량은 9월 초부터 다섯 차례나 삭감되었다. "점점 더 노동자들이 의식을 잃고 쓰러지는 사례가 발생합니다. 첫 번째 기아 사망자도 생겼습니다. 앞으로 몇 주 안에 상트페테르부르크의 식량 상황이 더욱 심각하게 악화될 것입니다."

미술사학자 니콜라이 푸닌은 12월 3일 궁전이 내려다보이는 어두운 방에 앉아 마지막 겨울 일기를 썼다. 앞서 그는 교회가 열리고 기도와 눈물과 촛불로 가득 차서 "우리가 사는 이 차가운 철[68]의 물질이 덜 느껴지기를" 갈망하는 글을 썼다. 이제 그는 스탈린을 질투심 많은 구약의 하나님에게 비유했다.

주여, 우리를 구원하소서. 우리는 멸망하고 있습니다. 1억 5천만 명을 가진 소련이 3백만 명을 잃는 것은 중요하지 않습니다. 그분의 위대하심은 우리처럼 지상의 생명을 소중히 여기지 않으십니다. 우리는 얼어붙은 도시에서 버려지고 굶주린 채 살아가고 있습니다.

눈이 수의처럼 도시를 덮고 있습니다. 도시는 하얗게 얼어붙었습니다. 아무도 특별히 말도 하지 않습니다. 그들은 단순히 고통스럽고 아마도 저처럼

---

67 소련 공산당 청년동맹의 기관지
68 키플링의 소설에서, 주인공 소년이 마법의 힘을 유지하기 위해 피해야 하는 "차가운 철"은 인간적 조건과 분리할 수 없는 슬픔과 고통을 상징한다.

아직 자신의 차례가 아니라고 생각할 것입니다. 저는 무엇보다도 밤에 외로움과 함께 기도의 무의미함을 느끼며 때로는 숨죽여 울기도 합니다. 구원은 없습니다. 그리고 백일몽에 굴복하지 않는 한 상상조차 할 수 없습니다.

우리가 그분에게 등을 돌렸다고 생각했으나, 여전히 그분은 우리 위에 있습니다. 미제레레(불쌍히 여기소서). 나는 중얼거리며 덧붙입니다. 디에스 이레(진노의 날이여). 주여, 우리를 구하소서.

제3부

10. 아이스 로드

The Ice Road

프리츠 호켄요스 중위는 부슈 장군의 제16군단 제215 보병사단 소속 '자전거 정찰대Radfahrzug'의 지휘관이었다. 그는 라인강 서쪽에 포도밭이 펼쳐진 중세 마을(라허) 출신이었다. 서른두 살의 그에게는 아내 엘자와 어린 두 아들이 있고 취미는 사냥, 조류 관찰, 사진 촬영 그리고 교회 성가대에서 노래하는 것이었다.

11월 24일 군용 열차를 타고 소련에 입국했다. 대공포를 실은 열차에서 그가 처음 본 것은 리투아니아의 넓은 경작지였다. "내 마음속 풍경이 여기 있구나! 철조망 울타리도 전신주도 없고 자유와 공간만이 있었다!" 다음 날 그는 라트비아의 리가에 들렀는데, 전쟁 포로들을 처음 보았다.

누더기에 굶주린 얼굴의 아이들이 기차에 다가왔다. 사실 짐승처럼 구걸했다는 것 말고는 다른 표현이 없다. 아이들은 기찻길 사이를 걸어가면서 소시지 껍질, 빵 조각을 주워 정신없이 입에 넣었다. 볼셰비키가 퇴각하면서 리가 어린이의 절반과 뒤나부르크 시민의 60퍼센트를 끌고 갔다고 했다. 이 모든 것이 우리를 냉담하게 만들었다.

26일 밤, 그들은 1939년 이전 러시아의 국경에서 볼 수 있었던 철조망과 나무 망루에 도착했다. "나는 창가에 앉아 서리로 덮인 창유리에 입김을 불었다. 창백한 달빛 속에서 나는 황무지, 벌목된 숲, 경작되지 않은 들판, 덤불을 볼 수 있었다." 기차는 정차할 때마다 토치로 얼어붙은 바퀴를 녹여야 했다.

앙상한 버드나무와 자작나무 몇 그루 외에는 하얀 단조로움뿐이다. 작은 오두막이 모여 있고 어두운 숲이 지평선을 감싸는 가운데 눈이 조금 내린다. 우리는 몇 시간 동안 넓은 공터에 갇혀 있고 사람들이 기찻길에서 일을 하고 있었다. 여자들과 노인들. 그들은 우리가 지나갈 때 고개를 들었지만 마치 우리를 보지 못하는 것 같았다. 오직 아이들만이 손을 흔들며 빵을 달라고 애원했다. 빵 주세요Gib Brot! 그들은 소리쳤다. 우리는 계속해서 그 말을 들어야 했다.

11월 28일, 호켄요스와 부하들은 군용 열차에서 내렸는데, 도로에는 이미 군인, 말, 포로 행렬로 가득 차 있었다. 무거운 짐을 실은 자전거를 칼바람 속에서 밀며 부교를 타고 볼호프강을 건넌 그들은 '장교, 서기, 전령, 무전기 교환원이 모여 있는 집'을 찾아냈다. 그들이 하룻밤 묵을 오두막집은 농민 여성과 세 자녀가 사는 집이었다. 가족은 러시아에서 추방된 침례교도의 후손으로 라트비아인이었다고 했다. 1938년 소련군이 남자들을 모두 아르한겔스크의 노동 수용소로 보냈다. 만약 그녀의 남편을 찾으면 집으로 보내주겠다고 약속했다.

저녁 식사 후 안주인은 하모니움으로 코랄을 연주했고 이에 대한 답례로 독일군들은 가족사진이나, 잉크 펜, 포켓 알람 시계를 보여주며 아이들을 즐겁게 했다. "나는 그녀에게 콜호츠(집단 농장), 콤소몰(공산주의 청년연맹), 코미사르(인민위원)에 관해 물었더니, 마을에는 당원도 없고 코미사르도 없지만 집단 농장은 있었다고 했다. "콜호츠 카푸트(무너짐), 구트 구트(좋아, 좋아) 볼셰비키 닉스(볼셰비키 안돼)!"

다음 날 자전거 부대는 최전선에서 8킬로미터 떨어진 라흐미샤 마을로 이동했다.

> 페도르는 전형적인 러시아 무즈크(농민)였다. 부인은 더러워서 모든 불쾌한 냄새의 근원인 것 같았다. 우리는 테이블에 앉아 담배를 피우고 차를 마셨다. 때때로 페도르는 재떨이 깡통에서 담배꽁초를 골라냈다. 내가 담배 몇 개피를 주면 그는 연신 고맙다고 했다. 페도르는 오랫동안 차와 설탕을 구경도 못했으며 담배와 파라핀은 사치품이라고 했다.

라흐미샤에 도착한 바로 그날 저녁, 게릴라의 첫 번째 공격을 받는다.

> 4시에 어둠이 내리고 램프의 빛 속에서, 시간은 길게 늘어졌다. 우리는 8시에 짚 더미 위에서 잠들었다. 10시에 누군가가 문을 두들기며 소리쳤다. "경고! 글라드로 가는 길에 앰블런스가 불타고 있다. 자전거 부대는 즉시 조사하라."

현장에 도착한 대원들은 구급차가 불타고 운전자가 다친 것을 발견했다. "우리는 숲속에서 어떤 흔적도 찾을 수 없었다. 장거리 순찰? 빨치산? 새벽 두 시까지 지푸라기라도 잡는 심정으로 수색하다 돌아왔다. 그 후 5

일 동안 석 대의 트럭이 지뢰를 밟았다."

자전거 정찰대의 임무는 전선을 따라 독일군이 점령한 마을을 순찰하는 것이었다. 12월 7일 저녁, 호켄요스와 부하들은 이웃 대대로부터 지원군을 픽업하라는 명령을 받았다. 다음 날 아침 6시, 영하 41도의 추위에 트럭의 시동이 걸리지 않았다. 그들은 걸어서 출발했다. 10시에 지휘소에 도착했을 때, 동상에 걸린 부대원이 둘이나 나왔다. 호켄요스는 '다섯 시간 후'라고 적었다.

다시 어두워질 것이다. 우리에게는 망토나 장화가 없었다. 한 시간 동안 눈이 가득한 숲을 비틀거리며 걸었다.

숲은 더 깊어지고 눈은 엉덩이까지 닿았다. 그들은 늑대와 고라니 같은 동물의 흔적을 따라 걸었다. 러시아 전투기가 머리 위로 날아갈 때마다 나무에 몸을 숨겼다. 해가 진 지 4시간이 지난 저녁 7시, 그들은 도로에 쌓인 시체 더미를 지나 고르네슈노 마을에 도착했다. "부하 20명이 동상에 걸렸다." 다음 날 아침 호켄요스는 밤사이 취사장이 지뢰를 밟아 한 명의 생존자만 남았다는 소식을 들었다. "우리는 트럭을 기다렸지만 오지 않았다. 순찰대는 우리가 어제 만난 정찰대원들의 시신을 싣고 숲속에서 나왔다. 그들의 머리는 뭉개져 있고 코와 귀는 잘려져 있었다." 호켄요스는 이틀 늦게 일본이 진주만을 공격했다는 소식을 들었다. 그는 일기장에 "이것이 세계대전이 아니라면 무엇이 세계대전인지 모르겠다."라고 특유의 격양된 어조로 적으면서, "결국 내가 소대장이 될 것 같다."라고 썼다.

호켄요스는 레닌그라드에서 남동쪽으로 175킬로미터 떨어진 도시에 있었다. 티흐빈은 레닌그라드로 보급품을 수송하는 철도역이기에 중요한 곳이었다. 9월 8일 라도가 남쪽 해안에 구축한 독일군 진지는 폭이 30미터에 불과했다. 티흐빈을 통과한 기차는 호수의 서쪽 해안에 있는 오시노베츠로 가는 바지선에 하역할 수 있었다. 작은 교외 철도 노선이 레닌그라드까지 마지막 45킬로미터를 커버했다. 이렇게 20일 치 식량이 가을 동안 봉쇄를 뚫었다.

모스크바 전투가 한창이던 11월 8일, 티흐빈은 2만 명의 병력, 96대의 탱크, 179문의 대포, 장갑 열차와 함께 독일군에게 함락되었다. 그 손실로 레닌그라드의 생명줄이 두 동강이 났다. 이제 보급 열차가 도착할 수 있는 가장 가까운 곳이라야 동쪽으로 170킬로미터 떨어진 자보례였다. 군사위원회는 원시림을 통과하는 200킬로미터에 달하는 도로를, 2주 안에 완공할 것을 명령했다. 또한 최전방 부대의 빵 배급량을 하루 800그램에서 600그램으로 줄이라고 지시했다. 후방 부대의 배급량은 600그램에서 400그램으로 감소했다. 이어서 세 차례의 배급량 감축이 이어졌다. 동시에 마지막 바지선이 11월 15일에 오시노베츠에 도착했다. 호수의 얼음이 두꺼워질 때까지는 비행기의 공수품을 제외하고는 어떤 음식도 기대할 수 없었다. 결국 64대의 비행기가 배정되었지만 매일 40~50톤을 운송하는 데 그쳤다.

호수의 얼음은 고통스러울 정도로 천천히 두꺼워졌다. 학자들은 말과 기수에게는 10센티미터, 썰매를 끄는 말에게는 18cm, 2톤 트럭에는 20cm의 얼음이 필요한 것으로 계산했다.

얼음의 두께가 10cm에 불과했던 11월 17일, 첫 번째 스카우트 대원들은 구명조끼를 입고서 호수로 떠났다. 다음 날 북쪽에서 찬바람이 불기 시작했고 기온이 내려가면서 크레바스 위에 다리를 놓았다. 2일이 되자 얼음의 두께는 18cm가 되었고 첫 번째로 300대의 말이 끄는 썰매가 출발했고 이틀 뒤에는 트럭이 뒤를 따랐다. 돌아오는 길에는 소량의 곡물만 실었지만, 몇 자루는 얼음을 뚫고 가라앉았다. 다음 호송대는 무게를 분산시키기 위해 썰매를 견인했다. 하지만 소용이 없었다. 12월 1일까지 약 800톤의 밀가루만 배달되었고 40대의 트럭이 고장 났다. 자보례로 향하는 거칠고 좁은 육로는 더 심각했다. 12월 6일 이 길을 따라 처음 출발한 호송대는 왕복에 14일이 걸렸고 350대 이상의 트럭이 중간에 퍼졌다.

포병 바실리 추르킨은 12월 7일 한밤중에 얼음을 가로질러 행군하라는 명령을 받았다. 동상에 걸린 발 때문에 뒤처졌는데, 해안 등대의 붉은 섬광이 아니었다면 길을 잃을 뻔했다. 그는 다음 날 오후 1시에 코보나에 도착했고 밀가루를 실은 트럭 10대를 지나쳤다.

12월 9일, 한 달 전 메레츠코프 장군의 제4군은 티흐빈을 탈환했다. 9천 명의 독일군 전사자가 나온 치열한 전투였다. 이제 티흐빈에서 보급 열차를 하역할 수 있게 되었다. 보이보칼로와 지하레보라는 두 개의 철도 마을이 확보되어, 1월 1일부터 보급 열차는 45킬로미터 이내로 경로가 단축되었다. 그 후 여섯 개의 다른 경로가 추가되었다. 눈보라, 독일군의 폭격, 오시노베츠-레닌그라드 철도의 병목현상 등에도 4월 말 얼음이 다시 녹을 때까지 총 270,900톤의 식량과 9만 톤의 연료 및 보급품이 전달되었다.

11월과 12월에 있었던 포위 공격의 해제 시도는 성공하지 못했다. 모스크바로 출발할 때 주코프는 네바 강변에 피를 흘리며 쟁취한 작은 교두보, 이른바 '넵스키 파타초크' 또는 '네바 5코펙조각'[69]을 레닌그라드 전선에 물려주었다. 길이가 2킬로미터, 깊이가 1킬로미터도 안 되지만 이 교두보는 매우 중요했다.

붉은 군대가 시도한 돌파는 실패로 끝났다. 11월 13일, 제8소총사단은 '오라니엔바움'에서 라도가 호수를 통해 독일군 진지로 돌격하라는 명령을

---

69 소련의 5코펙짜리 동전. 100코펙은 1루블이다.

받았다. 수많은 병사가 얼음에 미끄러졌고 지친 장병들은 탈진했다. 스탈린은 분노했다. "즈다노프 동지의 머릿속에는 레닌그라드가 소련이 아니라 태평양의 어느 섬에 있다고 생각하는 것 같소." 즈다노프는 이반 프롤로프 대령과 콘스탄틴 이바노프 위원을 희생양으로 삼았다. 12월 3일 두 사람은 '비겁함과 패배주의'를 이유로 총살당했다. 티흐빈 전투에 투입된 약 30만 명의 붉은 군대 병력 중 1만 명이 부상자로, 8만 명이 전사, 포로 또는 실종자로 기록되었다. 독일 측의 사상자는 4만 5천명이었다.

그럼에도 동부 전선에서 1941년은 전환점이었다. 독일군은 레닌그라드를 포위했지만 점령에 실패했고 모스크바 공세도 중단될 위기였다. 11월 초, 폭설과 붉은 군대의 저항에 밀려 태풍 작전은 점점 수그러들기 시작했다. 심리적 전환점은 11월 7일 혁명의 날로, 그 전날 스탈린이 연설을 하고 붉은 광장에서 대규모 군사 퍼레이드를 벌였다. 추위가 거세지고 사상자가 늘어나자, 나치 장군들은 참호전을 준비했다. 할더는 11일 일기에 "화려한 작전을 펼칠 시기는 지났다. 우리 군대는 더 이상 움직일 수 없다."라고 적었다. 히틀러는 연말까지 모스크바를 점령하라고 명령했다. 마지못해 장군들은 다시 공세를 재개했다. 할더는 22일에 "보크 원수가 모스크바 전투를 직접 지휘하고 있다."라고 언급했다. 북쪽에서는 성공할 기회가 있었고 "이를 달성하기 위해 끈질기게 몰아붙이고 있었다." 폰 보크는 이 상황을 마른 전투[70]와 비교했다. 일주일 후 보크는 할더에게 다시 전화를 걸었다. 하지만 현실은 잔인한 소모전인 베르됭 전투[71]였다. "마지막까지 적을 무릎 꿇게 하기 위해 힘을 다해야 합니다."

---

70 1차 세계대전 때 독일이 파리를 함락하고자 했던 슐리펜 작전이 실패하면서, 마른강 상류에 참호를 파기 시작하면서 4년간의 기나긴 참호전이 시작되었다. 양측을 합쳐 약 50만 명의 사상자가 발생했다.

71 1차 세계대전 때인 1916년 2월 21일에서 12월 18일까지 베르됭에서 벌어진 전투로 총 714,231명이 전사했고, 그중 프랑스군이 377,231명, 독일군이 337,000명이었다. 한 달에 평균 7만 명이 전사했다.

12월 16일, 전진 부대가 모스크바의 대공포를 눈앞에 두고 있는 상황에서 히틀러는 마침내 작전 중단을 선언했다. 태풍 작전은 끝났지만, 군대는 전열을 정비해야 했다. 장군들이 방어선으로 철수할 것을 주장하면서 더 많은 '폭풍 같은 토론'과 '극적인 장면'이 이어졌다. 진주만 공습 12일 후, 미국에 선전포고를 한 지 8일 후, 히틀러는 폰 보크와 브라우히치를 해임하고 자신이 직접 지휘하겠다고 발표했다. 1월 13일 '늑대의 은신처'에서 열린 회의 이후 폰 레프는 폰 퀴흘러로 교체되었다. 남쪽에서는 룬슈테트가 라이헤나우로 교체되었다. 총 40여 명의 고위 장교가 사임하거나 해임되었다.

　많은 군사 역사가들은 독일이 더 이상 승리할 기회가 없어졌다는 점에서 전세가 역전된 거라고 입을 모았다. 독일은 스스로 감당할 수 없을 정도로 일을 무리하게 벌인 셈이다. 12월 10일, 처칠은 러시아 전선이 독일의 마음을 아프게 할 것이라고 선언했다. 사실 레닌그라드에서 크림 반도에 이르기까지 나치의 기갑 부대가 얼어붙는 상황에 처해 있었다. 과장된 표현을 썼지만 "독일은 망했다."라는 그의 요지는 타당했다. "전세가 바뀌었고⋯ 전쟁의 최종 결과를 불안해할 필요는 없습니다. 신이 우리와 함께합니다."

▤▥▤

　티흐빈을 잃은 프리츠 호켄요스의 자전거 부대는 후퇴 명령을 받았다. 12월 21일, 그들은 축사에 불을 지르고 라흐미샤를 떠났다. 호켄요스는 "여인들의 통곡 소리가 마을 밖으로 새어 나왔다."고 적었다. 그들은 다시 자전거를 밀고 눈 덮인 도로를 따라, 짐을 가득 실은 썰매, 그리고 소떼와 염소들의 행렬을 지나쳐갔다. 어둠이 내리자, 그들은 길가 도랑의 쉼터로 몸을 숨겼다. "우리는 그곳을 지나 최대한 빨리 달렸다. 글라드에 도착했을 때 우리는 완전히 넋을 잃었다. 나는 어쩌면 울었을지도 모른다." 새벽

3시에 그들은 다시 출발했는데 갑작스런 러시아군의 사격이 도로 양쪽의 숲에서 가해졌다.

사방에서 총성과 휘파람이 울린다. 그 옆에는 사람들이 담배를 피우며 크네케브로트(얇은 크래커)를 씹고 있다. 나는 이것이 감탄할 만한 평정심인지 아니면 어리석은 무관심인지 판단할 수 없다.

그들은 그루지노의 마지막 병력이었고 어둠이 내릴 무렵 강을 건넜다. 뒤로는 마을이 불타고 있어 지평선이 붉게 빛났다. 크리스마스 이브에 추도보에 도착해 유리공장에서 밤을 지새웠다. 호켄요스는 "우리는 커다란 유리 가마 앞에 담배를 피우며 모여들었다."라고 적었다. "한쪽에는 크리스마스 트리가 설치되어 있었고, 다른 쪽에는 몇몇 병사가 테이블과 벤치를 만들고 있었다. 누군가는 수줍게 하모니카로 캐롤을 연습했다. 나는 무릎을 꿇은 채, 노트를 펼쳐놓고 불빛 아래서 엘자에게 보내는 크리스마스 편지를 쓰고 있다. 오늘 저녁만큼 그녀와 가까워진 적은 없었다." 호켄요스와 그의 부하들이 자정에 그리스도의 탄생을 축하하기 위해 축배를 들었을 때, 루아르 강에서 약탈해 온 아르마냑[72]으로 축배를 들었다.

---

72 Armagnac, 프랑스 남서부 아르마냑 지역에서 만들어지는 브랜디이다. 반드시 단식 증류 두 번을 거칠 것이 규정된 코냑과는 다르게 증류 방식에 대한 제한이 없고, 대부분 연속 증류 방식으로 만들어진다.

11. 썰매와 고치

Sleds and Cocoons

레닌그라드는 북위 60도로 앵커리지와 불과 몇 도밖에 차이가 나지 않는다. 한겨울의 해는 9시에 떠서 오후 3시에 다시 질 때까지 눈부시게 하늘에 매달려 있다. 오늘날 겨울 기온은 평균 영하 10도지만 1942년 1월에는 영하 30도까지 떨어졌다. 머리 높이까지 쌓인 눈더미가 길을 막았고 1미터 길이의 고드름이 전차 전선에 매달려 있었다. 짧은 낮 동안 도시는 아름다워 보였다. 석탄 연기가 없는 공기는 눈부시게 맑았고 거리에 쌓인 눈은 청백색이었다. 18시간 동안 고요하고 캄캄한 어둠이 계속되는 동안, 독일 폭격기들은 강추위로 땅에 묶여 있었고 사방은 마치 우물 밑이나 심해에 사는 기분이 들었다.

레닌그라드 시민들도 새해를 맞이했다. 베라 인베르는 작가 연합 건물의 시 낭독회에서 저녁을 보냈다. 벽난로에는 작은 통나무 몇 개가 타오르고 연단 테이블에는 촛불 하나가 켜져 있었다. "너무 추웠어요. 제 차례가 되어 저는 촛불에 더 가까이 가서 시의 첫 번째 연을 시작했습니다. 이 시를 공개적으로 읽은 것은 처음이었어요. 독일을 저주하는 부분에 이르렀을 때는 세 번이나 멈췄다가 다시 시작해야 했죠." 자정이 되어 에리스만 병원으로 돌아온 남편과 함께 그녀는 의료 과장의 상담실로 내려갔다.

리슬링 와인을 잔에 따르는 순간 전화벨이 울렸다. 당직 의사가 복도와 화장실에 시신 40구가 있다고 보고했다.

바실리 체크리즈프는 수도메흐 조선소에서 새해 전야를 보냈다. 한 달 동안 전기가 들어오지 않았다. "우리들은 더 이상 포격에 대해 신경 쓰지 않았다. 자정이 가까워지자 그는 '한 시간 후'라고 썼다

1942년이 우리와 함께 할 것이다. 새해를 맞이한 연설은 낙관주의로 가득 차 있고, 이제 어둡고 힘든 시기는 우리 뒤에 있다. 당신은 적의 파멸과 후퇴의 냄새를 맡을 수 있다.

다른 사람들과 마찬가지로 그는 아내와 아들을 생각했다. "디나와 겔릭은 잘 지낼까? 돈은 받았을까? 돈을 받았다면 괜찮을 거야. 그들이 여기 없다는 것이 얼마나 행운인지."

▪▪▪

옐레나 코치나는 새벽 4시에 일어나 신년을 기념하기 위해 배포된 와인 한 병을 받으려 줄을 섰다.

시간은 회색 쥐처럼 조용히 달려 어둠 속으로 사라졌다. 그러나 나는 "모든 것이 끝나고, 모든 것이 끝나고…"라는 주문을 반복해서 읊조리며 계속 서

있다. 달이 어두워지고 하늘이 회색으로 변했다가 흰색으로 바뀌었다가 파란색이 되었다. 밤이 지났다. 오후 3시에 나는 작고 반짝이는 뚜껑이 달린 병을 받았다.

그녀는 와인을 곧장 암시장으로 가져갔고 운 좋게도 (선원과) 큰 빵 한 조각과 교환할 수 있었다. 집으로 돌아온 그녀와 남편은 냉담한 침묵 속에서 함께 저녁을 보냈다.

디마는 며칠 동안이나 누워만 있다. 머릿니가 우리 둘을 괴롭힌다. 침대는 하나뿐이기 때문에 자다 보면 상대방이 닿는다. 불쾌하다.

레닌그라드는 이제 대량 학살의 시기로 접어들었다. 경찰 기록에 따르면 12월에 기아와 영양 부족으로 약 250만의 인구 중에서 52,881명이 죽었다. 1월의 사망자 수는 96,751명, 2월은 96,015명이었다. 죽음은 이제 보편적인 풍경이 되었다. '오늘 아침 일찍' 레네르고 발전소의 한 관리자는 이렇게 썼다. "치스티야코프의 사무실 간이침대에서 그의 아버지가 돌아가셨다. 시신을 옆에 두고서 치스티야코프는 식사를 하고 휴식을 취한다. 동료와 방문객이 드나들지만 아무도 신경 쓰지 않는다."
길거리에서 쓰러진 사람들의 시체가 출입구에 모아져 있거나 벽과 담장 밑에 그대로 남아 있었다. 오스트로우모바 레베데바는 1월 18일에 '포장도로에서'라는 글을 썼다.

많은 나무 상자를 모래로 채웠다. 물이 없기 때문에 모래로 불을 꺼야 한다. 오늘 길을 걷다가 어떤 할머니가 이 모래 상자 위에 앉아 있는 것을 보았다. 그녀는 죽은 상태였다. 몇 건물 더 떨어진 다른 상자 위의 소년도 죽어 있었다.

마린스키 학교의 무용 교사이자 시인 아폴리네르의 조카였던 베라 코스트로비츠카야는 가로등 기둥에 기댄 시체가 서서히 헐벗는 모습을 기록했다.

한 남자가 넝마에 싸여 배낭을 쓰고 눈 속에 앉아 있다. 아마도 그는 피곤해서 그러고 있었을 것이다. 2주 동안 병원에 오가면서 매일 그를 지나쳤다. 그는 이렇게 앉아 있었다. 1. 배낭 없이, 2. 옷 없이, 3. 속옷 차림으로, 4. 벌거벗은 채로. 이제는 내장이 찢어진 해골. 사람들은 그를 5월에야 옮겼다.

현실의 충격과 공포를 블랙 코미디로 바꿨다. 썰매, 유모차, 손수레, 합판 위에 거리를 따라 끌려다니는 시체들에 별명이 붙었다. '미라' 또는 '고치'라는 별명이 붙었다. '강화된 보충 식품'은 배급 식량에 'UDP'라고 써 있다. 때때로 죽어가는 이들에게 "서서히 죽을 거야?Умрёшь днём позже"라는 작별 인사를 하면서 서로에게 "참호에서 죽지 말라"고 당부했다. 여기서 참호는 전선의 참호가 아니라 공동묘지에 새로 파낸 구덩이를 가리키는 말이었다.

시체를 수습하는 일을 하는 병사들은 눈 덮인 거리에서 쉽게 발견할 수 있도록 시신의 머리를 밝은색 천으로 싸는 작업을 '꽃을 모으는 일'이라고 불렀다. 이 모든 과정을 여느 때와 마찬가지로 독일 정보기관이 기록했다. 1월 12일자 보고서에 따르면, 슈타첵 대로에서 6명이 쓰러져 사망했고 시신은 그대로 방치되어 있었다. "이러한 사례는 너무 흔해서 아무도 관심을 기울이지 않는다."

사망률은 명확한 인구 통계를 따랐다. 1월에는 사망자의 73%가 남성이었고 5세 미만의 어린이 또는 40세 이상의 성인이 74%를 차지했다. 5월에는 과반수인 65%가 여성이었으며 그보다 약간 적은 59%는 5세 미만 어린이 또는 40세 이상 성인이었다. 10~19세 어린이는 12월 첫 열흘 동안 전체의 3%에 불과했지만 5월에는 11%를 차지했다. 따라서 한 가족 내에서 구성원의 사망 순서는 일반적으로 할아버지와 유아가 먼저, 할머니와 아버지(맨 앞이 아닌 경우)가 두 번째, 어머니와 나이가 많은 자녀가 마지막이었다.

한 가족 전체가 파멸에 이르는 시점은 마지막 식구가 너무 약해져 배급 줄에도 서지 못할 때였다. 따라서 가장(대개 어머니)은 자신이 더 많은 음식을 먹어 생존을 유지할 것인지, 아니면 가족 중 가장 아픈 구성원(대개 조부모나 자녀)에게 더 많은 음식을 주어 모두의 생명을 위험에 빠뜨릴 것인지를 선택해야 했다. 얼마나 많은 사람들이 자녀를 우선시했는지는 그들이 남긴 고아 수가 많다는 것에서 알 수 있었다. 운이 좋은 아이들은 보육원에 맡겨졌고, 운이 없는 아이들은 이웃에게 배급 카드를 도난당하거나 길거리에서 도둑질하다가 홀로 죽었다.

레닌그라드 사람들이 겪은 기아의 신체적 증상은 다리와 얼굴의 수포성 부종, 피부 변색이었다. 또한 치아 상실, 심장 약화도 흔했고, 여성의 경우는 월경을 멈추고 성욕이 사라졌다. 광학 엔지니어 드미트리 라자레프는 일기에서 설명했다.

> 당신은 밤새도록 추워서 이불을 끌어올려 덮습니다. 배고픔에 시달리면 위장이 공허함에 침을 삼켜야 합니다. 사소한 움직임도 어렵습니다. 침대에서 뒤집기 전에 힘을 모으는 데 시간이 오래 걸립니다. 일어나 옷을 입는 것도 힘듭니다. 자신의 호흡과 말소리가 마치 빈 그릇에서 울리는 것처럼 들리고 손과 발은 부어오릅니다. 당신은 모든 일의 방관자입니다. 친구나 동료를 만나면 인사할 힘조차 없습니다. 무표정하게 그를 바라보면 상대방도 같은 표정을 짓습니다. 왜 말하는 데 힘을 낭비하나요?

리디아 긴즈부르크는 다음과 같이 굶주림을 묘사했다.

> 마음은 몸을 따라 움직인다. 신발끈을 묶기 위해 의자 가장자리에 발을 올려 놓으려는 순간 관자놀이에서 쿵 소리와 함께 아찔한 기분에 휩싸였다. 몸은 통제불능 상태가 되어 빈 자루처럼 심연으로 떨어진다.

굶주림의 끝에서 환자들은 뺨이 움푹 패이고 멍한 눈빛이 되어 해골과 비슷해졌다. "그의 다리는 인공 팔다리처럼 움직였다." 인베르는 거리의 한 남성에 대해 썼다. "눈은 마치 홀린 것처럼 앞을 응시했다. 입술은 반쯤 열려서 커진 것처럼 보이는 이빨이 드러났다. 녹은 것처럼 날카롭게 깎인 코는 작은 상처로 덮여 있었고 끝은 약간 옆으로 구부러져 있었다. 이제 나는 '굶주림에 갉아 먹혔다'는 것이 무엇을 의미하는지 알 것 같다."

1월과 2월에 시당 위원회는 염소 정제 및 백신 제조, 약국 관리자의 책임, 배달되지 않은 우편물 분류, 고아원에 베개와 린넨 제공, 하수도를 위한 배관공 팀 구성, 병원에 13,000켤레의 양말 전달 등의 명령을 내렸다.

기능을 멈춘 많은 기관 중에는 소방서도 있었다. '박쥐'와 '스모커'[73]에 쓸 등유가 떨어지면서, 햇불로 사용된 종이와 나무 파편에 불이 붙어 며칠 동안 건물이 불탔다. 의료 서비스는 과부하가 걸렸다. "10월 25주년 기념 병원에서" 2월 12일 도시 소비에트 책임자인 포프코브에게 보고서를 보냈다.

> 1월 이후에 병동은 난방이 되지 않아 환자들은 담요는 물론 더러운 매트리스와 자신의 코트를 덮었습니다. 수술실은 텅 비었고 병원 바닥은 오물로 뒤덮

---

[73] 전기가 끊긴 후, 민간에서 만든 램프. 연기가 많이 난다고 해서 박쥐 또는 스모커라는 별명이 붙었다.

여 있습니다.

이 병원의 의사 181명 중 27명이 출근했고 간호사 298명 중 163명이 근무했다. 그리고 영안실과 시체 보관실에는 1천 구가 넘는 시신이 쌓여 있었다. 라루크푸스 아동 병원에서는 환자들이 한 침대에 두세 명씩 누워 잠을 잤다. 6주 동안 침구를 씻거나 교체하지 않았고 그 결과 이가 들끓었다. 처리를 기다리는 299구의 시체가 있었다. 에리스만 병원의 후문 밖에도 시체가 쌓이고 있었다. 영안실에서 시체들로 넘쳐나고 있었다. 인베르는 '매일매일'이라고 썼다.

8~10구의 시신이 날마다 들어온다. 관을 만들 재료가 없어서 시신을 침대 시트, 담요, 식탁보 때로는 커튼으로 싸기도 한다. 한번은 종이로 싸서 끈으로 묶은 작은 묶음을 본 적이 있다. 아이의 몸처럼 보인다. 눈 위에서 얼마나 섬뜩하게 보이는지!

에리스만 병원을 방문한 드미트리 라자레프는 넘쳐나는 오물통과 방문객을 묘사했다. 시 보건국에 따르면 1942년 1분기에 73개 병원에 입원한 환자 중 40%가 이 병원에서 사망했다. 기관마다 큰 편차를 보고했다. 칼 마르크스 병원은 1월에 입원한 환자 중 80%의 사망률을 보고했는데, 10월 제2어린이병원은 12%에 불과했다.

마리나 예루흐마노바는 병원 시스템이 무너지는 것을 지켜봐야 했다. 11월 16일 폭격을 맞아 전기 공급이 중단되고 난방, 조명, 스토브, 승강기가 모두 꺼졌다. 남아 있는 천(풀 먹인 식탁보, 웨이터의 흰색 재킷)도 곧 바닥날 것이다. 그래도 병원은 새해가 될 때까지는 상하수도가 제대로 작동했다. 그 후 병원은 빠르게 불결함과 무질서 속으로 빠져들었다. 환자들이 중앙 계단에서 소변을 봐서 병원은 '노란 얼음 산'으로 변했다. 죄수 출신인 제16대대의 군인들이 가장 큰 침실을 점령하고서 벨벳 커튼을 '해적선 선원처럼' 터번으로 둘렀다.

1월 4일, 하루 15시간씩 얼음으로 덮인 계단, 네 층을 오르며 뜨거운 물통을 나르던 마리나는 복통으로 쓰러졌다. 친절한 간호사가 소녀와 어머니를 호텔의 꼭대기에 있는 방으로 옮겼다. 회색으로 칠해진 벽은 서리로 덮여 있었고 실내 온도는 영하 11도였다. 그 방에는 오래된 서류로 가득 차 있었다. 마리나와 여동생은 서류를 훑어보다가 난로에 넣었다. 사촌인 열두 살짜리 레샤가 새해에 방문했다.

아이는 굶주림의 마지막 단계에 도달했습니다. 우리는 아이가 죽어가는 걸 보았지만 감정은 점점 무뎌졌습니다. 우리는 그저 하루하루 견디었습니다.

도시 전역의 학교, 공장, 은행, 우체국, 경찰서, 대학 부서 등 공공기관도 마찬가지로 운영을 중단했다. 라자레프는 "우리는 고개를 숙인 채 침묵 속에서 난로 주위에 앉아 있었다. 장작이 떨어지자 난로는 꺼졌다. 우리는 추위 속에서 점심 때까지 기다렸다."라고 말했다. "늙은 청소부가 방금 굶주림으로 죽었다."라고 게오르기 크냐제프는 12월 25일에 썼다. "그녀가 집에 가서 침대에 누웠고 팔을 뻗은 채로 한숨을 쉬며 죽었다고 들었다. 오늘 연구소에 들어갔을 때, 옆방에서 안전요원의 시체를 보았다."

라자레프는 학자들을 위한 아카데미 클럽을 이용할 수 있었다. 9월까지는 커피와 감자를 무료로 먹을 수 있었지만 새해가 되면서 스프와 달콤한 차로 바뀌었다. 라자레프는 '얼어붙은 홀에서'라고 썼다.

드디어 우리 차례가 되어 식당에 들어섰다. 얼어붙은 몸으로 테이블에 앉았다. 사람들은 각자 접시와 숟가락을 들고 식당에 오고, 백발의 교수는 음식을 가방에 숨기기 전에 접시를 깨끗하게 핥는다.

라자레프는 지뢰공으로 일하면서 식사를 제공받았고 따라서 아내와 딸에게 배급 카드를 전달할 수 있게 되었다. 레닌그라드 당위원회는 겨울 동안에 270개의 공장을 폐쇄했다. 1월에 어머니의 죽음으로 고아가 된 올가 그레치나는 미사일 공장에서 야간 보초를 섰다. 그녀는 텅 빈 작업장에서 책을 읽으며 두려움을 이겨냈다. H.G 웰스의 『우주 전쟁』을 랜턴 불빛에 비춰 읽었는데, 당직 근무자에게는 최고의 책이었다. 수고의 대가로 매일 새벽 2시에 수프와 카샤로 구성된 한 끼의 음식이 제공되었다.

1월 말까지 수도메흐 조선소 노동자 270명 중 47명이 사망했다. "2월에 몇 명이 사망할지는 아무도 모른다." 무단결근에 대한 처벌은 더 이상 효력을 발휘하지 못했다. 마르티 조선소에서는 2월 초 즈다노프에게 보고된 한 보고서에서 불만을 토로했다.

지구당 위원회는 이틀 동안 72명의 무단 결근자를 상대로 소송을 제기했습니다. 그런데 72건 중 절반은 증거 부족으로 다시 돌려보냈습니다.

아카데미아 생활은 오랫동안 계속되었다. 페르시아 학자 알렉산드르 볼디레프는 12월 말에도 에르미타주에서 강의를 하고 있었고 학생들이 리포트를 제대로 제출하지 않았다고 꾸짖었다. 니콜라이 푸닌은 11월 말까지 같은 일을 하고 있었다. 에리스만 병원의 블라디미르 가르신은 공습 기간에도 일상을 유지했다. 그는 삶이 나아갈 수 있는 유일한 방법은 계속 일하는 것이라고 생각했다.

일은 계속되나요? 네, 어떻게든 계속됩니다. 중요한 것은 포기하지 않는 것입니다. 시험도 치르고 발표도 하고 있는데 나쁘지 않아요! 결국 강의가 잘 돌아갔어요. 그리고 시험관인 제 조교는 부드럽게 그들을 구워삶지요. 어디서 그런 힘을 얻는 걸까요?

인베르는 병원의 공습 대피소에 있었다. 2월 9일, 작가 연합이 주최한 이틀간의 발트해 작가 회의에 참석한 그녀는 여분의 장갑과 스타킹을 챙겼다. 또한 구내식당에서 통조림을 달걀 두 개와 말린 치즈 한 조각으로 바꾸었으며, 개인 식량 비축품에서 초콜릿 한 조각을 꺼냈다. 에리스만에서 회의 장소까지는 두 시간이 걸렸다. 그동안 그녀는 폭설로 막힌 전차, 밤새 불타고 있던 건물, 파열된 소화전으로 인해 물에 잠긴 거리 등을 지나쳤다. 독서 및 보고로 가득 찬 하루가 끝나면, 그녀는 담배 연기가 자욱한 회의장의 침대에 누워 잠들었다. 이른 새벽, 나무를 쪼개는 소리에 잠에서 깼다. "Z가 쓸모없는 의자를 도끼로 부수고서 그 조각을 난로에 던지는 걸 지켜봤어요. 나는 다시 따뜻해져서 다시 잠이 들었습니다."

과학 아카데미에서 게오르기 크냐제프는 그 어느 때보다 더 '작은 반경'에 갇혀 있었다. 1월 6일 과학 아카데미 역사위원회가 예정된 회의에서 크냐제프는 '1925년~1951년 아카데미 부서장들의 역사'라는 제목의 보고서를 발표했다. 크냐제프는 일기에서 이제 일상을 회복하는 게 거의 불가능해졌다고 인정했다.

열다섯 살짜리 아들을 방금 잃은 여인을 보았다. 나는 그녀를 팔로 감싸 안아줬고 그게 내가 할 수 있는 전부였다.

에르미타주에서 직원들과 부양 가족(총 2천여 명)들은 12개의 궁전 방공호에 거주했다. 그들은 투탕카멘 양탄자와 금박의 궁전 가구가 있는 방에서 잠을 잤다. 창문이 벽돌로 막혀 있어 낮에도 실내가 어두웠다. 황토색으로 된 유일한 빛은 아이콘 램프인 '박쥐'에서 나왔다. 몇몇 여성 직원들은 정교회 결혼식 때 신랑과 신부의 길고 리본이 달린 웨딩 양초로 램프를 만들었다고 했다. 그래도 관장 로시프 오르벨리의 사무실은 네바 강변의 유람선 폴라스타에서 케이블을 통해 전기가 공급되었다.

봉쇄 해제 이벤트로 12월에 에르미타주에서 심포지엄이 열렸다. 티무르 시인 알리셰르 나바이의 탄생 500주년을 기념하는 행사였다. 페르시아 도자기가 전시되었고, 니콜라이 레베데프가 새로 번역한 나바이의 시를 낭독했다. 빛은 어둠과 싸우고 있었다. "우리의 현실에서 일에는 유일한 행복과 만족이 있다. 육체적으로 상황이 나빠질수록 어느 정도까지는 우리 마음이 더 밝아진다."

두 달 후 볼디레프는 굶주림과 이질로 인한 레베데프의 사망 소식을 들었다. 에르미타주 지하실에서 레베데프를 마지막으로 본 지 2주 만의 일이었다.

> **그들은 3번 대피소의 어둠 속에 누워 있었다. 목소리로 알아보고 나를 붙잡았다. 그네들은 250루불을 내게 건네면서 시장에서 빵과 양초를 사 달라고 했다. 그의 마지막 말은 다음과 같았다. "산드릭, 내가 얼마나 살고 싶은지!" 나는 그에게 아무것도 해줄 수가 없었다. 돈으로는 빵 한 조각도 살 수 없었기에.**

극장과 콘서트홀 중 일부나마 공연이 있었다는 건 사실이다. 뮤지컬 극장은 계속 문을 열었고 필하모니아에서 12월까지 콘서트가 열렸다. 시민들은 봉쇄 기간 동안 모두 2,500회 이상의 공연을 즐겼다. 음악원 지붕

위의 쇼스타코비치, 셰레메티예프 궁전 앞에서 보초를 서는 아흐마토바 등 전쟁에 맞서는 고고한 예술가들은 레닌그라드 정신의 구현이었다.

(행사를 위해 모스크바에서 날아 온) 바이올리니스트 다비드 오이스트라흐의 연주회에 온 청중은 너무나 건강해 보였다. 거리의 걸어다니는 시체들과 다르게 말이다. 열렬한 공산주의자조차 1942년 3월 오페레타 『선원의 사랑』 티켓을 사기 위해 몰려든 군중을 보면서 빵과 서커스를 떠올렸다. 마린스키 발레학교의 무용 교사였던 베라 코스트로비츠카야가 쓴 일기 중 가장 씁쓸한 기록은 다음과 같다.

> 발레학교 교장은 4월에 도시의 재탄생 축하 공연을 하고 싶었다. 도시가 텅 비어 있어서 콘서트에는 일반 관객이 없었다. 앞의 두 줄은 예술 행정가들과 스몰니와 당 조직의 대표들이 차지했다. 머리를 붉게 염색하고 모델처럼 차려입은 교장은 겨우내 목숨을 유지하느라 바빴던 아이들의 인사를 받으며 단상으로 나와 연설하기 시작했다.

레닌그라드의 식량 공급 책임자의 아내였던 교장 리디아 세브노브나 타게르는 새로 산 모자와 모피 코트를 과시했다.

가장 특이한 스토리는 파블롭스크 요새 뒤에 있는 시립 동물원 이야기일 것이다. 이 동물원은 포위 공격이 끝나기 전에 동물 58마리를 카잔으로 대피시켰다. 지역 소비에트는 건초와 채소의 특별 배급을 실시했으며 그 덕에 85마리의 동물을 살릴 수 있었다. 여우, 너구리는 감자와 채소를 피 국물에 담가두면 되었지만 호랑이, 부엉이와 독수리는 토끼 가죽에 꿰매어줘야 했다. 이듬해 여름, 동물원이 다시 문을 열었을 때 검은 독수리 베로츠카, 큰코영양 사일러, 곰 그리시카 등 살아남은 동물들은 유명해졌다. 단연 최고의 스타는 하마 크라사비차красавица, 즉 '미녀'였다. 소련에서 유일한 하마를 사육사 예브도키야 다시나가 겨우내 보살폈는데, 그녀는 네바 강에서 직접 길어온 물 40통으로 매일 하마를 씻기고 기름으로 문질러 하마의 피부가 갈라지는 것을 막았다.

이런 스토리는 깜깜한 어둠 속에서 한 줄기 빛과도 같았다. 영안실과 묘지는 도시 전체의 상황을 더 잘 보여준다. 전쟁 초기 몇 달 동안은 250여 명의 직원과 12대의 차량, 34마리의 말만으로는 업무량을 감당하기 어려웠다. 1941년 7월에는 3,688건(전쟁 이전보다 높지 않은 수치), 8월에는 5,090건, 9월에는 7,820건, 10월에는 9,355건, 11월에는 11,401건의 장례가 있었다. 대규모 사상자에 대비한 신규 매장지 8곳 중 2곳은 전선의 반대편에 있었다. 이송된 시신의 80~85%는 신원 확인을 거쳐 개별적으로 매장되었고 나머지는 경찰이 등록하고 사진을 찍었다.

12월부터 교외의 공동묘지로 가는 도로가 미라를 실은 썰매로 정체되었다. 묘지 직원 46명이 사망했기 때문에 매장 절차는 완전히 무너졌다. 그러자 '묘지 늑대'들이 지렛대를 가져와 빵이나 돈을 받고 무덤을 파겠다고 나섰다. 관은 임시로 대여할 수 있었고, 실제 무덤처럼 시신을 잠시 안치했다가 구덩이에 던져 넣기도 했다. 지난 3월 공동묘지에 아버지를 안치한 여성은 장례가 여의치 않자 공동묘지 가장자리에 다시 묻었다. 그녀는 무덤에서 나오는 길에 기괴한 광경을 목도했다. 담배를 입에 물고 수직으로 세워진 시체가 얼어붙은 팔을 뻗은 채 참호를 가리키고 있었다.

점점 더 많은 친척들이 장례 행렬의 이동 거리를 줄이기 위해 15개 지구에 새로 개장한 영안실까지 방문했다. 아래 글은 드미트리 라자레프가 1월 말에 사망한 장인을 처리하는 모습을 묘사한 것이다.

영하 35도의 날씨였다. 니나, 니카와 나는 알렉산드르비치를 수건으로 널빤지에 묶은 다음, 계단 아래로 내려 보냈다. 영안실에 도착한 우리는 달빛 아

래 산더미 같이 쌓인 시체들을 보았다. 새로 온 송장은 시체 더미 꼭대기에 던져야 했다. 우리는 썰매에서 시체를 풀고 들어 올리려고 했지만 성공하지 못했다. 힘이 없었다. 우리는 얼어붙은 배와 등과 머리를 밟으며 비틀거리며 시체 더미를 오르기 시작했다. 더 높이 올라가야 했지만 그럴 수 없었다. 마침내 절망적인 상황에서 살짝 밀었더니, 몸이 옆으로 움직이고 머리가 한쪽으로 흔들렸다. 동시에 문이 닫히고 무언가 덜컹거리는 소리가 났다. 몇 분 동안 우리는 어둠 속에 서 있었다. 문이 열렸다. 조심스럽게 서로의 손을 잡고 열린 곳으로 내려갔고 모두 안도의 한숨을 쉬었다. 그렇게 장례식은 끝났다.

    4월에 16개의 영안실이 더 문을 열었는데, 그중 몇 개는 알렉산드르 넵스키 수도원 예배당에 설치되었다. 시의 소비에트는 1월에 볼셰크틴스코예 공동묘지(스몰니 강 건너편), 노바야 데레브냐의 세라피모프스코예 공동묘지, 데카브리스트 섬의 옛 루터교 공동묘지, 피스카료프스코예와 보고슬로브스코예 공동묘지 등 북동부 교외에 더 큰 구덩이를 파라는 명령을 내렸다. 15개 지역 소비에트에서 팀을 꾸려야 했지만 실제로는 NKVD 군대와 민방위대에 넘겨졌다. 작업을 시작한 콤소몰레츠 굴삭기는 1.5미터 깊이까지 얼어붙은 땅을 파낼 수 없었기 때문에 대신 폭약과 함께 AK 굴착기를 사용했다.

    2월 2일의 두 번째 명령은 영안실과 병원에서 시체를 수거하기 위해 매일 60대의 트럭을 준비하는 것이다. 5톤 트럭은 한 번에 100구, 3톤 트럭은 60구, 1.5톤 트럭은 40구의 시신을 운반해야 했다. 운전기사들은 두 번째부터 빵 100그램과 보드카 50잔을 추가 인센티브로 받았다. 그 결과 2월 며칠 동안 매일 6~7천 구의 시신이 피스카료프스코예 공동묘지로 배달되었다. 시체를 통나무처럼 높이 쌓아 올린 5톤 트럭이 지나가는 모습이 보였다. 공동묘지에서는 굴삭기가 시체 반입량을 따라잡지 못해 엄청난 적체 현상이 발생했다. 당시, 피스카료프스코예 마당의 시체들이 2월의 경우 20,000~25,000구에 달하여 길이 200미터, 높이 2미터로 줄지어 쌓여 있었다. 3월에 벽돌 가마가 화장로로 전환되고 사망률이 감소했지만 대량 매장은 5월 말까지는 계속되었다.

  가장 큰 규모의 피스카료프스코예에서는 12월 16일부터 5월 1일까지 총 129개의 참호를 파고 메우고 다시 덮었다. 가장 큰 6번(깊이 4~5미터, 폭 6미터, 길이 최대 180미터)의 참호에는 각각 약 2만 구의 시신이 있을 것으로 추정되었다. 보고슬로브스코예의 참호에는 2월 5~6일 동안 6만 구의 시체가, 포탄 참호에는 1천 구의 시체가 묻혔다. 세라피모프스코예 공동묘지 북쪽 가장자리에 있는 18개의 대전차 도랑에는 1,500구를 추가로 수용했다. 총 662개의 대량 무덤을 도시에 만들었다고 보고했는데, 구덩이와 분지 등은 제외된 숫자이다. 레닌그라드의 봉쇄전 첫 겨울 동안 사망한 민간인 수는 약 50만 명으로 추산된다.

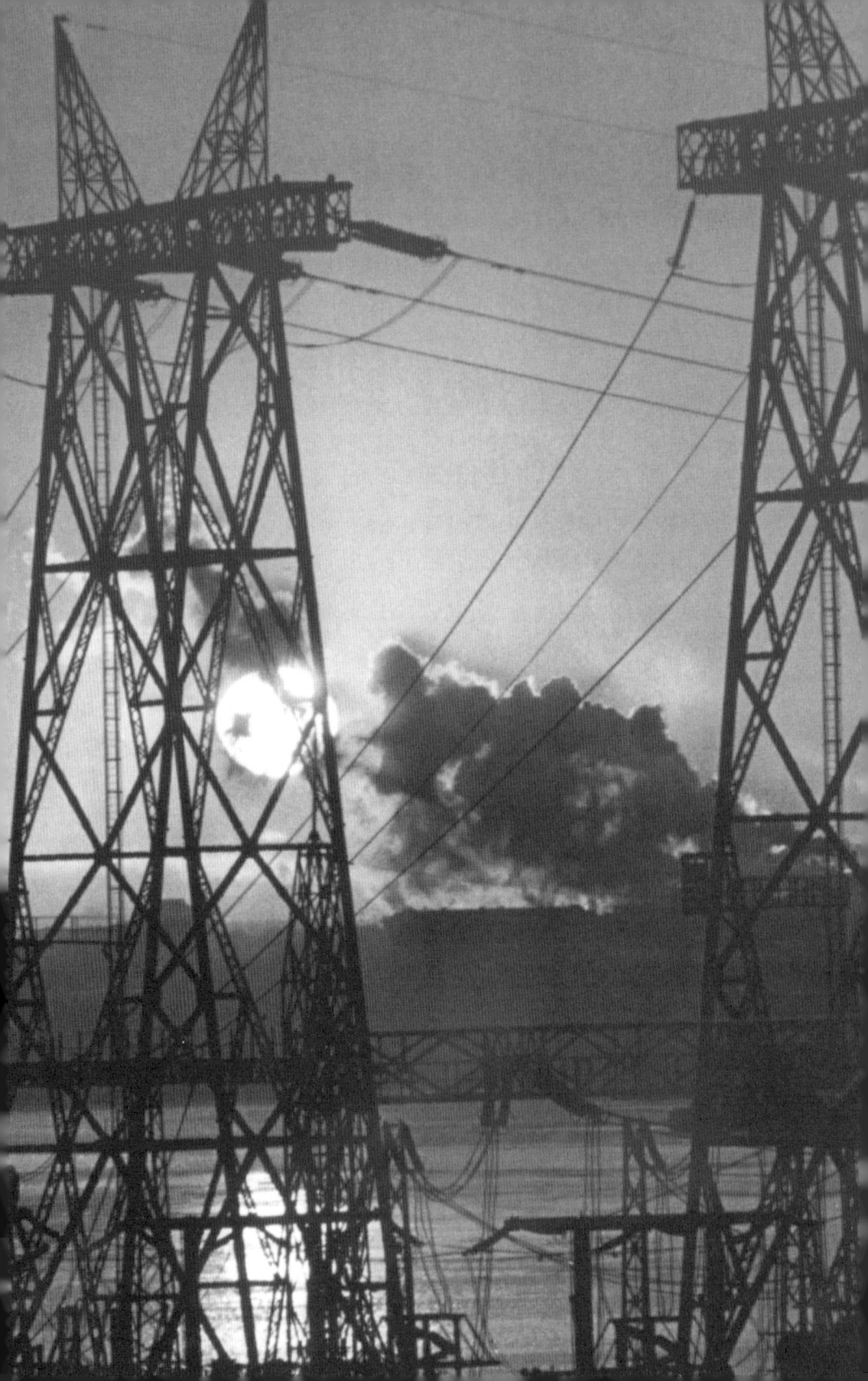

12. 우리는 돌과 같았다

We Were Like Stones

1942년 2월 17일, 알렉산드린스카야 광장과 넵스키 대로 모퉁이의 공공 도서관에서 관장 마리아 마시코바가 자리에 앉아 있다.

올가 페도로브나(시어머니)는 위독하다. 아샤는 어머니가 돌아가신 후 우리와 함께 이사했다. 그가 죽기 전에 친구가 배급 카드를 들고 튀었다. 카드 도난은 무섭고 흔한 일이었다. 인간의 고통에 대한 무관심만이 당신을 구할 수 있다.

이 시기를 살아간다는 것은 어떤 느낌이었을까? 많은 일기가 1월이나 2월에 끝나는데, 대부분 기력이 없어 글을 쓸 수 없거나 말을 잃은 상태였다. 어떤 사람들은 친척의 죽음에 대한 기록을 남기기도 했다. 또 다른 사람들은 올가 베르그골츠의 일기처럼 절망, 불신, 죄책감과 공포를 쏟아내었다. 봉쇄 생존자 중 한 명에게 당시를 어떻게 기억하는지 물어보면, 추위, 배고픔, 포탄, 화재 등을 토로한다. 어둡고 얼어붙은 집에 있던 시민들은 자신들을 원시인, 로빈슨 크루소, 극지방 탐험가에게 비유했다. 당시만 해도 무질서하게 느껴졌던 전쟁 전의 삶은 이제 리디아 긴즈부르크에게는 '동화'처럼 보였다.

> 수도꼭지의 물, 스위치를 누르면 켜지는 조명, 상점의 음식. 이 모든 것이 머나먼 과거의 일이다. 그 겨울 혼돈 속에서 주전자와 책꽂이까지 마치 포간키니 챔버의 전시물이나 콜로세움의 폐허처럼 그 의미를 잃어버릴 것 같았다.[74]

물리적 세계가 좁아지면서 감정의 폭도 좁아졌다. 살아남은 사람들은 자신을 '늑대처럼', 오로지 생존에만 매달리는 감정을 잃은 오토마타(자동기계)라고 묘사했다. 11월과 12월에는 낯선 사람이 길에 쓰러져 있는 걸 보면 멈춰서 도와야 할지 지나가야 할지 고민해야 했다. 1월과 2월에는 이런 기록이 거의 없다. 1월 13일 "점심을 먹으러 식당까지 갔다가 돌아오는 여정은 제 모든 힘을 소모합니다." 또 다른 일기장에 따르면 청소부들은 건물 문 앞에 앉아 있는 사람들에게 다른 데로 가라고 타박했다. 그런데 그 사람이 좋은 옷을 입었다면 관리인은 "나중에 옷을 가져갈 수 있기에 예의를 갖추고 의자를 제공할 것"이라고 말했다. 사랑하는 남편이나 부모의 죽음은 여분의 배급 카드가 생겨서 슬픔 속에 작은 위안이 되었다.

이제 사람들은 먹을 거 외에는 아무것도 생각할 수 없었다. 음식을 구하고 얼마나 오래 버틸 수 있을지 계산하는 것은 강박관념이 되었다. 길을 걸으며 긴즈부르크는 '공성전 인간'에 대해 이렇게 썼다.

---

74 Pogankiniy Chamber: 프스코프 박물관이 있는 러시아의 궁전

그는 아침이나 전날 먹은 모든 음식을 천천히 생각하고, 그날 무엇을 먹을지 고민하거나 배급 카드와 쿠폰 생각으로 바빴다.

어떤 사람들은 해바라기씨 오일에 빵을 담그는 모습을 상상하거나, 버터 롤을 씹는 자신을 상상하곤 했다. 같은 시기 콜리마 금광에서 굶주렸던 발람 샬라모프는 "우리는 모두 유성이나 천사처럼 날아다니는 호밀빵 덩어리를 꿈꾸었다."라고 썼다. 음식 때문에 새로운 에티켓이 생겨났다. 어떤 가정에서는 모은 음식을 한꺼번에 먹었고 또 다른 가정에서는 세 끼에 걸쳐 나눠 먹었다. 음식을 한데 모아 필요에 따라 나누거나, 각 가족 구성원이 '자신의 배급량에 따라' 먹을 수도 있었다. 음식 준비는 정교한 의식으로 발전했다. 질린스키 가족은 찻잎을 여러 번 사용한 후 소금과 섞어 숟가락으로 먹었다. 볼디레프의 '식사'에는 정해진 형태의 단어가 수반되었다. "차가 너무 차가워서 파리와 모기가 스케이트를 타고 썰매를 타며 컵 없이 스푼 없이 접시에서 바로 마실 수 있다." 이것은 그녀의 아버지가 수프 한 컵을 먹을 때마다 말하게 하는 만든 조악한 잰말놀이[75]로 약 5번 말하고 먹어야 했다. 주변의 혼돈에 대한 유치한 대응을 놓고 클라라 라흐만은 구걸하러 온 친구의 남편과 어머니에 대해 "이럴 때 부탁하는 것은 부끄러운 일이라는 것을 알아야 한다."라고 썼다. 라흐만의 아버지는 3월에 돌아가셨다.

사람들은 절박하게 벽지 밑바닥에서 마른 접착제를 긁어내 신발과 벨트를 끓였는데, 아문센 시대 이후 무두질 공정이 바뀌면서 가죽은 사실상 질기고 먹을 수 없는 상태였다. 암시장에서는 "불에 탄 바다예프 창고의 잔해를 파낸 것으로 추정되는, 설탕이 스며든 바다예프 흙"이 팔리고 있었

---

75 tongue twister: 뜻보다는 발음에 중점을 둔 말장난. "간장 공장 공장장은…" 등에 해당하는 말로 여기서는 아버지가 음식을 천천히 먹게 하려고 고안해낸 것이다.

다. 이고르 크루글리야코프는 다른 어린 소년과 함께 경비병들을 피해 흙을 파내려고 했다.

> 나는 설탕조각이라고 생각한 것을 찾아서 입에 넣었어요. 집으로 돌아오는 내내 빨았지요. 나름 달콤했어요. 우리가 집에 도착했을 때, 그걸 손에 뱉었죠. 그건 보통의 돌이였어요. 엄마는 물론 우리를 혼냈지만 내 감정을 다치게 하고 싶진 않았기에 거기에 얼마간의 설탕이 있었던 척했지요. 그녀는 그것을 물에 섞었고 우리는 달콤한 차를 마치는 척했지요.

1월에 옐레나 코치나와 남편은 친구들과 함께 이사했다. 2월 1일에 자신의 아파트를 다시 방문한 코치나는 문이 열려 있고 가구가 조각난 것을 발견했다. "왜 가구를 잘게 부수는 거죠?" 그녀는 옆집 여자에게 물었다. "추워서요. 정말 추워요." 옆집 여자는 단호하게 대답했다. "그런 상황에서 내가 뭐라고 대답할 수 있었을까요?" 옐레나가 나흘 후 돌아왔을 때 침대에는 시체가 있었다. "누구의 시신인지 묻지 않고 떠났지요." 이틀 후에는 2구가 더 있었다. "이웃들은 내 방에 영안실을 마련했던 겁니다. 내버려둬요. 사체를 누가 신경쓴다고."

레닌그라드 시민들이 비극의 규모를 깨달은 것은 장례를 준비해야 할 때였다. 3월에 아버지가 돌아가셨을 때, 드미트리 리하체프는 18세기 루블 동전으로 그의 눈을 가리고, 이불로 꿰매고 썰매에 묶어 두었다. 그리고 시체를 대성당으로 끌고 가서 신부님이 장례식을 하고 흙을 뿌렸다. 아들이 실종된 한 여성을 대신해 한 줌 더 뿌렸다. 그들은 수천 구의 시체가 공터에 쌓여 있는 영안실로 갔다.

올가 그레치나의 어머니는 1월 24일 자택에서 사망했다. 어머니에게 최고의 장례를 치르기로 결심한 올가와 남동생은 관리인에게 빵과 200루블을 주고 관을 구했다. 그들은 어머니의 숄에서 뜯어낸 레이스로 관 테두리를 장식하고 시트로 안감을 덧대었다. 올가는 넵스키의 꽃집에서 장식용 고사리를 한 다발 사기도 했다. "관이 좋아 보였어요."라고 그녀는 회상한다.

맨날 징징거리며 수프를 달라던 삼촌 세레자는 몇 주 후에 사망했다. 그들은 관을 썰매에 싣고 마야콥스키 거리에서 볼셰크틴스코예 공동묘지까지 끌고 갔다. 묘지에 가까워지면서 '이불이나 커튼에 싸여 길가에 방치된 미라'를 점점 더 많이 보게 되었다. 어떤 관은 소파로도 만들었다.

공성전 생존자들은 죽음에 대한 패턴, 즉 어떤 자가 죽고 어떤 사람이 살아남았는지 그 근거를 찾으려 했다. 어떤 사람은 '고귀하고 꼼꼼한' 타입의 시민이 적자생존에서 밀려났다고 설명한다. 다른 분석에서는 절제와 꼼꼼함이 생존비결이었다. 이를테면 머리를 감고 면도를 하고서 방을 청소하고 숯으로 이를 닦는다. 그리고 오물통이 넘치게 두지 않는 등 청결함을 유지하는 것이 중요했다. 한 블로카드니키[76]는 "씻는 것을 포기한 채, 배급받은 빵을 한번에 다 먹고서 담요로 온몸을 덮는 사람은 오래 살지 못한다."라고 말했다. 이러한 규율은 아이들에게도 적용되었다. 옐레나 코치나와 남편은 1월 말, 동료네 집으로 이사갔다. 감자싹처럼 창백한 아이들은 나란히 누워서 하루를 보냈다.

N.A의 아내 갈리아와 부모는 태엽 시계처럼 일한다. 매일 아침 그들을 깨워 하루 동안의 임무를 부여한다. 그는 빵을 책상에 보관하고 하루에 세 번 무게를 측정해 각자의 몫을 나눠준다.

---

76 Блокадник: 레닌그라드 공성전 생존자를 말한다.

리하체프 부부는 네 살배기 딸들에게 시를 암송하게 했다. 그들은 『예브게니 오네긴』의 타티아나의 무도회 장면과 아흐마토바의 시 「타타르 할머니께서 나에게 주었어요」를 암송하게 했다. 어린 소녀들은 '영웅처럼' 행동했다. "식탁에서 그들은 음식을 달라고 한 번도 요구하지 않았고 장난도 치지 않았으며 천천히 움직였다." 온종일 그들은 부르주이카 가까이에 앉아 손을 따뜻하게 데웠다. 얼굴과 손만이라도 매일 씻고 화장실 물이 얼면 5층에 살았기 때문에 가까운 다락방을 쓰는 것이 규칙이었다. (리하체프는 "다행히도 일주일에 한 번 또는 열흘에 한 번만 해도 되었다. 봄에 날씨가 따뜻해지면서 복도 천장에 갈색 얼룩이 나타났다. 우리는 정해진 장소에서만 볼일을 봤다."라고 썼다)

공동 아파트에 모여 사는 드미트리 라자레프의 대가족이 있다. 가족 중 두 명(가족 친구와 장인)이 겨울 동안 사망했고, 아파트는(예브로파에 있는 마리나 예루크마노바의 방처럼) 일종의 '방주'가 되었다. 그와 아내는 탐정 이야기를 소리 내어 읽거나 제스처 놀이를 하며 여섯 살짜리 딸과 아홉 살짜리 조카의 관심을 돌렸다. 딸이 기억하는 단어는 봉쇄를 뜻하는 '블로카다блокада'였다. '블로크Блок'는 알렉산드르 블로크의 시에 나오는 한 장면을 연기했고 '아드ад'는 러시아어로 지옥을 뜻하며 악마가 프라이팬에서 영혼을 지글지글 끓이는 장면을 연기했다.

일기와 회고록은 살아남은 가족들로부터 나온 것이다. 반응 없는 문, 어둠, 악취, 추위, 중얼거림 등 생존을 포기한 사람들에 대한 묘사는 거의 비슷했다. 마리아 마시코바는 혐오감과 동정심이 뒤섞인 채, 이웃을 기록했는데, 그들은 공공도서관 직원이었다. 이웃은 남편이 군대로 떠나고 딸이 끌려갈 때도 음식 말고는 아무것도 신경 쓰지 않았다. "남편이 집에 방문하면 빵을 가져갈지도 모른다는 생각에 겁이 났습니다." 또 다른 여성은 열 살짜리 아들이 배급 카드를 잃어버렸을 때 꼭지가 돌았다.

아들에 대한 사랑이 유난했던 어머니의 변화에 놀랐다. 이제 그녀는 굶주린 늑대에 불과했다. 매일매일 아들이 수프 한 숟가락을 먹을까 봐 두려워한다. 결국 그녀는 살아남았다. 아들은 그저 이웃들이 건네준 빵 한 조각을 먹고 있었다. 그녀는 화를 내며 외쳤다. "나는 배고픈데, 어떻게 저 애는 큰 빵을 목구멍으로 쑤셔넣고 있는지!"

이고르 크루글리야코프는 어머니와 할머니의 철두철미한 훈육 덕분에 살아남았다. 죽음에 관한 얘기는 절대 허용되지 않았고 그와 여동생은 매일 10분씩 눈밭에 서서 햇빛과 공기를 쐬어야 했다. 옆방의 부부가 다투다가 싸우고 누군가가 쿵쿵 벽을 치는 소리를 들었다. 그 소리는 엄마가 아기를 죽이는 소리였다.

알렉산드르 볼디레프는 궤양으로 병원에 입원해 있었거나 중앙아시아로 연구 여행을 떠나 있었기에 1936~37년의 대숙청의 위기를 잘 넘어갈 수 있었다. 전쟁이 발발했을 때 에르미타주 동료의 도움으로 징집을 피했다. 볼디레프는 봉쇄 기간에 인맥을 쌓아 연구소와 에르미타주에서 매일 '점심'을 먹었다. 에르미타주에서는 여름 휴가에 대한 보상으로 1,417루블을 받아냈다. 얼음으로 둘러싸인 배에서 선원들에게 '중앙아시아 형제민족의 문학', '오늘날의 아프카니스탄'에 대해 역사 강연을 하기도 했다. 그의 공성전 일기는 해야 할 일 목록이 있었는데 "수렁에서 수렁으로 뛰어넘는 것과 같다."라고 묘사했다. 하지만 희망(포위망이 곧 해제될 것이라는 희망)과 유머를 잃지 않았다. 2월 1일에 쓴 글에서 "눈에 띄는 것은 엉덩이가 사라진 것이다. 나는 지금 엉덩이가 전혀 없다. 골반과 엉덩이뼈가 의자에 부딪혀 철컹거리는 소리가 난다."

볼디레프는 여러 식당에서 수프와 젤리를 가져왔으며, 아내는 (추가 배급을 얻기 위해) 헌혈했고, 어머니는 빵을 배급받으려고 줄을 섰다. 무엇보다도 그들은 거래할 수 있는 귀중품을 물려받았다. 겨울 동안 그들은 식구들의 시계 세 개(볼디레프의 본인 것과 아버지의 유품, 아내의 론진 시계)를 밀가루 10킬로그램과 소고기 지방 5킬로그램에 팔았다. 호박색 담배 홀더(빵 200그램), 은색 디저트 스푼 2세트(빵 2킬로그램과 고기 700그램), 은색 크림 주전자와 설탕 그릇, 도자기 찻잔 및 어머니의 결혼반지를 팔았다.

밤에는 가구와 액자로 불을 지핀 난로 옆에서 소설을 읽었다. 12월 19일에 그는 『위대한 유산』을 읽고 감동받았다. 그 다음으로는 에드워드 불워-리튼의 『폴 클리포드』. 3월에는 모파상과 제임스 페니모어 쿠퍼의 『최후의 모히칸』을, 4월에는 조지프 콘래드의 『기회』를 읽었다.

레닌그라드 시민들은 독서를 통해 비참한 현실을 잊으려 했다. 긴즈부르크에 따르면 전쟁이 시작되자, 모든 사람이 『전쟁과 평화』를 열렬히 읽었는데, 그 이유는 "자신의 역할을 다하는 사람들에 관한 책이기 때문이다." 게오르기 크냐제프는 아내가 아카데미 배급소에서 빈손으로 돌아온 날, 세계사, 히타이트 그리고 프랑스 퇴폐파에 정신이 팔렸었다. 1월 14일 칠흑같이 어두운 오후, 베라 인베르는 클라멘트 티미랴제프가 쓴 SF 『태양, 생명 그리고 엽록소』를 읽고 있었다. 그녀는 일기에 '헤아릴 수 없는 나뭇잎의 표면'이라고 적었다. 폭격 풍선을 담당하던 중위는 쥘 베른의 『신비의 섬』을 읽고 아이디어—풍선 내부의 수소를 이용해 풍선을 지상으로 끌어올리는 엔진에 연료를 공급하는—를 얻었고 이를 성공적으로 실행에 옮겼다. "마시코바는 중고 서점을 뒤져 피난민이 급하게 팔고 간 서재에서 보물을 찾았다. 자신을 위해 헤르첸과 도스토옙스키를, 열 살 난 아들 선물용으로 쥘 베른의 『피사로』와 메인 리드의 『서부의 모험』을 구입했다. 당시 열 살이었던 또 다른 포위 공격 생존자는 푸시킨의 동화, 마크 트웨인의 『왕자와 거지』, 다윈의 『비글호의 항해』 같은 현실 도피성 책들을 회상했다."

레닌그라드 시민들은 글을 썼다. 크냐제프는 카달로그, 인베르는 시, 리하체프는 중세 노브고로드의 역사, 올가 프리덴베르크는 그리스 서사시의 기원에 대한 논문을 썼다. 안나 오스트로우모바 레베데바는 조카 페티야와 보바에게 정물화를 그려주며 생기를 불어넣으려 했다(보바는 사망, 페티야는 생존했다). 민속학자 미하일 스테블린 카멘스키는 그리스 문법을 공부하며 "가장 낯설고 먼 곳에서 삶을 관찰할 특별한 기회가 주어졌다."라고 자기 합리화를 했다. 그는 종종 전염병이나 기근이 창궐한 중세 러시아를 상상해 보곤 했는데, 이제 직접 눈으로 확인할 수 있게 되었다. 역사가들이 땅 위를 날아다니며 아이들을 낚아채고 불을 뿜는 용의 모습을 묘사한 것은 당연한 일이었다. 에르미타주 지하실에 살고 있던 고고학자 보리스 피오트로프스키는 호수 기슭의 사라진 7세기 왕국 우라르투의 역사를 썼다. 그는 여백에 "몹시 춥다. 글쓰기가 어렵다."라고 낙서했다. 동물원에서 니콜라이 소콜로프는 동물들의 포격에 대한 반응을 기록했다. 그는 개코원숭이가 풍선 폭격에 이미 익숙해져 탐조등과 조명탄에는 '호기심'만 보였다고 기록했다. 동물원의 곰은 '평화롭게 누워 발을 빨고' 완전히 둔감했다고 썼다.

책은 읽거나 쓰는 것뿐만 아니라 연료로도 사용할 수 있었다. 프리덴베르크는 "회고록과 마루판을 태워 몸을 따뜻하게 했다. 역사책은 주전자 물을 끓이기에 적합하다." 볼디레프는 자신의 책을 가구와 마찬가지로 보관·판매·소각의 세 가지 범주로 분류했다. 리하체프는 혁명 이전 두마의 회의록을 차례차례로 난로에 넣었고 마지막 편만 남겨두었다. 올가 그레치나는 삼촌의 로마법 책을 불태웠는데, 19세기 종이가 소련의 어설픈 종이보다 더 오래 탄다는 것을 알게 되었다. 다른 가족은 참고 문헌과 매뉴얼로 시작해서 독일 고전으로, 셰익스피어로 마지막으로 푸시킨과 톨스토이의 파란색과 금색 정장본으로 넘어갔다.

수많은 일기에 공통적으로 나오는 표현은 라디오에서 얻은 '위로'였다. 전쟁 발발과 함께 라디오가 압수되었기 때문에 아파트와 공공 장소에 설치된 40만 개 이상의 유성 확성기로 방송을 들었다.[77] 라디오 하우스의 시립 방송국은 대량 사망자가 발생한 겨울 내내 방송을 멈추지 않았다.

12월 7일에 방영된 「레닌그라드의 친구에게 보내는 편지」라는 제목의 청소년 대상 프로그램은 열여섯 살의 클라라 라흐만을 기쁘게 했다. "정말 멋진 편지예요!"라고 그녀는 일기장에 적었다. "제가 기억할 수 있는 모든 것을 적어두겠어요." 작가 레프 유스펜스키는 라도가에서 담배를 피우다가 그의 머리 너머로 '레닌그라드의 목소리'가 메아리쳐 울리는 것을 듣고 놀랐다. 전신주에 부착된 확성기 사이의 시간차는 단어를 중첩시키고 저 멀리서 희미하게 사라졌다.

가장 많이 듣는 방송은 매일 오전 11시와 오후 11시에 방송되는 소빈포름부로 뉴스 속보였다. 붉은 군대의 1월 공세에 맞춰 라디오를 장만한 프리덴베르크와 어머니는 아나운서의 말 한마디 한마디에 눈물을 흘렸다. 그들은 그 보도가 진실이 아니라는 것을 알았지만 "그럼에도 듣고 믿었다."

베르그골츠의 자작시—특히 1942년 2월 붉은 군대의 날을 위해 의뢰받아 쓴 「2월의 일기」—낭독은 애국심과 사적인 감정을 결합하여 환영받았다. 한 생존자는 이 시가 머릿속에서 떠나지 않았다고 회상했다. "대사를 중얼거리며 따라 걸었죠. 포격 때 도서관 지붕에 올라가서 서 있어야 했을 때, 그 구절을 외워두는 것이 큰 도움이 되었습니다." 또 다른 학생은 "우

---

77   이 시스템에 히틀러가 감탄해서 모든 우크라이나 마을에 확성기를 설치할 계획을 세웠다. 이 시스템은 뉴스를 방송한 것이 아니라, 흥겨운 음악을 방송해서 우크라이나 사람들에게 '춤출 수 있는 많은 기회'를 제공했다.

울해하는 나를 벗어나게 해줬습니다."라고 감회를 밝혔다.

다른 인기 프로그램으로는—전쟁이 끝난 후에도 오랫동안 계속된—어린이들을 위한 창의적인 잡지 특집인 캠프파이어가 있었고, 1942년 봄부터는 레닌그라드 시민들의 사기를 북돋우기 위해 「전선과 주고받는 편지」가 시작되었다. 라디오 하우스는 또한 레닌그라드를 포위하고 있는 나치를 회유하기 위해 독일어 방송도 했다. 오스트리아 공산주의자인 에른스트와 프리츠 푹스 형제가 진행하는 프로그램에는 독일군 포로들의 인터뷰와 죽은 병사들의 주머니에서 발견되었다는 '고향에서 온 편지'가 실렸다. 한 편지는 독일의 크리스마스를 서정적으로 묘사했다. "크리스마스 비스킷의 냄새를 기억하십니까? 향신료, 건포도, 바닐라? 따뜻함과 크리스마스 양초의 타닥거리는 소리를?"

12월과 1월에는 프로그램이 하루에 몇 시간으로 줄어들었다. 그 틈을 타 라디오는 메트로놈의 잔잔한 똑딱거림을 분당 50회씩 방송했는데, 여전히 작동하는 레닌그라드의 심장, 일상이 무너지지 않은 채 앞으로 나아가는 시민들을 상징하는 것이었다. 라디오 하우스가 정확히 무엇을 내보내는지는 중요하지 않았다. 중요한 것은 도시라는 유기체가 살아 있다는 점이었다. 이반 질린스키는 매일 기록을 남긴 작가 중 한 명이었다.

―

레닌그라드 사람들이 신앙으로부터 얼마나 많은 위안을 얻었는지는 정확히 알 수 없다. 1930년대 후반 스탈린이 수천 개의 교회와 수도원을 폐쇄하고 수도사, 수녀, 사제들을 처형, 투옥 또는 추방하면서 종교는 지하로 밀려났다. 전쟁이 시작될 당시 레닌그라드 교구의 교회는 21개에 불과했고 나머지는 영화관이나 박물관으로 바뀌었다. 다채로운 모자이크로 가득 찬 '피의 구세주 대성당'은 아이러니하게도 전쟁 발발로 인해 철거를 피할 수 있었다.

독일이 침공하자 스탈린은 정교회(가톨릭, 침례교, 루터교는 제외)를 허용했다. 일부 교회가 다시 문을 열었고, 알렉세이 대주교는 알렉산드르 넵스키를 언급하는 애국적인 호소문을 발표했다. 성직자들은 장례식을 치르고 (리하체프의 아버지의 예처럼) 마지막 미사도 허용되었다. 정교도의 지하 무덤은 폭탄 대피소와 등유, 장작, 온수 및 의류를 배분하는 장소로 사용되었다. 시인 요제프 브로드스키는 프레오브라첸스키 대성당의 예배소에서 공습을 피했다. 레닌그라드 교회는 또한 1941년 말까지 200만 루블이 넘는 돈을 모금하여 드미트리 돈스코이[78] 탱크 기금과 알렉산드르 넵스키 공군 기지에 기부했다. 20만 명에 달하는 유대인의 코랄 회당도 마찬가지였다.

반면 다른 종교는 여전히 무자비한 탄압을 받았다. 1942년 여름의 지하단체가 대표적인 사례다. 소련 국가보안위원회 NKVD의 사건 보고서에 따르면, '반혁명 활동'으로 복역한 클라브디 대주교가 이 종교집단을 이끌었다고 한다. 대부분 무직인 그의 추종자들 중에는 '쿨락(Кулак 대농)', '전직 수녀', '간호사' 등이 있었다. 범죄 혐의는 혁명 이전의 생활을 찬양하고, 소련의 정책에 불만을 표출한 것 등이었다. 이들의 운명은 알 수 없지만 1942년 시베리아로 추방된 베르그골츠의 아버지의 운명과 비슷했을 것이다.

유대인으로 공산주의자였던 베르그골츠는 혁명이 왜곡된 결과가 포위전이라고 생각했다.

> 우리는 얼마나 불행한 사람들인가! 무엇을 헤매고 있는가? 나는 내 삶을 끝내야 했다. 그것이 정직한 일이었을 것이다. 우리는 파시즘을 파괴하고 전쟁

---

[78] 드미트리 돈스코이는 모스크바 대공국의 대공이다. 1380년 9월 8일 돈강 상류에서 일어난 쿨리코보 전투에서 그가 모스크바 대공국을 지배하던 킵차크 칸의 군대를 물리쳤다. 이후 드미트리 대공은 '돈강의 드미트리'라는 뜻을 가진 드미트리 돈스코이라고 불렸다.

을 끝내야 한다. 그리고 우리 자신을 바꿔야 한다. 왜 사는가? 오, 신이시여! 우리의 고통이 충분치 않습니까? 더 좋은 일은 일어나지 않을 것이다.

에스토니아의 탈린에서 온 친구는 "20년 동안 우리가 저지른 잘못에 대한 대가를 치르고 있다."라고 중얼거렸다. 다른 사람들은 두려움과 고통이 커지면서 신앙으로 돌아갔는데 당원들은 공습 대피소에서 기도를 하거나 십자가를 지니기도 했다. 1월이 깊어갈 무렵—투르게네프, 톨스토이, 체홉을 숭배하는—게오르기 크냐제프는 '갈릴리에서 온 사랑과 자비의 놀라운 스승, 그리스도'에 의지해 18시간 묵상했다. 또한 아내와 함께 죽음을 맞이한 화가는 불타는 천사와 해골 같은 머리의 그리스도 모습과 보호의 베일을 펼치는 성모 마리아를 아파트의 마당에 그렸다. 옛 신자들과 제칠일 제7일안식일 예수 재림교회 신자들은 비밀 예배를 계속했다. 감옥에 갇힌 성직자 남편을 위해 어머니는 여섯 자녀를 바닥에 무릎 꿇게 하고 오랫동안 기도했다. 아이들이 쇠약해지자 베개 위에 무릎을 꿇고 기도하게 했다. 그 결과 6명 중 2명은 사망했다. 레닌그라드에는 니콜라스 2세 통치 기간에 지어진 모스크와 웅장한 불교 사원에는 수천 명의 무슬림과 불교 신자들도 비밀리에 예배드렸다. 요컨대, 종교적 신앙은 포위 공격 기간의 위험한 위안이었다. 이 모든 게 일시적인 조치였다는 걸 시민들도 알고 있었다. 1942년 초에 문을 연 보육원의 열 살짜리 소녀는 어느 날 밤, 잠에서 깨어난 담임 선생님이 기숙사 창문 앞에 무릎을 꿇은 채, 고개를 숙이고 있는 모습을 목격했다. 담임 선생님은 실종된 아들을 위해 기도하고 있다고 속삭이면서 지금 본 것을 아무에게도 말하지 말라고 간청했다.

13. 스뱌지

Свя́зи

소련에서 '인맥'이라는 뜻의 스뱌지는 줄서기, 뇌물 수수 등을 결합한 단어로, 시민들은 이를 통해—국가의 상품 및 고용 독점을 피해—일자리와 대학 입학부터 감자 한 통이나 신발 한 켤레에 이르기까지 많은 것을 얻을 수 있었다. 공성전의 도시에서는 스뱌지가 삶과 죽음을 갈랐다.

레닌그라드 시민의 굶주림에 대한 첫 번째 방어선은 가족이었고 두 번째는 친구였다. 특히 지식인들끼리는 여러 세대에 걸쳐 고양된 우정이 놀라울 정도였다. 홀로 된 안나 오스트로우모바 레베데바는 남편이 일하던 화학 연구소의 옛 동료들로부터 따뜻한 음식 선물을 받았다. 그녀는 1942년 새해 첫날의 일을 기록했다. "내 친구가 오늘 방문했다. 그는 키셀(걸쭉한 과일 음료)을 만들어 먹으라고 한 줌의 오트밀을 가져왔고 이반 예벨리아노비치는 세 마리의 스프랫(청어과의 물고기)을 가져왔다. 두 사람은 몇 주 후 다시 나타났는데, 빵 200그램, 말린 양파, 겨자가루, 작은 고기 한 조각, 말린 흰 버섯 네 개와 (가을 이후로 처음 본) 얼린 감자 네 개를 들고 왔다."

한 포위 공격 생존자는 옆집의 10대 소녀가 목재소에서 일하며 챙겨온 장작을 그에게 주었다고 회상했다. "많은 양은 아니었지만 우리에게는 모든 것이었다."

열아홉 살짜리 올가 그레치나는 1월과 2월에 거리에서 같이 걷게 된 낯선 사람들과의 대화를 통해서 위안을 얻었다.

낯선 사람에게 나의 모든 것을 말하고 싶은 욕망은 처음이다. 작별 인사를 나누며 서로에게 동행해줘서 고맙다는 인사를 건넸다. 내 불행한 이야기를 들은 여인들은 결국 모든 것(집, 교육, 친구)이 다시 돌아올 것이라며 위로했다. 나는 살아가는 데 필요한 비타민을 발견했다.

레닌그라드 사람들의 가장 중요한 스뱌지의 고리는 직장이다. 노동자 배급 카드를 받는 것뿐만이 아니라 식사, 땔감, 식량 소포, 그리고 요양소의 침대를 이용할 수 있게 된다. 모든 직장이 평등했던 것은 아니었다. 방산 공장이 배급이 가장 좋았지만 폭격을 많이 당해서 노동자들이 더 빨리 죽기도 한다. 스탈린 금속 공장의 사망률은 약 35%, 남부 교외의 키로프 공장 사망률은 약 25%에서 34% 사이였다.

무단결근은 형사 처벌이지만, 대량 사망이 발생하면서부터 규칙은 지켜지지 않았다. 직장에 나오지 않은 직원은 병자로 등록되어 카드를 보관했기 때문에 1942년 1월에는 837,000명이었다. 공식적으로 270개의 공장이 문을 닫았음에도 시민들은 여전히 노동자로 등록되어 있었다.

엘레나 스크랴비나는 1942년 1월 15일에 '친구'란 제목의 글을 통해 "재봉 작업장에서 일할 수 있는 자리를 찾았다. 이것으로 나는 첫 번째 배급 카테고리에 속할 수 있었다. 작업장에서는 할 일이 없었다. 그럼에도 같은 배급량을 주었다. 그래서 더 많은 빵을 받았다."라고 썼다.

라디오 하우스는 스몰니의 12번 매점에서 밀반입한 음식을 인텔리들에게 배분하는 곳이었다. 설탕 몇 덩어리, 고기 패티 몇 개, 카샤 한 그릇 정도였지만, 유리 마코고넨코는 "우리에게 끼친 영향은 어마어마했다"라고 회상했다. 라디오 하우스 직원들은 모스크바에서 두 번의 특별 배달을 받았는데, 첫 번째는 2월 말 라도가 호수의 얼음 위로 트럭으로 몰고 온 베르그골츠의 여동생 마리아가 준 것이었다. "나는 그 애가 자랑스럽고 놀라웠다. 나의 멋진 투쟁하는 무스카!"

베르그골츠는 모스크바에서 『2월 일기』를 낭독하는 동안 레닌그라드로 갈 음식과 의약품을 모았다. 베르그골츠는 3월 25일에 "즈다노프가 레닌그라드에 소포 발송을 금지했다."며 분개했다. "이 멍청한 조치 덕분에 우리는 라디오위원회Радиокомитет에 아무것도 보낼 수 없다." 그러나 탄원은 소용이 없었다.

> **오늘은 위원장인 폴리카르포프와 약속이 있었다. 우리에게 음식을 보내 달라고 요청했고, 그 관료는 "정부는 누구를 도울지 알고 있다."는 식의 쓰레기 같은 말로 답을 했다. 여기서 '시민'은 즈다노프겠지!**

베르그골츠는 라디오 하우스에서 일할 수 있어서 친구들도 도울 수 있었다. 마리아 마시코바가 수혜자였다. 베르그골츠는 모스크바에서 온 첫 번째 라디오 하우스 보급품에서 수하리(대추야자), 오렌지, 비스킷, 수프 가루, 쌀, 메밀, 소시지, 초콜릿, 보드카, 담배, 비타민 C팩을 주었다. 마시코바는 저녁 식사 후 일기에 썼다. "마법 같았다. 친구들과 함께 앉아 빵을 아이들이 마음껏 먹는 걸 보게 되다니. 이런 게 행복이 아닌가?"

또 다른 부러움의 대상은 베라 케틀린스카야의 작가 조합이었다. 1월에 그녀는 트럭을 '본토'로 보낼 수 있는 허가를 받았다. 모스크바로 나가는 길에 작가의 가족을 대피시켰고, 돌아오는 길에는 '문학의 밤'을 열어준 보상으로 집단 농장 노동자들이 준 100,000루블 상당의 음식을 받았다. "어려운 시기에도 당과 소비에트 정부는 항상 문학을 특별히 돌보아왔습니다. 우리는 '레닌이 고르키와의 대화에서 작가들과 과학자들을 살려야만 한다'라고 했던 것을 기억하고 있습니다. 우리는 이 여행 금지에 예외를 만들어 달라고 간청했습니다." 로비는 효과가 있었고, 이른 봄에 작가 연맹의 식당에서는 매일 보리 수프, 보르시, 카샤, 디저트가 제공되었다.

작가 조합원은 모스크바 본부에서 특별 음식 배달도 받았는데, 베라 인베르는 3월에 받았다. "음식 박스를 보고 감동했어요. 양손에 연유 통조림을 하나씩 쥔 채, 내려놓을 수가 없었어요." 초콜릿, 버터와 보존 식품이 들어 있는 소포는 연공 서열에 따라 배분되었다고 리디아 긴즈부르크는 회상했다. 활동에 적극적인 작가들은 각각 2킬로그램을 받았고 덜 활동적인 작가들은 1킬로그램, 나머지 작가들은 전혀 받지 못했다. 발레리안 보그다노프 베레좁스키는 "굶주린 다른 조합원을 인정해 달라고 조합장에게 애원했다."라고 한다. 결국에는 1등급 배급 카드 11장과 아스토리아 호텔에 마련된 요양소 침대 3개를 추가로 확보할 수 있었다.

라비노비치(결핵으로 오랫동안 아팠음), **데셰보프**(이미 거의 움직일 수 없었음), **미클라셰프스키**, 모두 최악의 상태였다. 죽음의 위협이 얼마나 가까이 있는지에 대한 객관적인 지표에 따라야 한다.

2월 말까지 노조 조합원 80명 중 21명이 보그다노프 베레좁스키의 공식 보고서에서 '이질'이라고 부르는 병으로 사망했다. 그의 어머니, 여동생, 형부, 장인, 조카도 마찬가지였다.

야신스키의 죽음을 기억한다. 한 번은 담요를 어깨에 두른 채, 책더미에서 나와 "지금이 몇 시냐"고 흐릿한 목소리—영양실조에 걸린 사람들은 성대가 위축되어 목소리가 흐려진다—로 물었다. 로비의 창문에 판자가 붙어 있어서 몇 시인지 알 수 없었다. 짐꾼, 관리인, 청소부도 이렇게 죽었다. 그들은 소집되어 가족과 생이별한 후 영하 30도의 추위 속에 버려졌다.

1942년 1월 카닐로프는 친구들에게, 자기 가방을 귀중품으로 가득 채워준다면 트럭에 태워주겠다고 제안했다. 노란 가죽으로 된 고풍스런 가방도 원래 그의 것이 아니었다. 더 많은 푸시킨 하우스의 귀중품은 인근 잠수함의 선원들이 훔쳤는데, 이들은 카닐로프에게 수프와 전등을 주는 대가로 투르게네프의 소파와 침대를 가져갔다. 봄이 되어 네바 강이 녹자, 선원들은 짐을 최대한 많이 가지고 연구소를 떠났다고 리하체프는 기억했다. "그들이 떠난 후 바닥에서 금박을 입힌 명판을 발견했다. 차다예프[79]의 시계였다. 시계 자체는 사라진 상태였다. 이제 그 시계는 어느 해저에 놓여 있을까?"

레닌그라드의 참호에서 병사들의 최전선 생활은 매우 힘들었다. 그들은 장거리를 행군해야 했으며 얼어붙은 땅에서 참호를 파야 했다. 눈 속에서 잠을 청하며 머릿니와 사투를 벌였다.

도시에 주둔하는 장교의 아내나 애인은 잘 먹었기 때문에, '국방 여성'이라는 원망에 찬 별명을 얻었다. 그중 한 명은 아카데미아 건물의 게오르기 크냐제프의 옆집에 살았다. 군 엔지니어의 아내인 이웃은 소량의 빵, 설탕, 쌀을 이웃의 식탁보, 수건, 카펫, 전등과 교환했다. "굶주린 레닌그라드에도 '잘 먹는 사람들'은 따로 있었다."라고 크냐제프는 우스갯소리로

---

[79] 표트르 차다예프(1794~1856) 러시아의 철학자로 서방 국가보다 뒤처진 러시아의 후진성을 비판했다.

말했다.

1942년 2월 초, 고운 얼굴에 제복을 입은 장교가 옐레나 스크랴비나의 집 앞에 나타나 피난 서류를 건네주었다. "뽀얀 피부의 화사한 그는 다른 존재처럼 보였다. 권력을 가진 사람들이 얼마나 다른 세상에 사는지 백 번도 더 생각하게 된다." 군인들은 공성전 역사학자들이 '구세주 스토리'라고 부르는 생존자들의 이야기에서 주인공으로 등장한다. 11시에 식량꾸러미를 선물로 들고 나타난 낯선 이들에 대한 이야기다. 공성전 신화—한 역사학자는 이를 1차 대전의 '몽스의 천사'[80]에 비유하기도 한다—의 일부이긴 하지만, 상당수는 명백한 사실이다. 이고르 크루글리야코프는 새해 직전이나 직후에 장밋빛 얼굴의 젊은 파일럿이 문을 두드렸다고 기억한다. "그는 아버지 주님으로부터 두 개의 상자들을 가져왔습니다. 한 상자에는 버터와 밀가루가 들어 있었고 다른 상자에는 대추야자가 가득했습니다." 스크랴비나의 가족은 어느 날 소금에 절인 양배추 한 통을 들고 문 앞에 나타난 낯선 군인에게 구원받았다.

최전선으로의 위문은 종종 호화로운 식사를 대접받기 때문에 모두가 달려들었다. 12월 중순에 군인들을 접대하던 어떤 여배우는 '애국전쟁 영웅 140인'을 기념하는 연회의 메뉴를 기록했는데, 1인당 술 100그램, 맥주 2잔, 빵 300그램과 흰 롤빵 1개, 소금에 절인 돼지 지방 50그램, 고기 패티 2개, 우유와 코코아 한 잔, 해바라기씨, 벨로모어 담배 한 갑, 성냥 한 상자였다. 그녀는 400그램의 과자를 집으로 가져갈 수 있었다.

베라 인베르는 1942년 2월 면도기와 자동 소총 5정을 들고 볼호프 전선을 방문한 대표단에 합류했다. 아침 식사로 그녀는 죽과 빵, 버터 덩어리를 받으며 감격했다. "이 얼마나 놀라운 일입니까! 다음에는 숟가락을

---

80 '천사'는 1914년 8월 영국군이 몽스에서 퇴각하는 동안 하늘에 나타나 철수를 보호했다고 알려져 있다. 이 전설은 1914년 9월 29일 이브닝 포스트에 게재된 아서 마첸의 단편 소설에서 유래되었다.

가져와야겠어요."

11월과 12월에도 약 100명의 노동자 대표단이 비슷한 위문을 다녀왔다. 다른 민간인들도 군함에 몸을 실을 수 있었다. 그들은 선원들에게 책을 읽어주거나 강연을 하면서 생계를 유지했다. 반면 최전방 병사들의 고향 방문은 금지되어 있었다. 새벽에 혼자 이동하는 남자는 강도나 살인의 표적이 되었기 때문에 두 배로 위험했다.

생존을 보장하는 가장 확실한 길은 식품 가공이나 유통업에 취업하는 것이었다. 이런 직업을 가진 사람은 굶어 죽는 경우가 거의 없었다. 크룹스카야 과자 공장의 직원 713명 전원이 살아남았고 4번 제과점과 마가린 공장의 직원들도 마찬가지였다. 발티카 빵집에서는 276명에서 334명으로 늘어난 노동자 중 27명만 사망했고, 희생자는 모두 남성이었다. 식당 웨이트리스와 빵집 판매원은 '뚱뚱한' 걸로 악명이 높았다. 공중목욕탕에서 출산한 여성은 무료 급식소나 어린이집에서 일한 것으로 추정된다. 1942년에 출산한 여성들도 식품 공장이나 식당 출신으로 보였다(포위전 동안 체크리조프가 본 임산부는 조선소 식당의 웨이트리스 두 명뿐이었다).

암시장에서 가장 많이 팔리는 품목이 최신 유행의 여성복이라는 사실은 우리에게 많은 점을 시사해준다. 스크랴비나는 드레스 원단과 쉬폰 블라우스를 빵과 쌀로 교환했다. 볼디레프는 학자 건물의 '부엌의 차리차'[81]에게 레이스 손수건과 노란 실크 폼폼을 뇌물을 주었다. 리하체프의 아내는 시트니 시장에서 드레스 두 벌을 빵 1킬로그램과 소고기 덩어리 1,200그램에 팔았다. 1942년 여름의 단속에도 불구하고 포위 공격 기간 내내

---

81   여자 차르

식량 유통 시스템 내에서 절도와 부패가 계속 성행했다. 그해 9월에 한 시민이 친구에게 보냈던 것 중 NKVD가 가로챈 편지에는 다음과 같이 불평이 적혀 있었다. "배고픔이 뭔지 모르는 사람들이 있는데 그들은 확실히 염치가 없다. 어느 상점에서나 판매원을 보면 한쪽 손목에는 금시계를, 다른 쪽 손목에는 팔찌를 차고 있다." 보안 요원들은 열흘 동안 접수된 10,820건의 신고 중 비리는 단 1건이라고 보고했다. 내부 고발은 무의미했다. 라자레프의 부인이 병원 식당의 부정한 우유 배급을 신고하자 그녀에게 돌아온 것은 병원 텃밭에서 하루 12시간씩 중노동하는 것이었다.

당 본부의 보좌관들은 굶주림과 거리가 멀었다. 제보자는 1월 말 어떤 여성이 줄을 서 있는 이웃에게 "만약 그들이 빵 없이 하루 이틀을 보낸 적이 있다면 우리에게 좀 더 관심이 있었을 거예요."라고 말했다. 다른 사람이 말했다. "그들의 포동포동한 얼굴을 보세요. 정말 불공평해요."

사실 당원들은 일반 시민들보다 훨씬 윤택한 삶을 살았다. 1942년 상반기에 당원 1만 7천명(전체 당원의 1%)이 굶어 죽은 것으로 추정된다. 이는 전체 민간인 사망률 30~40퍼센트의 절반 이하에 해당하는 수치이다. 물론 당원 대부분은 젊은 남성이거나 중년의 남자였기에—노인이나 어린이가 포함되지 않았다—직접적인 비교는 어렵다. 어쨌건 당 간부들의 식량 공급은 모든 면에서 좋았다. 도서위원회 회의에 참석한 리하체프는 "식당 냄새가 났다."라고 말했고, 한 붉은 군대의 보급 장교는 배송하고 남은 훈제햄, 철갑상어, 캐비어를 간부들의 가족에게 전달했던 기억을 떠올렸다.

노동조합 프로프소유즈의 관리인 니콜라이 리브코프스키의 증언은 흥미롭다. 전쟁이 시작될 당시 서른여덟 살이었던 그는 대숙청에서 살아나 선배들의 빈 자리에 재빨리 올라섰다. 1941년 12월 초 스몰리에 취직하기 전까지 그는 배급을 받기 위해 줄을 서는 평범한 레닌그라드 시민이었다. "이게 내 몸인가, 아니면 나도 모르게 다른 사람의 몸으로 바뀐 것인가?

내 다리와 손목은 성장하는 아이와 같고 배가 움푹 들어갔다." 그러다 레닌그라드 시의 간부들을 가르치면서 그의 삶도 풍요로워졌다. 그의 새로운 직업은 다른 세계로 가는 여권 같은 것이었다. 스몰니 건물은 깨끗하며 하수도와 수돗물이 정상적으로 작동했다. 그는 출근 4일째 되는 날 다음과 같은 글을 썼다.

> 아침으로 마카로니, 스파게티 또는 버터를 곁들인 카샤, 달콤한 차 2잔. 점심으로는 첫 번째 코스 수프, 두 번째 코스 고기를 먹는다. 어제는 야채 수프와 면을 넣은 고기파이를 먹었고, 오늘은 첫 번째 코스로 면을 곁들인 수프, 두 번째 코스로 찐 양배추를 곁들인 돼지고기다. 저녁에는 치즈가 들어간 빵과 버터, 롤빵, 달콤한 차 두 잔이 무료로 제공된다. 나쁘지 않다. 빵과 고기에 대한 쿠폰만 차감된다. 그러니까 남는 쿠폰으로 상점에서 곡물, 버터 등을 사서 집에 가져갈 수 있다.

1942년 3월 리브코프스티는 도시 소비에트의 '휴게소'로 보내졌는데 북쪽의 다차 마을에 있는 시설로 사실상 호텔이었다

> 산책을 마치고 따뜻한 방으로 돌아와 안락의자에 앉아 다리를 뻗는다. 음식은 다양하고 맛있다. 매일 양고기, 햄, 닭고기, 거위, 칠면조 같은 고기가 나온다. 생선(도미, 발트해 청어와 빙어) 튀김, 데침 또는 아스픽 요리(삶은 생선과 야채를 글루텐에 굳힌 생선 젤리), 캐비어, 훈제철갑상어, 치즈, 피로시키[82], 코코아, 커피, 차, 매일 흰 빵과 검은 빵 300그램, 버터 30그램, 그리고 점심과 저녁에 와인 50그램과 좋은 포트와인. 우리는 먹고 마시고 야외에서 잠을 자거나,

---

82   고기소나 야채소로 속을 채운 러시아 빵

농담을 하고 도미노나 카드를 했다. 우리는 전선에서 꽤 떨어져 있어 멀리 들리는 총소리로만 전쟁의 존재를 상기했다.

그는 "다른 도시에도 회복 클리닉이 있는데 별로야."라는 말을 했다. 2월 말부터 레닌그라드 소비에트는 도시 행정의 상당 부분을 짊어졌던 NKVD 직원을 먹여 살렸다.

이 도시의 밑바닥에는 시골에서 온 난민들이 있었다. 1941년 9월, 농민 가족이 도시로 몰려들자, 군사위원회는 이들을 아파트, 학교, 호스텔에 수용하게 했다. 농민들은 가축과 아이들과 함께 캠프에서 살았다. 그러나 1941년 말에는 공공건물에 수용된 난민 여성들처럼 이들도 모두 얼어 죽었다. 레닌그라드 당국이 난민을 방치했다는 것은 NKVD에 의해 확인되었다. 64,552명의 카렐리야 농민(그중 3분의 1 이상이 북동부 교외에 수용되었다)의 생활은 "불만족스러운 수준"으로 11월 보고서에 나온다. 숙소는 난방도 되지 않았고 바닥에서 자야 했다. 공립 학교에 800명을 수용한 한 마을에서는 지난 5일 동안 10명의 어린이가 폐렴으로 사망했다. 또한 의사 한 명이 5천 명을 돌볼 정도로 의료 서비스가 취약했다. 상부에 올린 보고서에는 "지구당 위원회와 소비에트 집행위원회에 해당 지역의 대피소를 정리하고 피난민의 생활 수준을 개선하도록 할 필요가 있다."라고 기록되어 있다.

두 달 후 NKVD가 다시 보고했을 때는 피난민들이 대량으로 죽어갔다. 도시 북동쪽 경계에 있는 대피소인 브세볼로즈스크에서는 130구의 시신이 수거되었다. 또 다른 170구는 병원에서, 100구는 묘지 앞에서, 6구는 길거리에서 발견되었다. 11명의 농민이 '반(反)소련적 태도'를 보였다는 이유로 NKVD에 체포되었다. 다른 사람들은 "봉기를 조직하려고 했다."는 이유로 체포되었다. 그들은 스탈린에게 도움을 요청할 대표를 뽑기 위해 회의를 소집했을 뿐이었다.

14. 로빈슨 크루소는 행운아였다

Robinson Crusoe was a Lucky Man

1942년 1월 22일 모스크바 국가방위위원회는 라도가 호수의 빙판길을 트럭으로 대피하는 명령을 내렸다. 알렉세이 코시긴 인민위원회 부위원장 (훗날 브레즈네프의 2인자)은 여성, 어린이, 노인을 중심으로 한 50만 명의 대피 프로그램을 위해 파견되었다.

레닌그라드 시민들은 가족 때문에 대피를 주저했다. 알렉산드르 볼디레프는 에르미타주 직원들과 함께 코카서스로 떠나라는 압력을 받았다. "추운 날씨에 영양실조인 상태로, 아파트와 엄마, 모든 것을 버리고 떠나라니. 어쩌면 우리는 곧 승리할지도 모르는데 말이죠. 시타켈베르크 가족의 친척들은 대피 중에 사망했거든요. 그들의 시신은 핀란드 역 플랫폼으로 내던져졌습니다." 베라 인베르는 런던 공습 당시 영국 엘리자베스 여왕을 떠올리며 자신은 남편과 함께 머물겠다고 선언했다. 올가 그레치나는 떠나는 것이 '전선을 포기하는 것'과 같다고 느꼈다. 게오르기 크냐제프의 친구는 학위를 마쳐야 했고 어머니와 이모들 때문에 남기로 했다.

레닌그라드 교외에서 온 수천 명의 독일과 핀란드 농민들은 선택의 여지가 없었다. 지난 여름 베리아는 철수 명령을 늦게 내렸다. 군대는 잔인한 방식으로 '지역당, 소비에트, NKVD로 구성된 트로이카'의 지시에 따라 작업을 수행했다. 각 지역별로 할당량이 정해졌다. 추방자들은 짐을 쌀 시간이 12시간밖에 없었다. 방화와 약탈이 난무하는 가운데 가옥과 식품점이 압수되었다. 그 결과 레닌그라드 주변에서 농장 노동자들이 사라졌고, 1942년 여름 식량 생산에 영향을 미쳤다. 오라니엔바움 지역의 경우 4,775명의 농민 추방으로 집단 농장들이 텅 비었다. 전쟁이 시작된 후 1942년 10월 1일까지 총 128,748명이 봉쇄선 밖으로 강제추방되었는데, 이 중 절반 가까이가 독일인이나 핀란드인이었고 나머지는 '범죄자 또는 사회부적응자'였다.

시민들은 대피소 밖에서 필사적으로 탈출을 원했다. 한 남자가 불평하는 것을 우연히 들었다. "상사들은 먼저 빠져나가는데 우리만 뒤에 남겨질 수 있습니까?" 대피 프로그램에 참여하는 사람들도 쉽지 않았다. 대피자들은 병원에서 검사를 받아야 했고 1인당 허용된 60파운드의 짐을 싸서 핀란드 역까지 가야 했다. 지치고 쇠약한 사람들에게는 힘든 일이었다. 2월 초부터 4월 13일까지 2,564명 중 230명이 사망한 핀란드 역 의료 검진소의 수치를 보면 짐작할 수 있다.

피난민들은 병약한 가족을 위해 남아 있을 것인가, 아니면 떠날 것인가를 두고 고민에 빠졌다. 사실 '강제유기'는 매우 흔한 일이었다. 드미트리 리하체프는 몇 가지 예를 들었는데, 첫 번째는 도스토옙스키 학자 바실리 코마로비치의 사례다. 아내와 딸은 그를 썰매에 태워 병원으로 끌고 갔다. 도착하자마자 병원이 며칠 동안 문을 닫는다는 것을 알았지만 그를 지하 보관소에 남겨두었다. 다행히 의사의 도움으로 코마로비치는 박사 학위 논문을 완성할 때까지는 목숨을 부지했다. 전쟁 후에 출판된 이 논문은 각주가 교회 축일에 따라 날짜가 매겨진 것을 제외하고는 꽤 훌륭하다. 리하체프가 언급한 두 번째 가족은 병원에서 사망한 딸을 남겨두고 떠났고, 세 번째 가족은 의사의 검진을 통과하지 못한 노모를 썰매에 묶어 핀란드 역에 버렸다.

엘레나 스크랴비나는 친척의 죽음으로 비슷한 선택을 피할 수 있었다. 그녀는 1월 29일에 이렇게 썼다. "삼촌이 대피하더라도 살아남지 못할 것이다. 여기서도 겨우 살아 있다."

> 저녁 6시에 류드밀라가 퇴근하고 집에 돌아왔다. 나는 삼촌의 부고를 전했다. 숙모는 딸을 끌어안고 한참을 울었다.

열다섯 살짜리 유리 랴빈킨의 얘기는 서글픈 이야기일 것이다. 여러모로 안네 프랑크에 같은 소련의 십 대 소년이었다. 하지만 결말이 훨씬 더 모호했다.

10월 중순에는 같은 아파트로 이사 온 부유한 가족을 미워하기 시작했다. 자신의 어머니가 물로 배를 채우는 모습은 굴욕스럽게 느껴졌다. 유리는 촛불 하나만 켜놓고 소설 속으로 도피하려 했다. 잭 런던의 『인생은 아름다워』를 감동 깊게 읽었다. 2주 후 그의 얼굴은 부어올랐고 음식에 집착하기 시작했다. 어머니는 매일 아침 동생을 데리고 일하러 떠났고 유리는 배급받기 위해 줄을 선다.

> 어머니와 동생은 배고프고 지친 상태로 집에 돌아온다. 집에는 음식도 없고 난로용 장작도 없다. 펠트 부츠 한 켤레만 있으면!

12월이 되면 그의 글은 거의 히스테리에 가까워지는데, 환상과 자기혐오, 편집증이 뒤섞여 있었다.

엄마는 먼저 자기 것을 먹은 다음 우리 접시에서 조금씩 덜어 가져간다. 빵을 나눌 때 동생은 눈물을 흘린다.

월말이 되면 일기장은 다음과 같은 내용이 나온다. "살고 싶은데 이렇게는 못 살겠어!", "엄마가 어디 있어? 엄마 어디 있어?" 마지막 날짜는 1월 6일이다.

나는 거의 아무것도 할 수 없다. 힘이 없다. 오, 주님, 무슨 일이 일어나고 있는 건가요?

40년 후 알게 된 사실에 따르면, 유리는 홀로 남겨졌다. 아들을 집의 소파에 눕혀 놓은 채로 엄마와 딸은 핀란드 역으로 출발했다. 소지품을 식량과 따뜻한 옷으로 바꾸고 썰매에 은식기를 싣고서 말이다. 그 후 유리가 어떻게 되었는지 알 수 없었다. 1970년 신문에 낸 뉴스를 보고 볼로그다의 어떤 사람이 유리의 일기장을 제출했다. 어쩌면 그는 살아남았는데 가족과 다시 연락하고 싶지 않았을 수도 있다. 사실 연락할 가족도 별로 남아 있지 않았다. 아버지는 1936~37년 대숙청 때 체포되어 굴라크 어딘가에서 사망했다. 피난길에 어머니는 사망했다. 여동생 아이라는 보육원에서 지내다가 전쟁이 끝난 후에는 이모 손에 자랐다.

아이스 로드에 도착한 피난민들이 따뜻한 보살핌을 받았다는 얘기는 신화에 불과하다. 드미트리 파블로프조차도 이 이야기는 "조작"된 풍문이라고 주장했다.

레닌그라드 시민들은 호수를 건너자마자 양배추 수프, 감자, 고기 등 음식을 받았다. 순수한 호밀 가루로 만든 빵의 향기는 굶주린 사람들을 취하게 했다. 땅에 첫발을 내딛는 순간부터 그들은 사랑의 보살핌에 둘러싸였다.

이 내용은 사실과 거리가 멀었다. 핀란드 역에서 오시노베츠까지 기차로 이동하는 거리는 45킬로미터에 불과하지만, 며칠이 걸린다. 기차에서 내린 이들은 호수의 얼음 위를 가로지르는 트럭에 몸을 실어야 했다. 옐레나 코치나는 운전사에게 보드카 2리터를 건네야 했고 크루글레이코프의 어머니는 담배 한 갑과 돈을, 마지막으로 아버지의 은 회중시계를 건네주어야 했다. 운 좋은 사람들은 버스를 탔지만 대부분은 천으로 대충 가린 트럭을 탔는데, "트럭이 새벽녘에 질주하는 동안 엄마 품에서 튕겨져 나온 영유아 6명의 시신을 아침마다 발견했다."라고 아이스 로드의 경비병이 말했다.

반대편 '본토'의 수용 시설은 형편 없었다. 사람들은 수프를 먹기 위해 몇 시간 동안 줄을 섰다. 또한 기차에서 자리를 차지하기 위해 서로 싸우며 러시아의 광활한 무인지대를 통과해야 했다.

굶주린 사람들이 과식으로 목숨을 잃는 것을 막기 위한 어떤 조치도 없었다. 3일간 기차를 타고 티흐빈으로 가는 동안, 피난민들은 지급받은 음식을 급하게 먹다가 사망했다. 이를 본 한 의사는 모스크바 국가 방위위원회 대표들 앞에서 부검 결과를 설명하고 피난민들에게 기장과 세몰리나를 조금씩 먹여야 한다고 설득했다.

대피에 관한 전형적인 이야기는 65세의 냉동 기술자 블라디미르 쿨야코가 들려준다. 새벽 0시 30분에 출발 예정이었던 기차는 오후 6시가 되어서야 도착했다. 쿨야코는 짐을 가득 실은 '비지니스맨'들이 배정된 객차를 발견했다. 그는 여행 가방, 바구니, 베개를 간신히 끼워 넣을 수 있었다. 마침내 오전 1시에 기차가 출발했고 음식이 배급되었다. 쿨야코는 음식을 빨리 받으려면 뇌물을 내야 한다는 사실을 깨달았다. "10분 만에 빵을 먹었습니다. 수프도 후르륵 마시다시피 했죠." 6시간 후 오시노베이츠에 도착했을 때 그는 기찻길 옆에 15구의 시체를 보았다. 호수를 건너기 위해 트럭에 올라탔다. 얼마 지나지 않아 첫 번째 덮개 트럭에 타는 대가로 50그램의 담배를 줘야 했다. 4시간 후 쿨야코는 짐을 싣고 트럭에 탑승했다. "운전사는 끊임없이 담배를 더 달라고 요구했다. 그렇지 않으면 트럭이 느리게 가거나 했습니다." 적절한 순간에 건네진 담배 한 개비 덕분에 이 모든 문제가 사라졌다. 3시간 동안 꽉 막힌 도로에 갇혀 있던 트럭은 다음 날 아침 5시에야 겨우 '본토'에 도착했다.

쿨야코는 포위망을 벗어났지만 고난은 끝이 아니었다. 우선 그는 수프를 먹기 위해 세 시간 동안 줄을 서야 했다. 군인에게 30루블을 주고 짐을 운반해 달라고 부탁한 쿨야코는 몇몇 쇠약한 공대생들과 함께 화물 마차에 올라탔다.

저는 세 개의 짐꾸러미를 들고 마차에서 나오다 넘어졌습니다. 그래서 "도와주세요"라고 외쳤는데 아무도 관심을 기울이지 않더군요. 저는 절망에 빠진 채 서 있었습니다. 역에 도착해서 한 경찰관을 보고 "이 주소로 어떻게 가느냐?"고 물었습니다. 그는 광장에 말이 끄는 택시가 있다고 했어요. 그런데 택시는 한 대도 없었습니다. 그래서 여행 가방을 눈 위로 밀고 다른 짐을 옮깁니다. 1미터, 그리고 1미터 반을 가다가 잠시 쉬기 위해 멈춥니다. 보리야까지 어떻게 가죠?

구세주는 어떤 젊은 군인이었는데, 모든 답례를 거절하고 보리야 병원까지 데려다주었다. 4월 중순까지 상황은 계속 혼란스러웠다.

아이스 로드는 총 몇 명을 구했나? 공식적으로는 1942년 1월에 11,296명, 2월에 17,434명, 3월에 221,947명, 4월에 163,392명의 피난민이 그 길을 횡단했다. 4개월도 채 되지 않아 총 514,069명이 건넜다.

※※※

화장실이 없는 혼잡한 화물차 안에서는 사람들의 위장장애가 극심했다.

> 누군가가 '볼일을 볼 때마다' 객차 사람들이 모두 함께한다. 정차 중에 객차 문이 드르륵 열리고 소란의 원인은 바지를 내린다. 기차에서 나와 객차 옆에 남자, 여자, 어린이가 나란히 쪼그리고 앉는다. 우리는 그 모든 것에 무관심하다. 수치심 같은 걸 느끼지 않는다. 병자가 죽음을 맞이하면, 달리는 기차 밖으로 시체를 내던진다.

피난민들이 '본토'에 도착한 후에도 상황은 나아지지 않았다. 수용소 직원의 피난민에 대한 보고서와 3월의 NKVD 보고서를 보자. 볼호프 역에서 17구, 바이바예보에서 20구, 체레포베츠에서 7구, 볼로그다에서 7구의 시신이 수습되었다. 다른 보고서에서는 볼호프에서 26구, 티흐빈에서 32구, 바이바예보에서 4구, 볼로그다에서 6구가 이장되었다. 레닌그라드 시민들로 채워진 볼로그다의 집단 무덤에는 20,000명의 사망자가 있는 것으로 추정된다.

2월에 아이스 로드를 건너간 스크랴비나는 어머니의 죽음을 지켜본 후, 아들과 함께 이 마을에서 저 마을로 이동했다. 그러다 스뱌지(인맥)를 찾았는데, 그녀의 옛 주치의가 고르키(현 니즈니노브고로드)의 고위 당 관리가 된 덕분이었다.

그의 이름은 마법처럼 작용했다. 점원은 내 앞에 선 사람들을 제치고서 우리에게 따라오라고 친절하게 말했다. 그는 우리를 고르키 당위원회 사무실로 곧장 이끌었다. 나는 10분 만에 세 개의 서류를 손에 들고 나왔다. 두 장은 추가 배급에 관한 것이고 한 장은 코카서스로 향하는 특별 수송에 관한 것이었다.

스크랴비나는 "로빈슨 크루소는 운이 좋은 사람이라고 생각한다."라고 썼다. "그는 자신만 돌보면 되었지만 나는 탐욕스런 인간들 사이에 있었다."

15. 시체와 인육

트루포예드스트보 & 류도예드스트보
трупоедство & людоедство

포위 공격의 또 다른 측면은 범죄다. 드미트리 파블로프는 레닌그라드 시민들이 피격된 트럭에서 쏟아진 빵을 주워 먹기에는 '마음이 고귀했다'고 주장했다. 굶주림 때문에 사람들이 도덕성을 잃고서 짐승이 된다는 외국 작가들의 주장은 허구였다.

포위 공격 기간 동안 레닌그라드는 강도와 살인, 그리고 식인 풍습 등 범죄의 도가니였다. 가장 흔한 범죄는 절도로 1941년 12월, 빵 가게에서 집으로 돌아오던 옐레나 코치나는 자신에게 돌진하는 십 대 소년을 보았다. 그녀는 옆으로 물러섰고 소년은 빵을 집어 들고 달아났다. 그녀는 공포에 질린 채 빈손을 바라보고 있었다.

군중은 마술에 걸린 듯 빵을 바라보며 뒤를 따랐다. 디마도 뒤를 따라가다가 눈 속에 짓밟힌 커다란 빵 껍질을 발견했다. 그러나 한 소년이 디마의 손에서 빵 껍질을 낚아챘다. 미쳐버릴 것 같은 디마는 소년의 멱살을 잡고 흔들기 시작했다. 소년의 머리는 헝겊 인형처럼 가느다란 목 위에서 흔들렸다. 하지만 소년은 눈을 감은 채로 계속 서둘러 씹었다. "다 먹었어요! 다 먹었다고요! 봐요!" 소년은 텅 빈 입속을 보여주었다.

많은 기록에서 도둑으로 묘사된 직업학교 소년들은[83] 레닌그라드에서 가장 취약한 사회 집단 중 하나였다. 공성전 기간에 학생들은 가족과 단절된 채, 종종 부도덕한 교장의 자비에 의지해야 했다. 어느 날 모스크바에서 파견된 알렉세이 코시긴은 33번 직업학교를 조사했다. 그는 소년들이 이가 들끓는 침대에 두세 명씩 자거나, 주방장이 음식을 빼돌린다는 것도 알게 되었다. 코시긴은 학생 대표에게 주방을 감독하게 하고 교장과 직원을 체포해 재판받게 했다. 직업학교의 전체 사망률은 약 95퍼센트로 추정된다.

레닌그라드에 버려진 수천 명의 아동들은 도둑질로 연명했는데, 98개의 보육원이 개원하면서 많은 이들을 수용했다. 그런데 보육원도 13세까지만 수용했기에 부모 없이 남겨진 14세와 15세 아동의 처지는 심각했다. 서류 없는 어린이는 보육원에서도 거부당했다. 그네들은 상점과 빵집 근처에 서성이다가 사람들의 손에서 빵을 빼앗았다.

1942년 1월과 2월에는 시민들이 빵을 받지 못하자 폭동이 벌어지기도 했다. 1월 어느 날 늦은 저녁 드미트리 라자레프는 볼쇼이 대로의 빵집 앞에서 줄을 서고 있는 아내를 만났다.

> 사람들은 한 번에 열 명씩 가게에 들어오고 있었다. 그때 뒤에 있던 사람들이 우르르 앞으로 달려와 문을 부수려고 했다. 군중이 몇 발자국만 물러나면

---

[83] 레멘슬렌노예 우칠리셰(Ремесленное училище): 1940년에 소련의 숙련된 기술자를 양성하는 것을 목표로 설립되었다. 14~17세의 남자 아이들이 입학했는데 학업 기간은 2~3년이었고 기숙사 생활을 했다.

문을 열어주겠다고 경찰이 약속했다. 사람들이 그렇게 하자, 경찰은 문을 잠근 채 집으로 돌아가라고 말했다. 굶주림에 지친 사람들 사이에서 고함과 불만이 터져 나왔다.

라자레프와 다른 몇몇 남자들이 매니저를 설득해 배급을 풀었다. NKVD는 1월 첫 27일 동안 식품점에 대한 대중의 공격을 72건이나 기록했다.

'빵가게 318호에서'는 1월 초의 전형적인 보고서다.

> 군중이 난입해 빵을 빼앗아 갔고 우리는 그중 몇 명을 체포했습니다. 399번 빵 가게에서도 빵을 약탈당했지만 한 명도 체포할 수 없었습니다. 한 무리가 318번 빵 가게를 덮쳤습니다. 같은 날 다른 지역에서도 비슷한 사건이 발생했습니다.

이에 따라 상점에 더 많은 경찰이 배치되고 배달 차량의 경로를 변경하라는 지시가 떨어졌다.

엘레나 코치나의 남편 디마는 12월부터 끝을 뾰족하게 만든 지팡이로 빵을 꿰어 훔치기 시작했다. 한 번은 계산원이 신고하겠다고 협박하기도 했다. "내게 반을 줘요. 그렇지 않으면 고발하겠어요." 그녀는 그의 소매를 잡으면서 속삭였다.

엘레나는 빵집 직원들이 뚱뚱하다고 지적했다. "빵에 대한 대가로 그들은 원하는 모든 것을 가졌다. 거의 모든 직원이 금장식과 값비싼 모피를 착용했다. 일부는 검은 담비와 물개 가죽 코트를 입고 카운터 뒤에서 일하기도 했다."

식량이나 배급 카드를 노린 살인도 빈번해져 1942년 상반기에만 1,216

명이 체포되었다. NKVD가 보고한 사건은 가족, 동료, 이웃을 살해한 경우였다. 다시 말하자면, 가해자와 피해자 모두 불우한 청소년인 경우가 많았다.

한겨울에는 경찰이 출동을 잘 하지 않기 때문에 많은 범죄가 그냥 묻혔을 것이다. 2월 10일 여단 병력 2,800명 중 152명이 '탈진'으로 사망하고 1,080명이 입원했다. 따라서 레닌그라드 NKVD의 책임자 P. N. 쿠바 킨은 1,000명의 추가 병력을 요청했다. 큐레이터 안나 젤레노바는 어떤 경찰관이 의자에 앉아 죽어 있는 것을 발견한 적이 있다. 이밖에도 '빵을 훔치다 체포되면' 그 즉시 5명을 모아 총살했다고 회상했다.

첫 번째 공성전의 겨울을 보낸 생존자들에게는 침묵, 공허함, 고립감이 더 컸다. 열한 살의 안젤리나는 화학 엔지니어였던 부모님과 함께 폰탄카 호수에서 그 겨울을 견뎌냈다. 70년이 지난 지금, 그녀는 아버지의 규칙 덕분에 살아남을 수 있었다고 말한다. 매일 물통을 씻고 비울 것, 우체국을 정기적으로 방문할 것 등이었다. 그녀는 외출하는 것이 두려웠지만 범죄가 무서워서가 아니었다. 오히려 전쟁이 끝난 지 한참 후에야 범죄가 있었다는 사실을 알게 되었다고 한다. 당시 그녀는 도시에서 완전히 혼자라고 느꼈다. "가게에 갔다가 돌아와서 우리 집 계단으로 올라가곤 했죠. 누군가 새끼 손가락으로도 저를 밀어버릴 수도 있었을 거예요. 하지만 한 사람도 만나지 못했어요." 빵을 훔치러 나간 남편이 돌아오기를 기다리던 코치나는 계단에 나가 있곤 했다. "침묵이 수증기처럼 피어오르며 계단에 응축되어 있었다. 나는 계단에 침을 뱉었고 침이 아래에서 울려 퍼지는 소리를 들었다. 나는 한참 동안 어둠 속에 서서 침을 뱉으며 귀를 기울였다."

시인 올가 베르그골츠는 정신과 의사 친구로부터 식인 풍습에 대해 처음 들었다.

1942년 5월, 병원에서는 4월에 11건이었던 인육 사건이 5월에는 15건으로 늘어났다. 그는 식인종 부부에 대해 이야기했다. 그들은 글쎄 "당신의 할머니를 먹지는 않았잖아요"라고 말했다니까요.

2004년 경찰 기록이 공개되기 전까지는 거리에서 납치된 아이들 얘기와 허벅지와 엉덩이가 사라진 시체에 대한 소문뿐이었다. 해리슨 솔즈베리의 『900일』에는 아파트로 유인된 젊은 부부의 최후가 나오는데, 이 에피소드는 나치의 후원으로 점령지 우크라이나에서 출판된 소설에서 발췌한 것이다.

당시 대부분의 사람들에게 식인 풍습은 그저 도시괴담이었다. 포크롭스카야 광장에서 알렉세이 비노쿠로프는 "도살된 여성의 시체를 조용하게 바라보는 군중과 마주쳤다. 누가 왜 이런 짓을 했을까? 식인의 증거일까?" 드미트리 리하체프의 친구가 물물교환을 위해 떠났다가 집으로 돌아오지 못하자, 그는 그녀가 헤이마켓에서 다져진 '커틀릿'을 판매하는 사람들에게 살해당한 것은 아닌지 의심했다.

올가 그레치나는 나스티야 아줌마라고 불리는 늙은 청소부에게 무슨 일이 있었는지 알게 되었다. 그녀가 처형당했다는 이야기를 들은 그레치나는 농담이라고 생각했다. "아니, 사실입니다! 그녀는 딸을 잡아먹고 일부를 침대 밑에 숨겨두었거든요."

도시의 지도부는 1941년 12월 13일에 '인육을 식용'한 9건의 사례를 NKVD의 보고서를 통해 알고 있었다. 한 어머니가 세 명의 자녀를 먹이기 위해 18개월 된 딸을 질식시키고, 26세 남성이 18세 룸메이트를 살해해 먹었고, 실직한 배관공이 십 대 아들과 조카를 위해 아내를 살해했다.

---

84 상트페테르부르크의 센나야 광장에서 열리는 시민과 농민들이 거래하는 서민 시장

열흘 후 13건의 사건이 더 보고되었다. 18세 소년이 할머니를 도끼로 살해하고 간과 폐를 삶아 먹은 사건, 17세 소년이 매장되지 않은 시체를 훔쳐 먹은 사건, 청소부가 한 살짜리 딸을 죽여 두 살짜리에게 먹인 사건이 있었다. 39번 직업학교의 학생들에게는 배급 카드도 제공되지 않았다. 12월 내내 학생들은 고양이와 개고기를 먹었다. 12월 24일에 학생 하나가 영양 부족으로 죽었고 시체는 다른 학생들의 음식이 되었다. 12월 27일에 두 번째 학생이 죽었고 그 시체도 일용할 양식이 되었다. 열한 명의 사람들이 카니발리즘으로 체포되었고 모두 유죄를 인정했다. 학교장 라이메르는 학생들을 방치한 혐의로 기소당했다.

경찰은 12월에 식인 혐의로 총 26명을 체포했지만 1월에는 356명, 2월에는 612명으로 급증했다. 3월과 4월에는 300명으로 절반으로 줄었다가 5월에는 다시 증가하다가 6월과 7월에 급격히 감소했다. 1942년 12월, 마침내 이 현상이 소강상태에 접어들자 2,015명의 '식인종'이 체포되었다.

러시아어 '시체 먹기'를 뜻하는 트루포예드스트보трупоедство와 '사람 먹기 또는 식인을 위한 살인'을 뜻하는 루도예드스트보людоедство를 도덕적으로 중요하게 구분하고 있다. 사실 전자가 압도적으로 더 흔했다. (예를 들어 1942년 4월 체포된 인육을 먹은 300명 중 살인범은 44명에 불과했다.) NKVD 보고서에 따르면 6명의 청년이 빵집 밖에서 물물교환하자며 13명의 피해자를 아파트로 유인한 후 뒤통수를 도끼로 내리친 사건이 있다. 식인 풍습은 가난한 교외 지역이 훨씬 많았다. 특히 외곽 연해주와 크라스노 그바르데이스키 지역과 공업지대인 비보르크 쪽, 당 본부가 있는 스몰니 지역에서 가장 많이 체포되었다. 12월 22일, 세라피모프스코예 공동묘지를 순찰하던 경찰은 시신이 담긴 자루를 들고 있던 두 명의 여성을 제지했다. 조사 결과 한 여성은 군인의 아내였고 다른 여성은 청소부의 아내였는데, 18개월과 16개월 된 딸에게 인육을 주려고 했다는 것을 밝혀냈다. 다음날 공장 노동자와 목수가 시체 도둑으로 체포되었는데, 이들 역시 인육을 먹었다고 했다. 마흔세 살의 무직 남성과 그의 아내, 열세 살 아들이 병원 영안실에서 시체를 훔치다 적발되었고 스물네 살의 간호사는 수술실에서 절단된 사지를 주워 먹다가 체포되었다.

이런 전형적인 예는 1월과 2월에 발생한 일련의 사건들이다. 5월의 첫 번째 공장에서는 같은 숙소에 살던 남성들이 동료의 시신을 공유했다. 레닌 공장에서는 한 여성 노동자가 11세 아들의 시신을 두 명의 친구와 함께 공유했다. 한 청소부는 실직한 이웃과 남편의 시신을 공유했고, 전기 기사와 부소장은 죽은 보일러공의 시신을 함께 먹었다. 민방위대원 세 명과 당원 한 명이 시체를 함께 먹었다.

광학 엔지니어 드미트리 라자레프의 이야기를 들어보자.

> 발렌티나 안토노브나가 찾아왔다. 그녀는 감정에 겨워 벌벌 떨면서 어제 한 여성이 자신을 끔찍한 일에 끌어들이려 했다고 얘기했다. 그날 건물을 해체하다가 여성대원이 대들보에 깔려 사망했다. 그녀는 발렌티나에게 시체를 아파트로 가져가 먹고 나머지는 소금에 절이자고 제안했다. 그러면서 내일 아침에 함께 가자고 말했다. 발렌티나는 밤새 잠을 한숨도 자지 못했고 잠자는 아들을 보면서 생각했다. "안 돼! 난 미쳐버릴 거야!" 아침에 되어 그 여자가 나타났을 때, 발렌티나의 반응은 예기치 않은 격렬한 거절이었다. 여자는 저주를 퍼부으며 떠났다.

인육을 먹은 혐의로 체포된 사람들 중 64%는 여성, 44%는 무직, 90% 이상이 문맹이거나 기초 교육만 받은 상태였다. 레닌그라드에 '뿌리를 둔 시민'은 2%, 범죄 기록이 있는 사람은 2%에 불과했다. 전형적인 레닌그라드의 '식인종'은 전설적인 스위니 토드도 아니었고 가족을 위해 단백질을 긁어모으려 애쓰는 노동자 계급의 주부였다.

　놀랍게도 레닌그라드의 의료 당국은 이들을 정신병자로 분류하려는 시도를 했다. 1942년 2월 20일 레닌그라드 전선의 의료 서비스 책임자는 학자, 정신병원의 원장, 법원 정신과 의사, 군 의료 서비스 대표 등 7명의 고위 정신과 의사로 구성된 특별회를 소집하여 시체 식용자들에게 형사 책임을 져야 하는지를 결정하도록 했다. 사법적 관점에서 볼 때, 의사들의 판결은 모순적이었다. 시체를 먹는 사람은 제정신이지만 불치병에 걸린 범죄자도 아니라는 것이었다. 그들은 정신적으로 건강하지만, '도덕적, 지적 수준이 낮은 원시인'으로 판명되었다. 모두 위험했지만 '격리 기간'은 범죄 상황('적극적 또는 소극적 시체 먹기')과 범죄자의 성격을 고려하여 개별적으로 결정해야 한다. 그러나 실제로는 제정신이든, 정신이상자이든, 살인자이든, '시체 먹는 사람'이든 모두 범죄자로 취급되었다. 형법에는 식인죄에 관한 규정이 없었기 때문에 식인을 행한 자는 강도죄라는 포괄적 조항(코드 제59조 3항)에 포함되었다. 정신과 의사들이 소집되었을 때 554명의 '특수 범주 강도'가 이미 군사 재판에 회부되었다. 329명이 총살을 당했고 53명이 10년 징역형을 선고받았다. 적어도 45명은 구금 상태에서—아마도 굶주림으로—사망했다. 살인자와 시체를 먹은 사람을 구분하지는 않았지만, 형량에 차이가 있다는 것은 후자가 상대적으로 가볍게 풀려났다는 것을 뜻한다. 6월 초까지 사건 처리된 식인종 1,913명 중 군사 재판소는 586명에게 사형을, 668명에게는 5~10년의 징역형을 선고했다. 나머지 659명에게 무슨 일이 일어났는지는 불분명하다.

16. 안톤 이바노비치는 화가 났다

Антон Иванович сердится

1941~42년 겨울, 전쟁이 시작될 무렵, 개봉을 앞둔 영화 광고 전단이 넵스키 대로에 걸려 있었다. 가로등 기둥에 커다란 검은 글씨로 붙여진 제목은 『안톤 이바노비치는 화가 났다』였다. 어찌하여 사람들의 분노가 반란으로 번지지 않았을까? 사실 시민들은 너무 쇠약해져서 생존을 위해 몸부림치는 것 이상을 할 수 없었다.

전쟁이 터지기 전에 수십만 명이 정부의 탄압에 죽어갔고, 이제 거의 모든 사람들이 아사 직전의 상황이다. 위선과 불평은 그 어느 때보다 극명하게 드러났다. 사람들은 자기 자식들이 굶고 있는데 상사의 자식들은 배불리 먹는 것을 눈으로 확인할 수 있었다. 사실 더 이상 잃을 것이 무엇이었을까? 식량난, 비참한 전쟁, 정부의 무능함에 대한 분노는 1917년 2월 혁명을 일으켰다. 왜 그들은 사반세기 후에 같은 일을 하지 않았나?

독일의 침공이 러시아에서 반란을 촉발시킬 것이라는 판단은 나치의 앞날을 흐리게 했다. 그들은 반유대주의를 과대평가했다. 나치의 선전 또한 무능했는데 '유대인/스탈린주의 소련 정부'를 비난하면서 독일군의 무자비함을 자랑했다("빵을 다 먹자마자 죽을 것이다."라는 구호도 있었다). 독일 육군 정보부는 도시 상공에 뿌려진 전단은 손에서 손으로 전달되는 것이 아니라 레닌그라드가 항복할 경우를 위해 숨겨 놓는다고 보고했다. 열흘 후 또 다른 보고서에는 "소련 정부는 테러와 선전선동으로 국민을 강력하게 통제하고 있기에 봉기를 기대할 수 없다."라고 결론지었다.

나치의 정보부 친위대(SD)는 오랫동안 희망에 부풀어 있었다. 러시아 전쟁 포로들이 유대인 포로를 생매장하라는 독일군의 명령에 따르기를 거부했다는 소문도 있었다. 이에 독일 병사들은 유대인들에게 러시아인들을 묻으라고 명령했다. 유대인들은 주저 없이 삽을 들었다. 독일군은 러시아 포로들에게 유대인의 본질을 보여줄 수 있었다.

한겨울이 되자 양편 모두 나치의 잔인함이 러시아인의 저항을 더욱 강화할 뿐이라는 사실을 깨닫기 시작했다. '일찍이' 2월에는 SD는 "탈영병들은 나치와 히틀러에 반대하는 독일인을 구분해서 말했다."라고 보고했다. 하지만 이제 그들은 모든 독일인을 '파괴해야 할 야만인'이라고 불렀다. 1942년 5월, 레닌그라드에 대한 정보부의 보고가 점령지 전반에 대한 보고로 이어지면서 모든 희망이 사라졌다. 하지만 시민들이 분노하고 있는 것은 사실이었다. 일기를 보면 시민들은 자국 관리들의 무성의, 냉담함, 위선, 부정직에 대해 분노하고 있음을 알 수 있었다.

다른 독재자들과는 달리, 스탈린은 자신을 국민에게 사랑받는 존재라고 착각하지 않았다. 오히려 모든 곳에 음모가 숨어 있다고 생각했다. 편집증은 제쳐두고 즈다노프가 시당 위원회의 '지도 부서' 의장에게 며칠마다 받은 보고서는 대단히 정교했다. 발언자의 나이, 성별, 직업 등이 기록되었는데, 비판이 정치적일 경우에는 세부 정보가 NKVD에 전달되었다. 전선으로 보내는 편지를 가로채는 군 검열관은 '부정적인 내용이 포함된 편지의 비율이 1942년 1월 초 6~9%에서 몇 달 뒤에는 20%로 증가'했다는 사실을 확인했다. 시민이 즈다노프에게 보낸 편지도 마찬가지로 주제별로 분류되었다.

당국에 대한 지지는 배급 수준과 전선의 진전에 따라 오르내렸다. 독일 침공 소식에 레닌그라드를 휩쓸던 애국심의 물결은 짧았다. 가을에 도시가 붕괴하는 것처럼 보이면서 상급자들이 비행기로 도망치자 애국심은 두려움과 분노로 바뀌었다. "우리는 나팔코바를 떠올리지 않는다." 1941년 11월 29일 크냐제프는 동료에 대해 다음과 같이 썼다.

> 나팔코바가 비행기로 레닌그라드를 떠나기 바로 전날에도 '징징대는' 지식인들을 다그쳤다는 사실이 밝혀졌다. 자기희생과 용기를 부르짖던 사람들이 어떻게 제일 먼저 내뺄 수 있나?

1941년 가을은 레닌그라드 인구의 6퍼센트를 차지했던 유대인에 대한 책임 전가가 최고조에 달했다. 9월 1일, 이리나 젤렌스카야는 발전소 구내식당에서 '반유대주의'를 목격하고 충격받았다. 러시아 박물관의 직원들은 유대인에 대한 분노로 가득 차 있었다고 한다. 유대인들은 애국자인 척 했지만 실제로는 안전한 피난처를 찾기에 바빴다. 중앙아시아로 대피한 수많은 레닌그라드 지식인에 대해, 유대인들이 타슈켄트를 습격하고 있다는 농담이 퍼졌다.[85]

모스크바의 승리로 12월의 열화와 같은 당국에 대한 지지는 1942년 1월 소련군이 봉쇄를 풀지 못했을 때 다시 떨어졌다. 12월 2일, 배급량 인상 발표가 전해지자 시민들은 환호했다. "엄마와 나는 기쁨에 울었어요!"

---

85   중앙 아시아로 대피한 레닌그라드 지식인 중에는 유대인이 많았다.

라고 한 여성이 남편에게 편지를 썼다. 베라 인베르의 가정부는 빵가게에서 한 남자가 웃고 울며 머리를 움켜쥐고 있는 것을 봤다고 했다. 그러나 실제로 배급된 식량은 이전보다 훨씬 적었다. 12월 29일 오전 6시, 이반 질린스키는 미국 통조림 고기가 배급된다는 소식을 듣고 가게 앞에서 기다렸다. 3시간 30분 후 동틀 무렵 가게 문을 열었을 때, 200명분만 있다는 사실을 알았다. 대기번호 233번이었던 그는 빈손으로 집으로 돌아갔다. 그날 이 부부의 유일한 식사는 50그램의 빵과 뜨거운 물, 부스러기, 목화씨 기름으로 만든 '수프'가 전부였다. 새해가 시작된 지 이틀이 지나자 새벽 1시에 줄을 서기 시작하고 무질서가 증가했다. 그는 다음과 같이 썼다.

오전 9시가 되면 문이 열리고 곧 가게는 발 디딜 틈도 없어진다. 매니저는 뒷문을 통해 친구들에게 물건을 나눠준다. 경찰은 뒤쪽에서 배급을 받았다. 그들은 고기를 튀기고 와인과 함께 삼킨다. 그 어떤 감독관도 보고 있지 않았다. 그러나 지켜본들 무엇을 할 수 있었을까? 그도 굶주렸고 한 조각의 고기를 위해서라면 아버지도 팔았을 텐데.

그날도 질린스키는 새벽 5시부터 저녁 7시까지 줄을 섰음에도 음식을 받지 못했다. 1월 9일자 당 보고서에 따르면 "많은 사람들이 12월의 마지막 2주 동안 고기, 설탕, 곡물을 받지 못해서 우울해했다."라고 언급했다. 인테르나치오날 대로의 여성들이 나눈 대화가 대표적인 사례로 꼽혔다. "라디오에서 레닌그라드 시민들이 영웅적으로 모든 고난을 견뎌내고 있다고들 합니다. 그러나 용감함이 치러야 할 대가는 무엇인가요? 매일 굶어주는 사람들이 늘어나요. 정부는 얼마나 많은 사람들이 죽었는지 알까요?" "일반인들은 죽어가지만 정부에 있는 사람들은 아무도 죽지 않아요.

그들은 우리를 신경쓰지 않아요."

얼마 지나지 않아 음식이 떨어졌다고 하자 군중은 화를 내며 소리를 질렀다. 그러자 가게 주인은 레닌그라드 소비에트로 가서 따지라고 말했다.

1월 24일부터 배급량 50그램의 증가는 그저 환상에 불과했다. 이 무렵 밀가루는 아이스 로드를 통해 안정적으로 도착했다. 그러나 빵집에 상수도가 중단되면서 1월 말과 2월 초 며칠 동안 거의 유통되지 않았다. "마지막 배급마저 빼앗아 가고 있습니다. 정말 원하는 게 뭘까요?" 코미디 극장의 회계사가 "사람들이 굶주리고 있는데 즈다노프에게 코코아를 가져다준다고?" 즈다노프의 보고서 사본에는 불길하게도 그의 이름에 밑줄이 그어져 있었다.

1월 13일, 시 소비에트 의장 페트르 포프코프는 최악의 상황은 끝났다는 연설을 방송했다. 물론 '시민들을 진정시키기 위한 공허한 말'이었다.

정반대의 효과가 있었다. 광장에 모인 군중들은 웅성거렸다. "사람들은 상황이 나아지고 있다고 말하죠. 하지만 어떻게 좋아지고 있다는 건가요? 벌써 4시간 동안 기다렸는데 빵이 나올 기미가 보이지 않아요."

여학생 클라라 라흐만은 라디오를 통해 연설을 들었다. "이 모든 상황이 나아질 거라고 말합니다. 하지만 언제요? 우리가 이미 죽었을 때요?"

포프코프의 위선에 사람들은 분통을 터뜨렸다. 한 주부는 "우리가 굶어 죽지 않으려면 들고 일어나야 합니다. 이제 끝내야 할 때입니다." 그런데도 반정부 시위에 대한 기록은 단 두 가지뿐이다. 첫 번째 시위는 1941년 10월 중순 키로프 제철소에서 일어났다고 독일 정보기관 보고서에 기록되어 있다. 핀란드 전선에서 키로프 소속 연대가 전멸했다는 소식이 퍼지자, 노동자들이 평화를 요구했다. 소련군은 사람들을 향해 총을 발포하고 주동자들을 연행했다.

두 번째 이야기는 붉은 군대의 장교였던 바실리 예르쇼프가 미국으로 이민을 가서 쓴 회고록에서 나온 것이다. 그는 1941년 11월 7일 혁명 기념일 아침, 남쪽으로 이어지는 도로를 따라 걷다가 수백 명의 10~14세 어린이들이 군 검문소로 걸어오는 것을 목격했다고 한다. 그들은 외투 속에 손을 넣어 반란을 선동하는 전단 뭉치—"24년 전 너희는 봉건주의를 파괴했다! 이제 크렘린의 사형 집행자들을 파괴하라!"—를 꺼냈다. 위원장이 아이들에게 권총을 발포했다. 동시에 독일군의 포격이 시작되었고 아이들은 흩어졌다. 20명의 어린이가 총격을 거부한 군인들과 함께 체포되었다.

사건에 대한 기록이 없기 때문에 어쩌면 일어나지 않았을 가능성도 있다. 아니면 예르쇼프가 미국 시민권을 위해 과장했을 수도 있다. 다만 반란을 선동하는 전단이 레닌그라드에 유포되었다는 것은 의심할 여지가 없다. 공작기계 공장의 한 엔지니어가 호소문을 배포한 혐의로 체포되었다.

레닌그라드에 죽음이 드리워져 있습니다. 매일 2, 3천 명이 죽습니다. 누구의 책임입니까? 소련 정부입니다. 당국이 약속한 모든 것이 거짓으로 판명되었습니다. 도시 지도부를 장악하십시오! 조국을 구하지 않으면 죽음만이 우리를 기다리고 있습니다.

자신을 '반란군'이라고 서명한 또 다른 팜플렛 제작자는 모스크바역에 전단을 남겨두고 포포코프와 즈다노프에게도 직접 발송했다. 거의 2년 동안 당국의 손아귀를 피한 그는 철강 공장에서 일하는 50세의 노동자로 이름은 루즈코프였다. "일터에서 그의 공식적 지위는 무엇인가?" 즈다노프의 대리인 알렉세이 쿠즈네초프는 사건 보고서를 보고 화를 냈다. "당 조직은 그에 대해 무엇을 알고 있었나? 확인해서 소문을 알려주시오."

17. 빅 하우스

The Big House

두 차례의 확인되지 않은 시위를 제외하면, 대중의 분노는 조직적인 반란으로 이어지지 않았다. 시민들은 지도자들을 불신했지만 폭격이 빈번해지면서 나치를 더욱 증오하게 되었기 때문이기도 했다. 체제에 반대할 수 있는 모든 잠재적 원인을 제거하면서 소비에트 정권은 사람들(특히 젊은이들)의 충성심을 이끌어내었다. 냉전 전문가 멀 페인소드가 말한 것처럼 재앙과 위기가 정치 체제의 가장 혹독한 시험대라면, 레닌그라드의 건재함은 많은 것을 시사해준다. 그는 서방이 러시아 전체주의를 과소평가하지 않도록 가르쳐야 한다고 강조했다.

레닌그라드의 리테이니 대로를 따라 북쪽으로 가면 그 끝에 '빅 하우스(볼쇼이 돔)'라고 불리는 연방보안국FSB 지부 건물이 보인다. 그 전신인 NKVD 때부터 사용된 건물은 1920년대에 대리석으로 지어졌다. 공습이 시작되었을 때, 공성전에서 살아남은 한 생존자는 "많은 시민들은 폭탄이 NKVD 건물에 떨어져서 모든 기록이 파괴되기를 간절히 바랐다."라고 토로했다. 그러나 "그 건물은 끔찍한 모습으로 그대로 남아" 있었다고 회상한다.

공포 정치는 전쟁 내내 계속되었다. 1941년 7월과 8월의 대규모 추방에 이어 9월, 11월, 3월에 숙청이 이어졌고 마지막에는 학자 100여 명이 체포되었다. 1942년 가을까지 9,500명 이상이 정치 범죄로 체포되었는데, 그중 약 3분의 1은 지식인이거나, 상인, 지주, 귀족 및 관리였고 나머지는 농민과 노동자였다. 인민법원을 보완하는 군사 재판소에 회부된 사람들은 소송이 기각된 경우가 6%에 불과했다. 민간 법원의 상대적으로 느슨한 판결(기각 또는 무죄 판결 비율 20%)은 군검찰의 질책을 받기도 했다.

리하체프는 포위 공격 당시 테러가 벌어지는 것을 목격했는데, 그곳에서 이고리 구콥스키가 체포되어 동료 3명을 고발하도록 강요받았다. 솔로베츠키 섬에서 5년 동안 복무한 리하체프는 아래와 같이 썼다. 그는 나중에 '당시에는'을 추가했다.

> 나는 구콥스키를 비난할 생각이 없고 강압에 못 이겨 그들이 부르는 대로 서명을 한 사람들도 비난할 생각은 없다. 구콥스키가 체포된 것이 처음이라서 심문관의 질문에 가능한 한 적게 대답해야 한다는 것을 몰랐을 것이다.

NKVD 심문실의 또 다른 경험자인 마르세나 카르피츠카야는 빅 하우스로 불려가 도서관의 동료를 비난하는 데 동참할 것을 요구받았다. 그녀가 거절하자 경찰관은 그녀의 혈통을 보면 예상되는 일이라고 비웃었다. 카르피츠카야 자신도 놀라울 정도로 분노가 폭발했다.

> 아무도 내 부모님이 인민의 적이라는 걸 증명하지 못했기에 그렇게 말한 것 자체가 범죄라고 말했습니다. 젊음의 어리석음만이 나를 그토록 용감하게

만들 수 있었을 것입니다.

카르피츠카야는 푸블리츠카라는 이름의 상사의 도움으로 추방을 피할 수 있었다. 지리 교사 알렉세이 비노쿠로프도 빅 하우스로 호송되었다. 그는 일기에 이렇게 털어놓았다. "아둔한 심문 절차는 약 3시간 동안 계속되었다." 1년 후, 조사관이 그의 집에서 일기장을 압수했을 때, 이 대목에도 밑줄을 그었다. 트럭 뒤에서 시체가 떨어지는 것을 보았다는 문장에도 밑줄을 그었다. 1943년 3월 19일 비노쿠로프는 학교에서 '반혁명 선동'을 했다는 죄목으로 유죄 판결을 받고 총살당했다. 더 이상한 경우는 알렉산드르 볼디레프였는데, 그의 일기장에 있는 '바보 같은' 영국 소설(큰 집으로 가는 두 번의 여행)에 대한 언급은 사실 책 제목이었으나 암호로 의심받았다.

포위 공격의 첫 번째 겨울 동안 감옥의 대다수가 굶어 죽었기 때문에 어쩌면 처형은 자비로운 결말이었을지도 모른다. 핀란드 역 옆에 있는 크레스티(십자가) 감옥의 한 수감자는 감방에서 시체를 꺼내는 일을 맡았다. 그는 10월 16일부터 2월 2일까지 1,853구를 수거했다.

매일 25~40구의 시체를 치웠습니다. 그리고 2월 3일에 저는 감방의 문이 전부 열려 있는 것을 보았는데, 놀랍게도 텅 비어 있었습니다.

통계처의 보고서에 따르면 1941년 3월에는 0명이었던 레닌그라드 감옥의 사망자는 12월 1,172명, 1942년 1월 3,739명, 이후 4개월 동안 각각 2,000명 이상으로 증가했다. 수감자들은 벌목 캠프, 돼지 농장, 발전소, 군수품, 케이블 제조 공장 등에서 일하도록 배치되었다. 그곳에서도 생존 가능성은 희박했다. 12월에 NKVD는 파블로프 국장에게 노동 수용소 수감자 3,579명의 빵 배급량을 하루 250그램에서 육체노동자의 몫인

350그램으로 늘려 달라고 요청했다.

감옥이나 노동 수용소에서의 죽음은 철도 사무원 이반 질린스키의 운명이었을 것이다. 겨울이 되자 질린스키 부부는 배급으로 겨우 살았다. 이반은 전차 운행이 중단되자 회사를 그만두고 1월부터 피난민들을 위한 여권 사진사로 일하기 시작했다. 사진 한 장당 100그램의 빵을 얻었다. 3월 20일 자다가 숨진 올가에게는 너무 늦은 일이었다. 질린스키는 "올가의 죽음과 함께 그녀가 겨울 내내 꿈꿔왔던 봄의 해빙이 온 것일까"라고 썼다. 그녀가 죽은 후에야 대피한 친척들로부터 밀린 편지와 우편환이 도착했다. 질린스키는 일주일 후 이웃의 고발로 체포되었다. 이번에도 경찰은 일기장을 들이밀었다. "전쟁이 끝나면 연합군은 레닌그라드를 국제항구로 바꾸고 소련 정부에 언론과 종교의 자유를 보장하라고 압력을 가할 것이다." 질린스키는 '소련의 현실을 비방한 혐의'로 기소되어 사형선고를 받았으나 10년형으로 감형되었다.

세라피모프스코예 공동묘지에는 유모차, 꽃 판매자, 빗자루를 든 할머니들의 조용한 행렬이 비석 사이를 뒤덮고 있었다. 정문 앞의 기념비는 굶어 죽은 이들을 기리고 있지만, 실제 집단무덤(묘지 경계에 있는 거친 땅과 목재 야적장)은 그대로 방치되어 있다. 질린스키처럼 전시 테러로 희생자가 된 사람들에게는 기념비조차도 없었다.

제4부

18. 먀스노이 보르(고기 숲)

Мясной Бор

레닌그라드의 고통은 서방에서는 관심 밖이었다. 도시에 즉각적인 위협이 사라지자 연합군의 시선은 먼저 모스크바로, 그 다음에는 극동으로 향했다. 레닌그라드에서 대량 사망자가 발생한 첫 달인 1941년 12월에 홍콩 함락이 동시에 있었고 두 번째 달은 독일 U보트에 의한 막대한 손실, 세 번째 달은 일본이 7만 명의 영연방 군인을 포로로 잡고 싱가포르를 점령한 것과 맞물렸다. 영국과 미국의 목표는 소련이 완전히 붕괴하는 것을 막는 동시에 스탈린과 영국 좌파의 제2전선에 저항하는 것이었다. 8월 말, 미국의 렌드 리스 프로그램을[86] 통해 탱크, 전투기 등 군수품을 실은 수송대가 아르한겔스크에 도착했다. 4년간의 치열한 외교의 서막이 열렸다. 처칠은 훗날 "소련 정부가 마치 우리에게 큰 호의를 베풀고 있다는 인상을 받았다."고 썼다.

---

[86] 『미합중국 방위 증진 법률』 또는 약칭 『무기대여법(Lend-Lease Act)』은 미국이 제2차 세계대전 동안 영국, 소련, 중국 등 연합국에 막대한 양의 전쟁 물자를 제공할 수 있게 만든 법이다.

1942년 1월, 동부 전선 전역에서 독일군의 전투가 중단되었다. 분석가들은 나치 장군들이 동부 전선에서 패배의 책임을 악천후와 히틀러 탓을 하는 것을 조롱했다. 이 평가는 사실 불공평했다. 러시아 기준으로도 1941/2년 겨울은 매우 추웠고 독일군에게 큰 타격을 주었다. 1월 12일 '늑대의 은신처'에서 저녁 식사를 하던 히틀러에게 소련의 기온 급강하는 모든 것을 마비시키는 재앙이었다. "영하 42도의 레닌그라드 전선에서는 소총도, 기관총도, 야포도 작동하지 않았습니다." 항공기는 땅에 묶였고 탱크와 트럭은 시동이 걸리지 않았으며 배까지 쌓인 눈으로 말들은 뒤뚱거렸다. 병사들은 동상과 추위의 희생양이 되었다. 프랑코가 공산당과 싸우는 나치를 지원하기 위해 파견한 스페인의 '블루 사단'은 셔츠 색깔이 아니라 추워서 파래진 얼굴 색깔 때문에 언론의 조롱을 받았다.

프리츠 호켄요스의 자전거 부대(스키 부대로 재훈련 중)는 볼호프 강 서쪽 기슭에 있는 즈방카 마을에 배치되었다. 그들의 숙소는 버려진 수도원이었다. 종탑 꼭대기의 전망대에서는 얼어붙은 강과 모스크바/레닌그라드 철도 노선을 표시하는 전신주가 보였다. 멀리 떨어진 러시아 착륙장의 비행기 소리만 들리고 있다. 강 반대편 강둑에는 러시아의 제2충격군이 주둔해 있었고 등 뒤에는 패배한 부대의 잔해가 얼음 숲에 널려 있었다.

그들은 떠돌이 동물처럼 숲속을 정처 없이 헤매고 있다. 그저 걷고 또 걸을 뿐이다. 어느 달밤에 순찰대가 길옆 30보쯤 떨어진 곳에서 그들을 발견하고서 순찰대는 탄알을 모두 발사했다. 총알을 피한 사람들은 굶주림과 추위의 희생양이 된다. 총알은 그들에게는 자비일 것이다.

2월이 되자 호켄요스는 자신과 부하들이 제대로 된 프론트슈바이젠[87]으로 변했다고 자부심을 느꼈다. 패딩처리된 면바지를 부츠 바깥에 입은 채, 수류탄을 꺼내기 위해 코트 깃을 풀어 안으로 재빨리 손을 뻗는 법을 배웠다. 헬멧 아래에는 동상을 방지하기 위해 모직 숄로 머리를 감싸고 코에는 의료용 거즈를 씌웠다. 또한 적과 혼동되는 것을 막으려고 완장을 찼다. 호켄요스는 고향에서 온 위문 소포에서 구식 벨벳 귀마개를 발견하고 감동을 받았다. "이제 더 이상 독일군처럼 보이지 않는다."

■■■

포위하는 자들이 겪은 고통은 방어하는 자들이 겪은 고통에 비하면 아무것도 아니었다. 잘 알려지지 않은 사실 중 하나는 붉은 군대에도 기아가 있었다는 것이다. "색깔과 밀도가 아스팔트와 비슷한 빵", '파편'이라는 별명을 가진 카샤(러시아식 오트밀) 등 붉은 군대의 배급은 열악했다. 탈영하거나 자살하는 병사들 뿐만 아니라 굶주림으로 사망한 병사들도 많았다. 봉쇄 자체도 그렇지만 절도나 부정부패가 원인이었다. 최전방 병사에게는 하루 500그램의 빵과 125그램의 고기가, 후방 병사에게는 300그램의 빵과 50그램의 고기가 배급되었다지만, 실제로는 훨씬 더 적은 양을 받았다.

레닌그라드 북서쪽 핀란드 전선의 비행장에 주둔한 서른여섯 살의 보병 세멘 푸티야코프도 그중 한 명이었다. 12월 초에 장교들이 취사병에게 6명분의 배급을 8명에게 나눠주게 하고 나머지를 착복한다는 걸 알았다. 그는 불만을 제기했기에 곤경에 처했다.

---

87 프론트슈바이젠(최전방의 돼지)은 군대 은어로 최전선에서 작전을 수행하는 베테랑 군인들에게 일종의 명예로 사용되었다. 반면 에타펜자우(etappensau)는 후방에서 편하게 지내는 돼지(장교)를 경멸조로 부르는 속어였다.

어제 정치 위원에게 따져 물었습니다. 저는 규정 어디에 우리가 받아야 할 것보다 적게 줄 수 있다는 말이 있냐고 물었습니다. 그의 볼은 통통했습니다.

푸티야코프는 가족의 사진을 보면서 예전에 먹었던 음식을 기억하며 새해 전야를 축하했다. 1월 8일에는 그는 걷기조차 힘들었다. "나무를 베는 동안 말뼈를 갉아먹었습니다. 배고파서 부은 얼굴이 가라앉지 않습니다. 악마는 내가 무엇을 쓰고 있는지, 무엇을 위해 쓰는지 알고 있습니다." 그는 부패한 하사와 중위를 향해 "그들은 인간의 탈을 쓴 짐승"이라며 격렬하게 비난했다. 부대의 다른 병사들은 굶주림으로 죽어가고 있는데, 차라리 파시스트들과 전투에서 죽는 것이 나았다. 그리고 며칠 뒤에 그는 체포되었다. '붉은 군대에 불만을 제기'한 혐의로 그는 1942년 3월 13일 처형당했다.

소련군에서 푸티야코프의 경험은 그리 특별한 사례가 아니었다. 병사들이 집으로 보낸 편지에는 비슷한 얘기가 많다. "굶어 죽고 싶지 않았습니다. 이런 죽음이 조국에 무슨 소용이 있겠습니까? 우리는 빵 30그램도 얻지 못합니다. 수프는 건더기도 없이 그저 질척한 소금물일 뿐입니다." 라도가 남쪽에서 포병 포대를 이끌고 있던 바실리 추르킨은 병사들이 서 있을 수 없을 정도였다고 불평했다. 레닌그라드 사람들은 거리를 행진하는 군인들이 전부 피골이 상접한 모습에 충격을 받았다.

레닌그라드의 굶주린 민간인처럼 일부 군인들은 식인에 의지했다. 호켄요스는 즈방카 뒤편 숲에서 '인육 먹는 사람들'이라고 불리는 수용소를 발견했다. 바실리 예르쇼프는 레닌그라드 남쪽의 콜피노에 주둔한 제55군 제56 소총사단의 보급 장교였다. 예르쇼프는 이렇게 회상한다.

어느 날 하사는 군의관 체푸르니 대위가 눈더미를 파고 있는 것을 알아차렸다. 하사는 그가 살점을 잘라 주머니에 넣고 눈 속에 시체를 다시 묻는 걸 목격했다. 30분 후 하사는 대위의 방으로 들어갔고 그가 프라이팬에 고기를 구워 먹고 있는 것을 보았다. 인간의 살코기였다. 대위는 군사위원회의 특별명령에 따라 총살당했다.

사형 집행자는 NKVD의 보리소프 대위였으며 사격대에 특별배급(600그램, 1/3 처형 전과 2/3 처형 후)이 지급되었다. 예르쇼프는 "보리소프 대위는 직접 총살을 많이 하려고 노력했습니다."라고 덧붙였다.
예르쇼프의 기록은 계속된다.

1942년 1월 초, 사단 사령관은 대대 지휘관들로부터 수송대가 도착하지 않았다는 전화를 받았다. 확인 결과, 굶주린 병사들이 수송병을 죽이고 식량을 빼앗는 일이 벌어지고 있었다. 병사들은 시체를 눈 속에 묻고 참호로 돌아갔다. 살인자는 하루에 두 번씩 그 장소로 돌아가 인육 조각을 잘라 먹었다. 1941/2년 겨울에 우리 사단에는 최전방에서만 약 20건의 그런 사건이 있었다.

스탈린은 총공격에 레닌그라드 군대를 포함했다. 야심 찬 이 작전은 스몰렌스크, 우크라이나 돈바스, 크림반도를 탈환하고 레닌그라드를 해방하는 것이었다.
그동안 볼호프 전선의 군대는 강을 건너 서쪽으로 돌파하여 류반, 토스노, 므가 주변의 독일군을 차단해야 했다. 처음에는 총 326,000명이 작전에 투입될 예정이었으며 이론상으로는 병력에서 60%, 총과 박격포에서 60%, 항공기에서 30%의 우위를 점할 수 있었다.
시간이 더 필요하다는 메레츠코프의 간청을 무시한 채 스탈린은 1월 첫째 주에 공세를 재개할 것을 고집했다. "처음부터 상황이 좋지 않았습니다." 4일 키리시 근처에서 48시간에 걸친 격전 끝에 겨우 5킬로미터의 진지를 확보했고 6일에는 볼호프 빙판에서 30분 만에 3,000명이 넘는 병사를 잃었다. 할더 장군은 일기에 "간헐적인 적의 공격이 계속되고 있다."라고 사태를 무시하듯 기록했다. 호켄요스는 소련군의 포격으로 수도원이 반쯤 파괴된 것을 발견했다. 회랑은 포탄 자국으로 가득 차 있었고 예배당의 천장은 무너졌다. 일주일 후 두 번째 소련의 공격은 쉽게 격퇴되었다.

한낮에 보드카에 취한 듯 소련군 15명이 바깥으로 기어 나왔다. 쌍안경을 통해 그들이 시체의 배낭에서 깡통을 꺼내는 것을 볼 수 있었다. 200미터도 안 되는 거리에서 그들을 저격했다. 조준은 성공적이었다.

몇 킬로미터 상류의 먀스노이 보르 마을 맞은편에서 소련군의 공세는 성공적이었다. 새로 편성된 제2충격군—베리아의 부하가 지휘했다—은 숲이 없는 볼가 대초원에서 징집된 병력이었는데도 1월 17일 방어선을 돌파하고 독일 후방 깊숙이 침투했다. 2월 말까지 10만 명의 병력이 약 $50km^2$ 규모의 '포위망'을 형성했으며, 그 북쪽 경계는 철도 도시 류반에서 불과 10km 떨어진 곳에 있었다.

히틀러는 3월 2일 게오르크 폰 퀴흘러(1월에 폰 레프로부터 북부군 사령부를 인수한 바 있음)에게 프레데터 작전을 명령했다. 할더는 일기에 3월 7일부터 14일까지 "해당 부분에 폭격을 집중"해야 한다고 적었다. "볼호프 돌출부를 제거한 후에는 적을 굶어 죽도록 내버려 두면 된다." 15일 새벽에 시작된 지상 공격은 5일 만에 '에리카'와 '도라'라는 별명을 가진 두 길을 모두 끊어버렸다. 이달 말, 소련군은 먀스노이 보르 주변에서 필사적인 전투 끝에 겨우 1킬로미터를 확보했고 이 통로를 따라 밤에 썰매를 타고 보급품을 운반해야 했다.

4월이 되자 해빙이 시작되었고 반짝이는 고요는 이슬비와 흐르는 물소리로 바뀌었다. 여전히 즈반카에 머물고 있던 호켄요스는 수도원 종탑 꼭대기에 몇 시간 동안 앉아 풍경의 변화를 지켜보았다.

갈대밭, 노랗게 물든 풀밭 사이의 넓은 수역, 검은 황무지, 드문드문 남아 있는 눈의 흔적. 그 위의 고운 양털 구름이 떠 있는 높은 봄 하늘, 종달새의 환희와 댕기물떼새의 울음소리가 가득하다. 오른쪽 숲에는 모든 덤불에 금빛 되새가 있다. 사방에서 남자들은 벙커 앞에 셔츠를 벗고 창백한 몸으로 휘파람을 불고 노래하고 있다.

갇혀 있던 제2충격군에게 해빙은 불행을 가져왔다. 러시아 전선의 다른 지역과 연결된 통로가 막혀 보급품 수송과 부상자 대피가 중단되었다. 참호는 침수되어 포탄을 손으로 운반해야 했으며, 병사들은 참호에서 참호로 '토끼처럼' 뛰어내려야 했다. 낮에는 나뭇가지와 이끼, 낙엽으로 '가슴을 덮고' 밤에는 불을 피워 펠트 장화와 누비 재킷을 말렸다. 스탈린은 메레츠코프를 소환하고 주코프의 부하 미하일 코진을 볼호프 전선에 예속시켰다. 키이우에서 37군을 포위망에서 벗어나게 하고 12월의 반격을 주도했던 안드레이 블라소프가 제2충격군을 지휘하기 위해 투입되었다. 5월 12일, 독일군의 지원 첩보를 입수한 코진은 블라소프에게 포위망을 뚫고 볼호프 전선으로 합류하라고 명령했다. 5개 사단과 4개 여단이 먀스노이 보르 회랑을 통과해 돌아왔다. 그리고 7개 사단과 6개 여단이 남아 있었다. 총 2만여 명의 병력이 여전히 독일군의 '가마솥' 안에 갇혀 있었다. 한 생존자는 "부대가 약해질 때까지 기다렸다가 적들이 공격해왔다."라고 회상했다.

탄약도, 휘발유도, 빵도, 담배도, 소금도, 의료품도 없습니다. 걸을 수 없는 수백 명의 부상자들은 덤불 아래에 누워 있는데, 그 위로 모기와 파리가 윙윙거립니다. 가까이 가면 벌레 떼가 입과 눈, 귀에 들어갑니다. 엄청난 수의 머릿니가, 회색 악마들이 우리의 온몸을 뒤덮고 산 채로 맛있게 먹습니다.

가장 큰 문제는 굶주림이었습니다. 끝없는 배고픔. 어디를 가든, 무엇을 하든 음식 생각이 떠나지 않습니다. 식량은 이제 항공 수송에만 의존해야 했습니다. 충분한 양이 공급될 수 있을까요? 한 번은 오두막집 잿더미 속에서 오래된 감자를 발견했습니다. 우리는 감자를 자르고 작은 토막을 얻었습니다. 정말 맛있었습니다! 감자 냄새로 집과 가족 생각이 났습니다.

북부 사령부의 수뇌부 개편(볼호프 전선은 레닌그라드의 레오니드 고보로프에게 넘겨졌다)은 변화를 일으키기에는 너무 늦었다. 6월 중순이 되자 제2충격군의 잔당은 먀스노이 보르 서쪽의 작은 늪지대로 밀려났다.

백야가 계속되니, 하루 24시간 내내 독일 비행기가 폭탄을 투하했습니다. 포격 소리에 귀가 멀 지경이었죠. 부대끼리 통신이 두절되고 지휘 계통도 붕괴되었습니다. 독일군의 삐라가 땅을 뒤덮고 항복을 촉구했습니다. 숲은 불타고 연기가 납니다. 사방에 폭탄 자국과 부러진 나무와 시체가 널려 있습니다. 파리로 뒤덮인 수천 구의 시체가 6월의 태양 아래서 썩어가고 있었습니다. 다친 병사들이 애원하지만 아무도 신경 쓰지 않습니다. 사람들은 반쯤 미쳐서 숲을 돌아다닙니다. 아무도 시계를 가지고 있지 않아 시간을 잊어버립니다. 오늘이 무슨 날입니까? 낮입니까? 밤입니까?

6월 21일부터 24일까지 햇살이 내리쬐던 날, 밤이 되자 길이 4킬로미터, 폭 수백 미터에 불과한 독일군의 전선에 붉은 군대의 자살 폭탄이 연쇄적으로 터졌다. 한 생존자의 말을 빌리자면, 독일군의 포격은 "사람, 땅, 나무 등 모든 것이 공중으로 날아갈 정도였다. 게다가 연기로 인해 아무것도 볼 수 없었다."

장군 블라소프는 7월 12일 포위망 서쪽의 한 마을에서 독일군에 체포되어—히틀러의 전진 사령부이자 소련 고위급 포로들을 위한 수용소가 있는—우크라이나의 서부 도시 비니차로 이송되었다. 이곳에서 블라소프는 나치 당국에 서한을 보내 많은 러시아인들이 볼셰비키에 반대하고 있으므로 소련 포로를 독일군에 편입시켜야 한다고 주장했다. 블라소프는 대상을 잘못 골랐다. 나치는 붉은 군대의 항복을 선동하는 전단에 그의 이름을 넣었다. 블라소프는 히틀러를 만나지 못했고 1945년 1월 말에서야 포로로 구성된 2개 사단의 지휘권을 부여받았다. 4개월 후 그는 프라하 봉기의 혼란 속에서 소련군에 체포되었고 1946년 7월 비공개 법정에서 재판받고 교수형을 당했다.

블라소프의 반역죄로 인해 제2충격군은 낙인이 찍혔다. 블라소프의 통신 책임자 아파나세예프 소장은 8월에 후방으로 밀려났고 빨치산들과 은둔 생활을 하며 지냈다. 비행기를 타고 소련군 전선을 넘어 돌아오는 길에 아파나세예프는 '만세'를 외칠 수밖에 없었다고 말한다. "위대하고 사랑하는 친구이자 스승 스탈린 동지 만세!"라고 외쳤지만 그는 유일한 승객이었고 조종사는 들을 수 없었다."고 한다.

■■■

전후 제2충격군에 대한 모든 언급은 금기시되었다. 역사 기록도, 기념식도, 기념비도 세워지지 않았고 심지어 전사자의 미망인은 군인 연금도 받지 못했다. 참전용사들은 복무 사실을 수치스러운 비밀로 숨겨야 했다. 1970년대 후반이 되어서야 자원봉사 단체들이 시신을 수습하기 시작하면서 복권 운동이 시작되었다.

사샤 올로프는 자원봉사 운동을 창립한 사람의 아들이다. 그는 고무 장화와 군용 재킷을 입고 먀스노이 보르 남동쪽의 폐선된 기찻길 옆에 서 있었다. 사샤는 이곳이 독일군의 벙커였다고 설명한다. 발로 눈을 긁어내고 난 후 상자를 열었다. 가죽 장화, 녹슨 톱, 흙으로 가득 찬 녹색 와인병 두 개, 탄약 벨트 한 개, 난로 파이프, 나선형 호스, 뾰족한 코의 7.92mm 소총탄 수십 개가 썩은 나무 상자 안에 깔끔하게 정리되어 있다.

발견한 유물은 지역 학교 체육관에 전시되어 있는데, 벽면 지도, 총기와 헬멧, 물병, 숟가락 등이다. 세 개의 두꺼운 링 바인더에는 붉은 군대의 인식표가 채워져 있다. 이 인식표는 돌돌 말아서 작은 나사 모양의 베이클라이트(전선에 쓰이는 합성수지) 실린더 안에 있었다. 먀스노이 보르에서 수습된 29,000구의 시신 중 신원이 확인된 시신은 1,800구뿐이었다. 블라소프의 본부가 있던 곳에는 사샤가 찾은 유품이 벽에 걸려 있다. 제2충격군의 선전 삐라도 우체통에 꽂혀 있다. "독일 점령군에게 죽음을", "적은 우리의 저항을 꺾지 못할 것이다", "우리의 승리가 가까워졌다" 등의 문구가 적혀 있다. 이 삐라의 날짜는 6월 24일 수요일로, 제2충격군이 먀스노이 보르 회랑으로 돌진했던 최후의 날이다.

1942년 1월부터 4월까지의 겨울 공세로 레닌그라드와 볼호프 전선에서는 총 326,000명의 병력 중 308,000명이 전투에 투입되었다. 이 중 213,303명은 부상자와 병원에서 사망한 병사 등 '의료 손실'이었고 95,000명은 전투 중 사망, 포로, 실종 등 '회복 불가능한 손실'이었다. 5월과 6월의 작전으로 북부 전선에서 94,000명이 추가로 손실되었으며 독일 기록에 따르면 이 중 최소 48,000명이 먀스노이 보르에서 포로로 잡혔다고 한다.

일리야 프렌클라흐는 볼호프 전선 제2군의 정찰 부대로 전출되었다. 그의 임무는 몇 시간 동안 엎드려 쌍안경으로 적진을 감시하는 것이었다. 지난 가을 또는 봄에 '천국의 부름'을 받은 아군의 시체들이 주변에 널려 있었다.

독일군은 우수한데, 우리는 머릿수만 채우면 될까요? 왜 우리는 총검밖에 없습니까? 왜 우리의 피는 강이 되고 시체는 산처럼 쌓이는 걸까요? 탱크는 어디에 있습니까? 전쟁 첫 2년 동안 레닌그라드나 볼호프에서 싸운 사람들은 이 말을 이해할 것입니다. 지도부가 제 역할을 했다면 우리는 4분의 1의 손실로도 이겼을 것입니다. 우리에겐 도살자와 장의사 천지였죠.

19. 살아 숨 쉬는 잔잔한 기쁨

The Gentle Joy of Living and Breathing

1942년 봄과 여름, 소빈포름부로의 신문을 펼친 사람은 충격에 휩싸일 것이다. 하르코프에서 독일군에 포위되자 메클리스 장군은 크림 반도를 포기했다. 먀스노이 보르에서의 제2충격군의 패배는 이 상징적인 사건과 맞물려 있었다. 세바스토폴의 함락은 치명적인 타격으로 소련 흑해 함대의 본거지는 11월부터 에리히 폰 만슈타인의 독일군과 루마니아군 203,000명에 맞서 106,000명의 소련군이 있었다.

스탈린이 세바스토폴을 포기하라는 명령을 내리기 사흘 전에, 제독이 잠수함을 타고 요새를 떠났음에도 언론은 무적의 소련군으로 보도했다. "혁명의 군대는 생사를 건 투쟁을 벌이며 결코 항복한다고 말하지 않는다."

9일 전 롬멜의 독일군이 점령한 리비아의 항구 토브루크는 영국 제8군이 이집트를 방어하는 데 필수적인 곳이었다. 처칠은 루즈벨트와의 회의 도중 집무실에서 이 소식을 접했다. 그 자리에 있던 장군 중 한 명은 "끔찍하고 전혀 예상치 못한 충격이었다."라고 회고했다. "내 생애 처음으로 총리가 움찔하는 것을 보았습니다." 8월, 처칠은 루즈벨트의 특사 애버럴 해리먼과 함께 스탈린과의 첫 정상회담을 위해 모스크바로 날아가서 롬멜의 후방을 공격하는 토치 작전 때문에 프랑스 북부 상륙이 연기되었다는 소식을 전해야 했다. 스탈린의 반응은 너무나 모욕적이어서 처칠의 통역관은 러시아의 통역이 잘못 말한 게 틀림없다고 생각했다. 사실 그는 독재자의 말을 완벽하게 알아들었다. 스탈린은 연합군이 독일군을 두려워한다고 면전에서 말하고 있었다.

■■■

강대국들이 다투는 동안 레닌그라드에는 봄이 찾아왔다. 운하의 얼음이 깨지고 지붕과 발코니에 쌓인 눈이 미끄러져 내렸다. 에르미타주에서는 아테나 신전의 지하실에 물이 넘쳐 18세기 도자기 컬렉션이 물에 잠겼다. 여직원들은 떠다니는 물품 라벨을 헤치고 물속에서 마이센 도자기를 손으로 더듬어 건졌다. 폭격으로 궁전 지붕에 누수가 생겨서 육군 사관생도들이 앤틱 가구를 옮기는 일을 도와주었다. 그 보답으로 박물관 가이드가 그들에게 그림이 제거된 빈 프레임 하나하나를 설명해 주었다.

낮의 길이가 길어지고 배급량이 증가하면서 레닌그라드 사람들은 평범한 일상을 다시 접하기 시작했다. 올가 그레치나는 바구니와 가위를 들고 공원을 돌며 민들레와 쐐기풀을 찾아다녔다. 트램이 다시 운행되기 시작한 4월 15일에는 사람들은 웃고 울며 트램을 따라 걸었다. 푸시킨 하우스의 드미트리 리하체프는 "식당에서 우리는 다시 만나 '살아 있구나! 너무 기뻐!'라고 말했다."라고 썼다.

조선소 감독관 바실리 체크리조프는 립스틱을 바른 여성이나 술 취한 사람들을 보는 것도 즐거웠다. 평소 같았으면 혐오스러웠겠지만 지금은 일상으로 돌아온 것을 환영하는 의미로 받아들였다. 몇 주 후 그는 한 여성이 울부짖는 소리를 듣고 놀랐다. "왜 그녀가 울고 있었는지 모르겠어요." 어쨌든 눈물은 상황이 개선되고 있다는 증거였다. 매일 수백 구의 시체가 버려졌을 때는 눈물도 나오지 않았다.

리디아 긴즈부르크는 '시간을 잃어버린 느낌'이었다. 약간의 조급함 그리고 슬픔과 죄책감이었다.

> 포위된 사람들은 어떤 순간을 기억했어요. 내가 과자를 먹지 않았다면 어머니가 죽지 않았을 것이라는 생각을 떨쳐낼 수가 없었습니다. 눈물로 젖은 빵 한 조각.

지난 2월, 병원에서 남편이 사망한 올가 베르그골츠는 일기장에 슬픔과 후회를 쏟아냈다. 왜 남편이 죽어갈 때 곁에 있어 주지 않았을까? 3월 말, 그녀는 여섯 대의 메세슈미트(독일군 전투기)에게 쫓기면서, 모스크바로 날아가 NKVD 본부에서 열린 낭독회와 리셉션에 참석했다. 이 행사를 통해 그녀는 시베리아로 향하는 감옥 열차의 아버지를 대신해 탄원할 기회를 얻었다.

> "누구든 네가 아는 사람과 연락하렴. 나를 여기서 꺼내다오."라고 아버지가 썼습니다. 맙소사, 우리는 무엇을 위해 싸우고 있습니까? 콜랴는 무엇 때문에 죽었습니까?

그녀는 서기관과 면담을 할 수 있었다. "그는 내 탄원서를 받아 오늘 저녁에 나스콤(인민위원평의회)에 전달하겠다고 약속했다. 그들이 뭔가 조치를 취할까? 믿기 어렵다." 탄원서는 레닌그라드로 되돌아왔고 그녀의 아버지는 전쟁이 끝날 때까지 집으로 돌아갈 수 없었다.

베르그골츠의 절망은 레닌그라드에 대한 모스코비치(모스크바 사람들)의 무지로 인해 더욱 가중되었다. 전쟁 초기 몇 달 동안의 군사적 재난과 마찬가지로 굶주림 또한 뉴스에서 제외되었다. 신문은 '식량 부족' 대신 독일의 폭격으로 인한 민간인 사망을 무시무시하게 묘사했다. 비극의 참혹함을 감추기 위해 완곡한 표현이 사용되었다. 배고픔이나 아사 대신에 정부 보고서는 '탈진', '아비타미노시스(비타민 결핍증)', '영양실조의 누적된 영향' 또는 가장 흔하게는 사이비 의학 용어인 '영양 장애'로 언급했다. 베르그골츠는 모스크바 친구들과 마음껏 얘기할 수 있었을 때, 막힘없이 이야기를 이어갔다.

레닌그라드에 대해 그들은 아무것도 모른다. 라디오에서도 굶주림에 대해서는 입을 열지 못했다. 아무도. 굶주림에 관한 이야기는 한마디도 없었다.

4월 20일 레몬 상자와 연유통을 들고 레닌그라드로 돌아온 베르그골츠는 마코고넨코와 함께 포탄으로 파손된 지붕이 보이는 다락방에서 그보다 두 층 아래에 있는 아파트로 이사했다. 사진, 책, 컵 두 개, 녹슨 분쇄기 등 최근에 사망한 배우의 소지품으로 가득 찬 그곳에서 베르그골츠는 글을 쓴다는 것이 "마치 내 영혼에서 피를 흘리며 고통스럽게 티커 테이프[88]를 뽑아내는 것"처럼 불가능했다. 5월 30일에 열린 작가의 콘퍼런스는 언어의 힘에 대한 장엄한 행사였어야 했다. 하지만 실제로는 "동료들의 위험한 시기심에 휩싸인 위선"으로 가득했다.

6주 후 마코고넨코는 금지된 시인 지나이다 시쇼바의 「사순절의 길」을

---

88 1867년 미국에서 발명된 전기기계식 전신기를 개량한 것으로, 대량의 주식 가격을 원거리까지 자동으로 전송할 수 있게 했다. 이 기계에 사용된 돌돌 만 종이를 티커 테이프라고 한다.

실수로 방송하는 바람에 라디오 하우스에서 일자리를 잃었다. 발코니에 보관된 시체에 대한 언급과 의도적으로 진부하고 심하게 비꼬는 마지막 구절("쉬어라, 아들아, 넌 할 일을 다 했어/ 레닌그라드를 지키고 있었어")에 모욕감을 느낀 레닌그라드 당위원회가 라디오 하우스에 전화를 걸어 방송을 중단하라고 말했다.

베르그골츠의 『2월 일기』는 출판되었지만 '이 흙, 어둠, 배고픔, 슬픔 속에서'라는 세 번 반복되는 배고픔과 흙이라는 단어가 속박과 고통이라는 추상적인 단어로 대체되어 밋밋해졌다. 일반 대중들은 베르그골츠에게 수백 통의 편지를 보내며 위로를 전했다. 편지 중에는 붉은 군대나 집단 농장에서 보낸 단체 편지도 있었다. 한 여성은 베르그골츠의 방송이 전사한 아들의 소식을 견디는 데 얼마나 도움이 되었는지를 묘사했다. 베르그골츠는 이렇게 말했다.

> **레닌그라드 사람들에게 바깥세상과의 유일한 연결고리는 라디오였습니다. 내가 그들에게 순간의 행복을 가져다주었다면, 행복에 대한 지나가는 환상일지라도 나의 존재는 가치가 있습니다.**

다른 사람들과 마찬가지로 그녀도 봄이 오는 것, 도시 광장의 라임 나무가 푸르러지는 것(손을 뻗은 높이까지 새싹이 돋아나는 것), 폭탄 잔해 속에서 캐모마일이 돋아나는 것 등을 보며 위안을 얻었다.

6월 밤에 베르그골츠가 쓴 일기 중에 몇 안 되는 즐거운 일에 대한 일기다.

> **어제 우리는 놀라운 저녁을 보냈다. 유르카는 자작나무 가지 한 다발을 사서 꽃병에 꽂았다. 창문을 활짝 여니, 시원한 바람이 불어온다. 자작나무 향기가 달콤해서 행복, 욕망, 만족감 같은 감정이 내 영혼에 쏟아졌다. 향기로운**

어린 시절의 저녁, 콜리아와 함께 한 첫날 밤, 잘생긴 그가 처음으로 키스했던 순간, 그때도 자작나무 냄새가 났었다. 그리고 나는 남편 옆에 누워 이것이 행복이라는 것을 온몸으로 느꼈다. 이 모든 것이 즐거운 고통과 함께 하나로 합쳐졌다.

3월 말부터 우편 서비스가 재개되면서 레닌그라드 시민들은 친구와 친척들에게 몇 개월 만에 소식을 전할 수 있게 되었다. 괴혈병의 후유증으로 지팡이를 짚는 올가 프리덴베르크는 사촌 보리스 파스테르나크가[89] 치스토폴의 평화로운 삶을 묘사한 편지에 모욕감을 느꼈다. 편지는 물통과 오래된 동전처럼 매끄럽게 닳아버린 영혼에 관해 이야기했다.

지난 2월, 큐레이터 안나 젤레노바는 노보시비르스크의 동료에게 편지를 보내 성 이사크 박물관의 직원들 사이에 묘한 긴장감이 돌았다고 묘사했다. 이제 그녀는 첫 편지가 잘못된 인상을 줄 수 있다고 우려했다. "겨울의 시련은 사실 박물관 직원들을 더욱 단단히 묶어주었다." 작곡가 조합의 레닌그라드 지부장 보그다노프 베레좁스키는 대피한 조합원들로부터 그들의 아파트를 확인해 달라는 요청을 받았는데, 이는 탐욕스런 건물 관리자와의 싸움과 도시를 가로지르는 산책이 수반되는 고된 일이었다.

타슈켄트에서 발진티푸스를 앓고 있던 안나 아흐마토바는 샤칼릭이라는 이름의 소년이 공습으로 사망했다는 소식을 들었다. 그 아이에게 루이스 캐럴의 동화를 읽어주곤 했던 그녀는 직접 시를 썼다.

    너의 작은 주먹으로 두드리면 내가 열어줄게
    항상 널 위해 문을 열어둘 거야

---

89 러시아의 시인으로 소설 『닥터 지바고』의 작가이다. 노벨 문학상을 정치적인 이유로 거절했다.

사막 저 너머, 바람과 더위 저 너머

나는 이제 높은 산을 넘어 있단다

하지만 나는 너를 버리지 않을 거야

너의 신음을 들을 수 없었고

너는 결코 내게 빵을 구하지 않았지

단풍나무에서 잔가지 하나를 가져오렴

아니면, 그저 초록 풀잎 하나

네가 지난 여름 그랬던 것처럼

차갑고 순수한 네바 강의 물을

오무린 손에 담아오렴.

내가 너의 금빛 머리칼에서

핏자국을 씻어줄게

공습이 아니라 굶주림으로 죽은 것은 샤칼릭의 오빠였기 때문에 그녀는 나중에 '핏자국'이 잘못 배치된 것을 알았다.

베라 인베르는 치스토폴에서 딸이 보낸 편지를 받고 손자가 뇌척수막염으로 사망했다는 소식을 알게 되었다. 그녀는 손자의 첫 생일을 기념하기 위해 분홍색 셀룰로이드 원통과 말린 완두콩, 리본 조각으로 딸랑이를 만들어 침대 끝에 걸어두었다. 아기가 죽은 지 한 달이 지난 것을 알게 되고 나서 그녀는 딸랑이를 서랍 속에 숨겼다.

바실리 추르킨은 두 통의 편지를 받았다. 첫 번째 편지는 아버지가 보낸 것으로, 큰아들 제냐가 3개월 반 전에 전투에서 전사했다는 내용이었다. 두 번째는 작은 아들 톨리아가 보낸 것으로 엄마가 굶어 죽었다고 했다. "이제 우리 가족은 아빠와 나 둘뿐이에요. 엄마와 제냐를 위해 두 발 달린 짐승에게 복수하세요, 아빠!"

에리스만 병원의 병리학자이자 안나 아흐마토바의 애인인 블라디미르 가르신에게 일상의 회복은 일을 하는 것이었다. 3월에 그는 삼 개월 만에 처음으로 옷을 벗었다. 그는 뼈만 남은 자신의 몸을 물속에 넣었다가 다시 꺼냈다. "따뜻하다. 이것은 타인의 몸이지 내 몸은 아니다. 모르겠다. 이전과는 다르다. 배설물도 달라지고 모든 것이 새롭고 낯설다." 그가 대피하기 전에 어떤 가족이 준 귀리 한 봉지가 그들의 목숨을 구했다. 가르신은 에리스만 병원의 시체 안치소에서 시신을 해부하기도 했다. 예상대로 시신은 체지방이 전혀 없었다. 가장 놀라운 것은 시신의 장기였다.

간은 무게가 거의 3분의 2가 감소했다. 심장은 3분의 1 이상, 때로는 절반 가까이 줄어든 상태다. 되돌릴 수 없는 끔찍한 영양 장애 3단계다. 지방을 모두 사용한 신체는, 보일러에 연료를 공급하기 위해 세포를 스스로 파괴하기 시작한다. 우리는 이 모든 것을 이론적으로만 알고 있었다. 이제 우리 눈으로 보고 손으로 만지고 현미경으로 보고 있다.

인체 조직의 가장 얇은 조각인 표본을 렌즈를 통해 내려다보면서, 그는 과학적 탐구에 대한 불타는 욕망과 비난에 대한 두려움이라는 상반된 감정을 발견했다. "이 아름다운 표본은 비극과의 싸움을 비명처럼 외치고 있다. 그들은 파괴, 생물의 기본 구조의 붕괴를 이야기하고 있다. 그 일을 저지른 사람들에 대한 증오를 느낀다." 그가 지칭한 사람들이 정확히 누구인지는 밝히지 않았다.

겨울이 봄으로 바뀌기 시작했을 때 정부의 최우선 과제는 질병의 확산을 막는 것이었다. 수천 구의 매장되지 않은 시체를 수거하는 것이 시급했고 5개월 동안 쌓인 인분을 치우는 것은 또 다른 과제였다. 4월 중순에 에리스만에서 52구, 쿠이비셰프 병원에서 730구, 어린이 병원에서 114구,

정신병원에서 378구, 핀란드 역에서 204구, 인민의 집에서 70구, 에르미타주 거리의 도서관 지하실에서 103구의 시신이 수습되었다. 봄이 되자 무덤의 시체가 부패해서 재작업이 필요했다.

사람들이 아파트의 공용 공간에서 배변하는 것을 막기 위한 노력도 했지만 아무런 소용이 없었다. 건물 밖에서 인분을 버리는 사람은 기소될 것이라는 안내문이 '제47 소베츠키 대로'의 입구에 붙어 있었다. 안뜰에는 쓰레기를 버릴 만한 배수구가 하나도 없다. 또한 변기가 너무 더러워서 가까이 갈 수 없기도 했다. 오물통을 비우는 것을 들킨 한 여성은 이렇게 외쳤다. "신고하세요. 어디에 버리죠? 내 머리 위로?" 그녀는 마당 관리인과 건물 관리인을 기소해야 한다고 덧붙였다. 건물 관리인이 관리를 안 해서 파이프가 얼어 0.5킬로미터 떨어진 곳에서 물을 길어와야 했다. 몇 번의 실패 끝에 청소 캠페인이 3월 28일 마침내 실시되었다. 첫날은 실망스러웠다. 사람들이 지각하거나 아예 나타나지 않았고 지렛대가 부족했고 배포된 삽 중 450개는 손잡이가 없었다.

어떤 사람들은 의무를 회피하려고 했다. 한 주부는 "밥부터 먹이고 일을 시키지" 하고 중얼거렸고 한 여성 공장 노동자는 "하기 싫어요, 그게 다예요"라고 단호하게 말했다. "나는 정부를 위해 일할 생각이 없다."라고 말한 남성의 신상 정보는 NKVD에 전달되었다. 그런데도 이틀 뒤에 290,000명이 모집되었다. 베라 인베르는 이렇게 썼다.

> 도시 전체가 거리 청소를 하고 있다. 얼음덩어리, 얼어붙은 흙 언덕, 하수 종유석 등 모든 것이 엉망이다. 깨끗한 포장도로를 볼 때는 감동한다.

톨스토이 광장을 치우기 위해 파견된 올가 그레치나에게 그 현장은 '고대 도시의 발굴 현장'과 비슷했다.

어떤 곳에서는 눈이 바닥까지 치워졌고 아직 작업이 시작되지 않은 곳도 있었다. 모두가 행복하게 열심히 일했다.

에르미타주를 청소하기 위해 소환된 알렉산드르 볼디레프는 28일 두 시간, 29일 한 시간 더 일한 뒤 무릎이 다쳤다는 핑계로 집으로 돌아갔다("반쯤 녹은 초콜릿색 눈에서 나는 악취가 역겨워요. 꼬챙이로 깨면 수천 개의 물방울이 옷과 얼굴에 튑니다."). 다음 날에는 나무를 자르다가 엄지손가락 윗부분이 잘리는 부상을 입었다. 동정심 많은 의사의 진단서(미술책 선물에 대한 감사 표시)로 그는 노동에서 벗어날 수 있었지만 다른 사람들은 그렇게 운이 좋지 않았다. "프루셰프스카야는 부활절 토요일인 오늘 에르미타주 요양소에서 사망했다." 라고 기록되었다. 아다 수바실리예브나는 "프루셰브스카야가 병원에 들어왔을 때 이미 정신질환을 앓고 있었다."라고 말을 돌렸다. 총 36톤의 눈, 얼음, 떨어진 석고, 깨진 유리 등을 에르미타주 직원들이 모두 치웠다.

3~4월의 대청소는 거의 모든 생존자의 인터뷰에서 나오는데, 이로써 이질, 장티푸스, 발진티푸스 등의 전염을 예방한 것으로 알려졌다. 하지만 실제로는 그렇지 않았다. 3월 이후 전체 사망률은 감소했지만 4월에는 인구 1천 명당 이질과 장티푸스 환자가 1년 전보다 5~6배나 높았고 발진티푸스의 경우에는 25배나 높았다. 레닌그라드의 수비대장은 아파트의 7퍼센트가 수돗물이 나오고 9퍼센트만이 오수처리 기능이 작동하고 있다고 보고했다.

가구의 3분의 1이 심각한 머릿니 감염으로 고통받았다. 마당은 여전히 인분으로 뒤덮여 있었다. 발진티푸스 '핫스팟'은 요양소, 어린이집, 기차역, 대피소 등이며, 곧 군대 막사도 포함될 것이다. '굶주림 설사'로 알려진 이질도 일기장에 자주 등장하는데, 이미 기아 상태의 사람들을 끝장내는 경우가 많았다. 볼디레프는 이에 대해 농담하기도 했다.

봄이 여름으로 바뀌고 봉쇄가 풀릴 것이라는 희망이 사라지자, 사람들은 대량 사망자가 발생한 지난 겨울을 반복하지 않기 위한 단단히 준비했다. 몇 달 만에 다시 전차를 탄 드미트리 라자레프는 '귓속말하는 자와 스파이를 폭로하라!'라는 구호가 이제 좀 더 실용적으로 바뀐 것을 알게 되었다.

> 1헥타르의 100분의 15의 면적에서 양배추 800킬로그램, 비트 700킬로그램, 오이 170킬로그램, 무 340킬로그램, 토마토 200킬로그램과 야채 200킬로그램을 생산할 수 있다. 1년 동안 한 가족 전체를 먹일 수 있는 양이다. 당신의 채소밭을 위해 난로의 재를 아껴둬라.

레닌그라드 시민들은 정부가 배포한 씨앗과 장비를 직접 제작한 괭이와 수레로 나르며, 공원이나 광장에 수천 개의 채소밭을 만들었다. 에르미타주에서는 당근과 시금치를 키우기 위해 예카테리나 여제의 옥상정원에서 라일락과 인동덩굴을 뽑아냈다. 볼디레프는 창문 박스에 양파를 심었고 리하체프 가족도 무를 재배했다. 프라우다에 따르면, 1942년에는 총 25,000톤의 채소가 재배되었고 그다음 해에는 60,000톤이 재배되었다. 이는 에이커당 무게 기준으로 633개의 새로운 기관, 학교와 공장에 딸린 '보조 농장'에 버금갔다.

농민들은 국가에 식량을 납품하고, '레닌그라드 집단 농장'에 기금을 냄과 동시에 붉은 군대에도 기부해야 했다. 시는 농민들에게 야생 버섯과 열매의 대가로 속옷, 비누, 실, 담배, 보드카를 제공하기로 결정했다.

노브고로드 동쪽의 보로비치에서도 전쟁기금을 모금하기 위해 애국적인 연설이 이어지는 가운데 300만 루블을 모았다. "붉은 군대가 이 두 발 달린 짐승들을 우리 땅에서 쫓아내도록 도와야 한다."고 여성트렉터 운전

수Трактористка는 강하게 외쳤다. "우리 아들 셋이 전선에 나갔습니다. 기부금은 적을 물리치는 데 필요한 무기를 줄 것입니다."

많은 사람들이 처음에는 기부를 공개적으로 거부했다. 한 마흔 살 여성은 "돈이 없다. 빌릴 사람도 없고 빌려준다고 해도 갚을 돈이 없다."라고 말했다. 그러나 회의가 끝날 무렵, 그녀는 300루불을 가져오려고 집으로 되돌아갔다. 피부발진으로 얼굴이 붉어진 집단 농장의 에스토니아인은 처음에는 거부했으나, 결국 현금으로 총 1,000루블을 기부하는 데 서명했다.

다른 마을에서는 독일군의 총소리에 시민들이 더 노골적으로 반항했다. 마을 소비에트 위원장으로부터 꾸중을 들은 한 여성은 이렇게 맞받아쳤다.

> 더 이상 기다릴 수 없어요. 소련은 농민들을 굶주리게 하고 이제는 우리를 발가벗기고 있어요. 하지만 난 당신들 앞에 굴복하지 않겠어요. 당신들의 통치는 곧 끝날 겁니다. 조금만 기다리세요. 다음 차례는 당신입니다.

어떤 중년의 사내도 대담하게 굴었다. "새로운 시대가 다가오면, 당신들을 가장 먼저 고발할 겁니다. 두고 보십시오. 당신들의 죄값을 치르게 할 것입니다."

도시에서는 식량 도난과 암시장 거래를 막기 위한 방안이 검토되었다. 수백 명(2월 520명, 8월 494명)의 상점 직원이 체포되고 상당량의 장물(9월 금시계 62점)이 압수되었는데도, 절도는 끊이지 않았다. 또한 공장 노동자들은 관리자와 주방 직원이 공모하여 배급량을 빼돌린다는 불만을 제기했다. 수도메흐 조선소에서는 "모두 술을 마시고 있다."라고 바실리 체크리조프는 일기에 썼다.

양심 없는 관리자가 많이 있어요. 그들은 정원 가꾸기 운동을 닦달합니다. 하지만 사석에서는 어떻게 하면 더 많은 것을 빼돌릴 수 있을지 몰두하죠. 관리자들은 각 20장의 배급 카드를 갖고 있습니다. NKVD는 어디 있죠? 정말 잡지 못하는 걸까요?

8월 말 당 회의에서 그는 자리에서 일어나 공개적으로 불만을 제기했다. "칼리높스키(수도메흐의 감독)가 분노하겠지만 내가 한 말에 만족한다. 그들은 악마가 데려갈 거다. 나는 크게 외쳤다. 미치게 배고프지만 렌틸콩 수프 때문에 몸을 팔지는 않겠다."

체크리조프는 14채의 목조 건물을 철거하는 작업도 맡게 되었다. 톱과 도끼를 이용해 손으로 해체했고 일부는 트랙터를 사용해 땅으로 끌어 내려야 했다. 시민들이 아직 집에 살고 있었기에 내키지는 않았다. 한 가족을 강제로 이주시키기 위해 그는 팀원들에게 지붕을 뜯어내라고 명령해야만 했다. 그들 대부분은 체념했다. "도시에 땔감이 필요하다는 걸 알게 되었죠."

베라 인베르가 집으로 돌아오는 길에 잡담을 나눈 엔지니어는 노바야 데레브냐[90]에 가족을 찾으러 갔다고 말했다. 그가 도착했을 때, 가구 부스러기를 제외하고는 남아 있는 게 없었지만 그래도 잔해 속에서 가족 사진을 발견했다. "우리 집 전체가 작게 부스러져서, 제가 우리 집을 가지고 다닐 정도죠." 그는 베라 인베르에게 침통하게 말했다.

해체된 집 앞에 서 있는 올가 그레치나에게 어떤 여자가 다가와 작은 순무를 주면서 널빤지를 가져가도 되냐고 물었다. 그레치나는 널빤지를 저녁 식사(순무와 당근 몇 개)와 교환했다.

---

90 옐래진 섬의 북쪽에 있는 노동 계층이 사는 교외 지역

여름의 정원 가꾸기, 식량 징발, 부패 방지 및 철거 운동은 라도가 호수를 통한 대피 프로젝트와 함께 진행되었다. 이 대피 계획은 의무였지만 볼디레프 같은 사람들은 피할 수 있었다. 그는 피난을 가는 것보다 지금 있는 곳이 더 낫다고 생각했기 때문이었다.

레닌그라드에서 이렇게 오래 버티었는데, 해방되기 직전에 떠나라니! 아무도 필요로 하지 않는 늙은 여인. 나는 어디에도 가지 않겠어요. 어디로도요!

올가 프리덴베르크는 장님이 된 80세의 노모와 떠나려 했지만 열차가 멈추자 포기했다. 마지막 빵 한 덩어리를 경비병에게 뇌물로 주고 어머니와 짐을 내려서 아파트로 돌아와 전쟁이 끝날 때까지 머물렀다.

드미트리 리하체프는 거주 허가를 박탈당하고 퇴거 통보를 받았다. 그리하여 아파트를 보러 온 예비 구매자들을 지켜보아야 했다. 그들은 헐값에 샹들리에, 카펫, 청동 필기구 세트, 안락의자, 소파, 책 등 모든 것을 사 갔다. "판매 금액은 총 10,000루블에 불과했고 그 중 2,000루블은 감자 여섯 자루를 사는 데 썼다."

레닌그라드의 인구는 전쟁의 여파로 작은 지방 도시 수준으로 줄어들었다. 전쟁 전 350만 명이었던 인구는 1942년 4월에는 약 100만 명으로 줄었고 8월 말에는 77만 6천 명, 연말에는 63만 7천 명으로 감소했다. 여름 동안 공습과 포격이 끊기면서 레닌그라드는 마치 시골처럼 고요한 위기로 바뀌었다. 공원에서 두건을 두른 여성들이 양배추를 갈아엎고 있었다. 소년들은 제방을 따라 낚시를 했고 선원들은 자전거를 타고 놀았다. 에르미타주에서는 직원들이 가구를 햇빛이 비치는 야외로 옮겨 곰팡이를 깨끗이 털었다. 파블롭스크의 보물이 있던 성 이사크 성당은 나폴리 뒷골목처럼 보였고, 태피스트리와 카펫이 화강암 기둥 사이에 건 빨랫줄에 매달려 있었다. 괴혈병에 걸린 병원 환자들이 유스포프 궁전 안뜰에서 속옷 차림으로 일광욕을 한다. 모스크바에 갔다가 돌아온 베라 인베르는 "도시는 무척이나 고요하고 황량합니다. 이런 데서 어떻게 글을 쓸 수 있겠어요! 차라리 공습 중일 때가 글을 쓰기 더 쉬웠습니다."라고 기록했다. 올가 프리덴베르크는 사촌 보리스 파스테르나크에게 보낸 편지에서 그 어떤 도시보다 깨끗했다고 표현했다. 임산부도, 아이들의 목소리도, 공기도 모두 빠진 진공관 같았다.

레닌그라드는 여성이 인구의 4분의 3을 차지했다. 또한 무기 생산과 조선업 같은 특수한 경우를 제외하고서는 노동자의 대다수가 여성들로 채워졌다. (6월에 완공된 라도가 호수 아래에 연료 파이프를 깔면서 발전소와 공장들이 제한적으로 생산을 재개할 수 있었다.) 에르미타주 보안 책임자는 전쟁 전에는 젊은 남성들로 이루어진 경비병이 있었지만 지금은 "대부분 55세 이상의 여성들과 70대 노인들로 구성된 막강한 병력"만 있다고 비아냥 거렸다.

체크리조프는 수도메흐 조선소에서 온 18명의 여성들이 별 쓸모가 없을 것이라고 투덜거렸다. 몇 달 후 그는 100명이 넘는 주부들이 숙련된 인부로 탈바꿈한 것을 보고서 자신의 발언을 철회했다. 그녀들은 "정말 일을 잘했다."고 인정했다. 야적장은 고아나 도시에 부모가 없는 18살 이하의 아이들 2백 명을 추가로 고용했다.

더 많은 음식이 공급되면서 많은 레닌그라드 사람들은 식사는 정상으로 돌아왔다(긴즈부르크의 비꼬는 말처럼 영양 부족에는 상당히 잘 조직된 시스템이니까). 빵, 고기, 지방, 설탕 외에도 소량의 소금, 와인, 말린 버섯, 크랜베리, 젓갈류, 커피, 성냥 등으로 쿠폰을 교환할 수 있게 되었다. 사망률은 전쟁 전보다 몇 배나 높았지만 꾸준히 감소했고 영양실조의 후유증인 심부전이 가장 큰 사망 원인으로 떠올랐다.

정서적 적응은 더 오래 걸렸다. 식료품점에서 줄을 서지 않는 것이 이상하게 느껴졌다. 절망과 낙담으로 가득 차 있던 '배고프다'는 말은 이제 그저 점심을 먹고 싶다는 표현이다. 그래도 많은 레닌그라드 사람들은 여전히 언제 찢어질지 모르는 거미줄처럼 연약한 상태였다. 안나 오스트로우모바 레베데바의 열다섯 살짜리 조카가 5월 말 그녀를 찾아왔을 때, 그녀는 "시체처럼 창백하고 깡마른 채 지팡이를 짚고 머리가 흰" 조카를 보고 충격을 받았다.

새로 문을 연 공중목욕탕에서는 건강한 여인이 눈에 띄었다. 베르그골츠는 매끈한 피부와 빵빵한 가슴을 가진 젊은 여성에게, 뼈만 남은 목욕객들이 몰려들어 그녀가 도망갈 때까지 엉덩이를 때렸다.

배급 시스템의 밖에 있는 사람들은 굶주림으로 사망했다. 봄부터 배급량은 점차 증가했지만 배급 카드를 받기는 더 어려워졌다. 4월에는 거주 허가가 없는 사람들을 내쫓는 규칙이 가혹하게 시행되었다. 베르그골츠는 7월에 아래와 같이 썼다.

> 어제 넵스키의 고스방크 계단에서 한 여성이 쓰러졌다. 경찰 2명이 겨드랑이를 잡고 그녀를 끌어올리고 있었고 다리는 아스팔트 위로 질질 끌려갔다.

라자레프는 식료품점 앞에서 빵 한 조각을 구걸하는 굶주린 십 대 소녀 때문에 괴로웠다. 그는 그 소녀에게 빵을 주었고 다시는 보지 못했다.
신문의 편집자가 길거리에서 굶주린 아이를 발견했다.

> 아침 출근길에 홀로 있는 어린 소년을 보았습니다. 제가 다가가자 엄마는 가버렸고 그 애는 배고파 죽겠다고 중얼거렸습니다.

굶주린 이들은 죽음에 대한 두려움을 떠올리게 한다. 그래서 동정을 받은 것만큼이나 조롱의 대상이 되었다. 라자레프의 딸과 조카는 전쟁 전 동요 가사를 각색한 다음과 같은 대중가요를 배웠다.

> 영양실조에 걸린 사람이 걸어왔지
> 멍청한 표정으로
> 그는 바구니에 시체의 엉덩이를 가져왔네.
> "나는 점심으로 인간의 살덩이를 먹고 있네!
> 이 조각이면 충분할 거야!
> 아, 배고픈 슬픔이여!
> 그리고 저녁으로는, 분명히
> 나는 작은 아이 하나가 필요해
> 이웃에서 가져와야지
> 요람에서 아기를 훔쳐야지

관리자들은 그들을 외딴 벌목 캠프와 이탄 광산에 '자원봉사자' 할당량을 채우려고 보냈다. 라자레프는 몸이 아파 하루 10시간 동안 땅을 파는 것이 도저히 불가능한 동료를 파견하는 것을 반대했다. "노동이라니! 하루만 일해도 쓰러질 거다. 잔인함, 무의미한 잔인함!" 4주 후 그녀는 돌아와서 어떤 일이 일어났는지 그에게 말했다.

> 제대로 서 있지도 못하는 사서는 마땅히 받아야 할 배급량을 받지 못했습니다. '영양실조'는 욕설로 변했습니다. 깡마른 그녀들은 직장에서, 거리에서, 트램에서, 멸시받고 두들겨 맞습니다. 이것이 포위 공격 2년 차의 도덕입니다.

FIREMAN SHOSTAKOVICH
Amid bombs bursting in Leningrad he heard the chords of victory.
(Music)

20. 레닌그라드 교향곡

The Leningrad Symphony

미국과 영국 정부에게 소련과의 파트너십은 항상 어려운 관계였다. 전쟁 초기 2년 동안 소련은 혁명에 몰두했고 히틀러와도 동맹을 맺었다. 핀란드 침공으로 소련에 대한 대중의 분노가 극심했고 영국과 프랑스는 군대 파견을 진지하게 고려했다. 소련은 독일의 바로바로사 작전 이후, 갑자기 적에서 우방으로 돌아섰다.

처칠은 대중을 설득하기 위해서는 러시아 국민과 정부를 구분해야 한다는 사실을 깨달았다. 그리하여 바르바로사 작전이 시작되던 날, 저녁 연설에서 러시아 국민에 대한 지지를 선언한다. "나는 러시아의 많은 마을을 떠올립니다. 그곳에는 여전히 꾸밈없는 기쁨이 있고 아가씨들이 웃고 아이들이 뛰어놀고 있습니다."라며 처칠은 말했다. "나보다 더 일관되게 공산주의에 반대해 온 사람은 없습니다. 나는 공산당에 대해서는 한 마디도 말하지 않겠습니다."[91]

---

91 "만약 히틀러가 지옥을 침공했다면, 의회에서 적어도 악마에게 호의적인 언급을 할 수 있었을 것이다."라고 같은 날 그는 개인 비서에게 말했다.

러시아 소재를 방송하되 이데올로기에 대한 언급을 피해야 했던 BBC는 톨스토이의 소설이나 림스키코르사코프 같은 클래식을 내보냈다. "인터내셔널가[92]는 방송 허가를 받는 데만 6개월이 걸렸다(소련 국가를 너무 많이는 방송하지 말라는 요청과 함께)." 대담자가 사회주의자인 경우 주제는 먼 과거의 역사로 제한되었다. 레닌그라드의 대량 기아에 대해서는 "식량 사정이 안 좋다"는 정도로만 언급되었다. 대신 레닌그라드의 문화적 손실과 도시의 강력한 방어를 강조했다. 오고로드니코프 교수는 보병의 외투를 입고 손에 소총을 든 채로 방송했다. 왕실 천문학회에게 BBC의 러시아어 프로그램을 소련에 방송하자는 제안은 아무 소용이 없었다. 앤서니 이든에 따르면 이 제안이 마이스키에게 전달되었을 때 소련 대사는 "어린 망아지처럼 부끄러워했다."라고 한다.

1942년 초, 레닌그라드에서 작곡된 드미트리 쇼스타코비치의 교향곡이 이 모든 걸 뛰어넘을 수 있을 것으로 전망했다. 쇼스타코비치는 쌍가마와 부엉이 같은 안경 때문에 젊어 보였지만 전쟁이 발발했을 때 서른네 살이었다. 어린 시절부터 신동이었던 그는 열세 살에 레닌그라드(당시 페트로그라드) 음악원에 입학했는데 6년 후인 1928년 브루노 발터가 쇼스타코비치의 교향곡 1번을 지휘했다. 1936년 그의 경력은 극적으로 반전되는데, 2년 전에 초연된 오페라 『므첸스크의 맥베스 부인』을 두고 '혼란 그 자체'라고 프라우다는 비난했다. 그는 1930년대 후반을 체포에 대한 끊임없는 두려움 속에서 보내다가 독일의 침공으로 다시 복귀하게 된다. 쇼스타코비

---

92 인터내셔널가(The Internationale)는 노동해방을 노래하는 민중가요로, 외젠 포티에가 1871년 파리 코뮌 때 쓴 가사를 바탕으로 피에르 드 게테르가 1888년에 작곡했다. 1918년부터 1944년까지 소련의 공식적인 국가로 사용되었다.

치는 군대를 위한 음악을 작곡했을 뿐 아니라 오폴체니예에 지원했으며 음악원 옥상에서 소방관 헬멧을 쓴 채 사진을 찍기도 했다.[93]

포위 공격이 시작된 지 일주일이 조금 지난 9월 17일, 라디오 하우스에서 전국 방송을 진행했다. 쇼스타코비치는 청취자들에게 최전선에서 연설하고 있다고 말했다. 성벽 밖에서는 전투가 벌어지고 있었는데 2시간 전에 그가 교향곡의 1악장을 완성했다는 사실에서 알 수 있듯이, 일상은 유지되었다. 6주 전 '강철같이 우울한 날'에 교향곡의 개요를 처음 들은 사람은 그의 친구 이사크 글리크만이었다.

> 그는 새 작품의 첫 페이지를 들려주고 싶다고 말했습니다. 잠시 망설이다 파시스트의 침략을 묘사한 주제를 연주했죠. 그가 격한 감정을 드러내며 연주하는 것은 드문 일이었기 때문에 우리 둘 다 놀랐어요. 한 번 더 잠시 멈춘 후 그는 "할 일이 없는 비평가들이 라벨의 볼레로를 베꼈다고 저주할 것 같다."라고 덧붙였죠.

쇼스타코비치가 방송 이틀 후, 아파트에 초대해 교향곡을 들려준 사람들 중에는 작곡가 보그다노프 베레조프스키도 있었다.

> 우리 모두 다시 연주해 달라고 요청했습니다. 그런데 또다시 공습경보가 울렸습니다. 혼자 남겨진 우리는 침묵 속에 앉아 있었습니다. 어떤 말도 이 음악에 대해서는 적절하지 않아 보였습니다.

레닌그라드 교향곡의 선전 가치를 깨달은 당국은 10월 초에 쇼스타코

---

93 교향곡 7번 레닌그라드를 위한 사진 촬영으로 그해 타임지의 표지에도 실렸다.

비치와 그의 가족을 모스크바로 대피시켰다. 모스크바에서 그들은 만원 기차 속에서 30분 동안 교향곡 원고를 잃어버리기도 했지만 무사히 볼가의 쿠이비셰프 마을로 이동했다. 그곳에서 쇼스타코비치는 레닌그라드에 남겨진 어머니와 누이, 처가에 대해 걱정을 하며 교향곡 7번을 완성했다.

1942년 3월 쿠이비셰프, 29일 모스크바(크렘린 홀), 6월과 7월 런던과 뉴욕에서 열린 연주는 센세이션을 일으켰다. 프라우다는 쿠이비셰프 공연이 끝난 후 "교향곡 7번은 러시아 국민의 양심을 반영한 작품"이라고 극찬했다. 히틀러는 그저 "쇼스타코비치는 러시아 사람이다."라고 말했다. 모스크바 콘서트에 참석한 올가 베르그골츠는 죽은 남편도 참석할 수 있기를 간절히 바랐다. "콜리아가 이 곡을 들을 수 없다는 것이 얼마나 끔찍하고 불공평한가! 콘서트홀에서 나는 울면서 첫 소절을 듣고 있었고 견딜 수 없는 긴장감에 중간 부분의 기억이 없다. 레닌그라드에서 들었나?" 특파원 알렉산더 워스는 교향곡을 다음과 같이 생각했다. "불길한 관악기와 드럼 행진곡이 점점 더 커지며 11번이나 반복되면서, 벌거벗은 악, 그 모든 엄청나고 오만하고 비인간적으로 무서운 힘이 러시아를 압도하고 있다는 느낌을 받았다."

바르바로사 1주기에 맞춘 교향곡 7번의 런던 초연은 대영제국 전역에 방송되었다. 교향곡의 첫 악장에서 아나운서는 진지하고 열정적인 목소리로 두 가지 주제를 소개했다. 첫 번째는 작년 6월 22일 일요일, 수백만 명의 소련 남녀들의 굳건한 모습이었다. 두 번째는 파시스트의 주제인 잔인한 독일의 침략을 암시했다(교활하고 냉소적이라는 표현은 대본에서 삭제되었다). 아나운서는 "들을 귀가 있고 느낄 마음이 있다면 이 음악이, 승리에 대해 꺼지지 않는 믿음에 대한 이야기라는 데 동의할 것입니다."라고 흥분했다. 헨리 우드 경의 지휘 아래 공연이 이어졌고 6천 명의 관객이 알버트 홀을 가득 채웠다.

뉴욕에서 이 교향곡은 위대한 지휘자 레오폴드 스토코프스키와 아르투로 토스카니니 사이의 다툼을 촉발했는데, 이들은 소련 대사관에 로비를 펼쳤다. 토스카니니와 그의 NBC 오케스트라가 승리했다. 수백만 명의 미국인이 이 교향곡을 듣기 위해 라디오에 달라붙었다. 타임지는 "레닌그라드에서 폭탄이 터지는 가운데, 승리의 화음을 들은 소방관 쇼스타코비치"를 표지에 실어 이 행사를 축하했다. 1942/3년 시즌 동안 이 곡은 미국에서 62회 공연되었다. CBS는 소련 정부에 쇼스타코비치의 다음 교향곡의 작곡료로 1만 달러를 지불했다. 쇼스타코비치 자신은 소련 언론에서 하늘을 찌를 듯한 찬사를 받았지만 새로운 성공은 관에 새 못을 박는 일과도 같았다고 토로했다.

교향곡 7번의 가장 가슴 아픈 연주는 1942년 8월 9일 레닌그라드에서 열린 공연이었다. 포위망이 좁혀지면서 많은 음악가들이 대피한 가운데, 이 공연은 카를 엘리아스베르크가 지휘하는 레닌그라드 라디오 오케스트라에 맡겨졌다. 오케스트라는 대량 사망의 겨울이 시작된 후에도 계속 공연했다. 12월 14일 필하모니아의 청백색 그레이트 홀(차이콥스키가 마지막 공개 연주회를 가진)에서 1942년 새해 첫날에 림스키코르사코프의 『눈의 여왕』에서 발췌한 아리아로 마지막 생방송이 진행되었다(주연 테너인 I.A 랩센코프는 아리아를 겨우 끝내고 그날 저녁 사망했다). 몇 주 후 베르그골츠는 마코고넨코가 메모를 받아적는 것을 우연히 들었다. 제1바이올린 주자 사망, 바순 주자 죽음 직전, 수석 타악기 주자 사망, 오케스트라 단원 27명이 모두 사망했다.

1942년 2월 말, 라디오위원회는 도시에 남아 있는 음악가들에게 도움을 호소하는 방송을 내보냈다. 단 16명만이 등록을 마쳤을 때, 엘리아스베르크는 병상에 누워 있는 사람들을 독려했다. 한 단원은 첫 리허설이 40분밖에 되지 않았고 동료들의 옷깃에 이가 기어 다니는 것을 보고 당황

했다. 음식은 제공되었지만 단원들은 대부분을 가족에게 가져다주었다. 왈츠와 『호두까기 인형』과 『백조의 호수』에서 발췌한 곡들로 구성된 첫 번째 콘서트가 4월에 알렉산드린스키 극장에서 열렸다. 오보에 주자는 엘리아스베르크가 연단에 오르는 모습을 지켜보았다.

> 카를 일리치는 풀을 잔뜩 먹인 연미복을 입고 나왔습니다. 그러나 그가 팔을 들었을 때 손이 떨렸습니다. 잠시 후 지휘를 시작했습니다. 첫 번째 곡이 끝났을 때 청중은 박수를 쳤지만 모두들 장갑을 끼고 있어서 소리가 나지 않았습니다. 우리는 이 일이 계속될 것임을 알기에 모두 감명을 받았습니다.

쇼스타코비치의 리허설은 초연을 불과 몇 주 앞둔 7월 중순에 시작되었다. 8개의 호른, 6개의 트롬본, 5개의 팀파니, 2개의 하프, 최소 62개의 현악기를 위해 작곡된 교향곡은 레닌그라드 라디오위원회가 모은 오케스트라의 규모를 훨씬 뛰어넘었다. 따라서 군악대에서 금관악기 연주자를 추가로 징집했다. 악보의 마이크로필름은 스웨덴에서 항공편으로 도착했고 단원들은 자신의 파트를 직접 옮겨 적었다. 남자 연주자에게는 재킷이, 여자 연주자에게는 검은색 드레스가 제공되었는데, 사람들이 너무나 앙상해서 마치 옷걸이에 매달린 것처럼 보였다고 오보에 주자는 기억한다. 웅장한 강당 안에서 공연 자체는 엉망이었지만 분위기는 압도적이었다. "어떤 이들은 울었다."라고 객석에 있던 여성이 회상했다.

> 음악이 지금처럼 강력하게 표현하는 것을 살아서 들을 수 있기 때문이기도 했지요. 잃어버린 사람들에 대한 그리움 때문이었을까요? 여기 있다는 사실만으로도 극복되는 것 같았습니다.

피날레에 모든 사람이 일어났다. "앉아서 듣는 것은 불가능했어요." 포위한 독일군은 아무도 없는 땅을 가로지르는 확성기에서 울려 퍼지는 음악을 들으며, 그 순간 동부 전선은 결코 승리할 수 없다는 것을 깨달았다고 한다. 레닌그라드는 무적이었고 어머니 러시아도 마찬가지였다.

이 초월적인 교향곡 7번은 아마도 무감각해진 1942년보다 쇼스타코비치가 작곡한 1941년 여름에 더 적합했을 것이다. 레닌그라드 초연에 참석했던 베라 인베르가 집에 돌아와 "독일 탱크가 접근했다. 그러나 끝은 아직 오지 않았다." 이후 레닌그라드 교향곡은 냉전의 볼모가 되어 소련에서 끊임없이 연주되었고 서구에서는 스탈린주의의 한 단면으로 기록되었다. 쇼스타코비치는 사후에서야 친구들이 쓴 회고록을 통해 그 이름을 분명히 밝혔다. 그는 이 유명한 '파시스트 파이프와 드럼 행진곡'을 작곡하면서 나치뿐만 아니라 다음과 같은 적을 염두에 두었다고 설명했다. "인류의 다른 적들. 히틀러에 의해 죽임을 당한 사람들에게는 영원한 고통을 느끼지만 스탈린의 명령으로 살해된 사람들에게는 그보다 더한 고통을 느꼈다. 나는 고문, 총살 또는 굶어 죽은 모든 사람들이 고통스럽다. 히틀러와의 전쟁이 시작되기 전 우리 나라에는 수백만 명이 사망했다."

1942년의 또 다른 위대한 이야기는 레닌그라드 어린이들의 이야기다. 포위 공격이 시작될 당시 12세 이하 어린이는 레닌그라드 민간 인구 240만 명 중 2% 미만에 불과했다. 5월까지 17,000명이 사망하거나 아이스로드를 통해 대피했고 수천 명이 고아가 되거나 돌봄 없이 방치되었다. 포위전에 대해 가장 많이 인용되는 기록 중 하나는 열두 살 소녀 타냐 사비체바가 쓴 것이다

1941년 12월 28일 오전 12시 30분—제냐 사망. 1942년 1월 25일 오후 3시 할머니 사망. 3월 17일 오전 2시 리오카 사망. 4월 13일 오전 2시—바샤 삼촌

사망. 5월 10일 오후 4시—리오샤 삼촌 사망. 5월 13일 오전 7시 30분—엄마 사망. 모두가 죽었다. 타냐만 남았다.

　10대 후반이나 20대의 젊은 여성들로 구성된 민방위대는 아파트를 순찰하며 타냐와 같은 아이들을 찾으러 왔다. 센터에서 3세에서 13세 사이의 어린이들을 1월부터 3월까지 문을 연 130개의 새로운 어린이집(시내에 98개, 주변 마을과 마을에 32개)으로 옮겼다. 연말까지 26,250명의 어린이가 수용되었으며, 그중 54%는 고아였고 3%는 부모 중 한 명이 군 복무 중이었다.
　나이가 많은 아이들은 직업학교를 통해 민방위대나 공장에 등록했다. 크론슈타트에 버려진 열네 살의 갈리나 비슈뇨프스카야는 여성으로만 구성된 민방위대에 들어갔다. 그녀는 보드카를 마시거나 담배를 피우면서 선원들에게 재즈를 배웠다. 그녀가 회고록에서 말했듯이 '귀족적인 젊은 여성들을 위한 기관'은 없었다. 다른 조건이었다면 결코 알 수 없었을 삶을 알게 되었다.
　당시 여덟 살의 이리나 보그다노바는 가족 중 유일한 생존자였다. 레닌그라드 카야 프라우다의 기자였던 아버지는 자살했다. 금발 머리를 땋은 통통하고 예쁜 소녀 이리나는 바르말레예프 거리의 아파트에서 어머니(지질학자)와 고모, 할머니 손에 자랐다. 1942년 2월, 어른들은 이질로 하나둘씩 세상을 떠나고, 소녀는 어머니와 할머니의 시신과 함께 홀로 남았다. 열흘 후 민방위대원이 이리나를 데려 왔고 옷과 신발, 배급 카드과 함께 경찰에 넘겼다. 그녀의 등록 서류에 누군가가 처음에 '소년'이라고 썼다가 '소녀'로 정정했다. 이리나가 홀로 보낸 날은 공백으로 남아 있다. 드문 일이 아니었다. 교외의 10개의 보육원에 수용된 4,508명의 어린이 중에 682명이 입소 후 며칠 내로 죽었다.
　1942년 봄과 여름, 총 38,080명의 아동이 수용된 보육원은 '본토'로 대피했다. 이들은 깊은 시골에 도착하는 경우가 많았다. 극단적인 사례는 82번 어린이집이었다. 135명의 고아들이 철도에서 800킬로미터 떨어진 시베리아의 오두막집 두 채에 나뉘어 살게 되었다. 이리나는 57번 어린이집과 함께 야로슬라블 지방의 한 마을로 대피했다. 그녀는 그곳을 "힘들었지만 좋았다."라고 기억한다. 아이들은 건초가 가득한 매트리스에서 자고 버섯과 열매를 채취하는 노동에 시달렸다. 이리나는 빵 덩어리에서 빵 부스러기를 파내어 라임 나무에서 뽑아낸 새싹과 함께 먹다가 적발되어 전교생 앞에서 사과해야 했다. "달콤하고 끈적끈적해서 빵과 너무 잘 어울렸고 지금도 그 맛이 기억납니다."

어른들과 마찬가지로 아이들에게도 완전한 회복에는 적절한 음식 이상의 것이 필요했다. 생존자들은 지속적인 불안, 둔한 재치, 어른들에 대한 불신, 음식에 대한 집착을 기억한다. 우랄에서 대피 중인 한 소녀는 '좋음' 또는 '좋지 않음'이 무엇을 의미하는지, "먹고 싶지 않다"는 문구를 이해하지 못했다. 그녀는 밤에 몰래 야외로 나가 감자처럼 땅속에서 자란다고 믿었던 빵을 먹기 위해 근처 밭을 파헤쳤다. "작은 구멍을 파기만 하면 신선한 빵이 나올 거라고 생각했어요. 그걸 가져가서 배불리 먹을 거예요."

한 소아과 의사가 병동의 아이들에게 그림 재료를 주었는데, 한 아이는 "이것은 우리 시계입니다."라고 적힌 시곗바늘을 그렸다. "다음 음식을, 작은 빵조각을 언제 먹을 수 있는지 알려줘요." 또 다른 아홉 살은 큰 검은 사각형을 그렸다. 이야기 대회의 한 참가자는 학교 텃밭에서 키우던 채소를 작은 요정들로 상상했고 이들은 황금빛 머리의 소녀를 구하기 위해 포탄을 뚫고 붉은 군대의 참호 속으로 달려가기도 했다. 말을 더듬거나 아예 말을 못하게 된 아이들도 있었다. 교사들에게 반가운 회복의 신호 중 하나는 학생들이 다시 못된 짓을 하기 시작할 때였다. 땡땡이를 치다가 들킨 한 여학생은 선생님이 눈물을 흘리는 것에 놀랐다. "처음으로 한 장난이었고 우리가 다시 일상을 회복하고 있다고 선생님들은 행복해했어요."

올가 그레치나의 어머니는 굶주림으로 사망했다. 그녀의 오빠 보브카는 옷, 자전거, 반쯤 썩은 토마토 같은 걸 들고 가끔 집에 나타났다. 1942년 5월, 오빠가 이웃과 친척들에게서 카드를 훔친 혐의로 체포되었다는 소식을 들었을 때 모든 것이 분명해졌다. 이웃과 친척들은 결국 굶어 죽었다. 올가는 이듬해 여름 야로슬라블의 수용소에서 오빠가 '영양실조'로 사망했다는 통보를 받았다.

오빠가 체포된 후 올가는 신경 쇠약을 겪었다. 교사 연수에 참석한 그녀는 뒷자리에 앉아 내내 잠을 잤다.

6월에 있었던 일은 아무것도 기억나지 않았지만 사실이었죠. 무엇을 먹었는지, 누구를 만났는지, 그 당시 일은 전혀 기억나지 않아요. 다만 제가 이미 죽었다는 느낌만 남아 있습니다.

그녀에게 구원은 학교였다. 깡마른 스무 살 교사를 맞이한 교장은 그녀를 부속 농장에서 감자를 캐도록 보냈다. 그곳에서 '땅속에 코를 박고' 낮내내 졸다가 저녁에 동료 직원들(주로 갓 미망인이 된 대학 강사들)이 올가의 마음을 열게 했다. 9월에 올가는 "더 이상 굶주리지 않고 활기찬" 35명의 4세 반을 맡게 되었다. 이 일은 사실 특별한 일이었다. 교사들은 보통 120명의 4~7세 아이들과 함께 학교에서 생활했기 때문이다. 밤에 아이들을 대피소로 데려가지 않을 때는 서로 밀착해서 잠을 잤다. 낮에는 난로를 피우며 지하실에서 물을 길어오고 시트를 빨아 말리고 화장실 청소를 했으며, 머릿니 때문에 아이들의 머리를 밀어주었다. 저녁에는 아이들의 옷을 수선했다. 비누도 치약도 없었고 그릇도 거의 없어서 모두 접시에 물을 받아 마셨다. 아이들 앞에서 전쟁을 얘기하는 것은 금지되었지만 현실은 불가피하게 파고들었다.

> 오늘 아이들은 마당에서 구멍을 발견하고 "어서, 어서, 더 빨리 파"라고 외치며 땅을 파기 시작했습니다. 아이들이 저 안에 있어요. 독일군이 다 죽였어요!
> 리다: "내 보보치카[94]가 저 안에 있어!"
> 루파: "그리고 내 릴렌카와 할머니도!"
> 소녀들은 게임에 매료되었고 몇 번이고 다시 했다.

올가는 아이들을 통제하는 것이 불가능하다고 생각했지만 금세 요령을 터득했다. 어린 시절 장난감이던 귀 접힌 손가락 인형을 가지고 식사 시간에 아이들을 구워삶았다. 공습 때는 그림 형제의 이야기를 몇 번이고 되풀이 했다.

1943년 새해맞이 준비하는 데 '많은 에너지와 시간과 밀가루'가 들어갔다. 시 교육청에서 배포한 보로실로프를 찬양하는 조잡한 시를 암송해야 하는 것 외에도 아이들은 눈송이, 토끼, 곰으로 분장하고 교사는 스네구로치카[95]로 분장한 채 탈지면으로 만든 눈덩이를 저글링했다. 80세의 학교 요리사인 모티야 이모는 비축한 밀가루로 피로즈키(러시아의 속을 채운 손파이)를 만들었다. 올가는 1944년 가을에 대학교로 다시 돌아가기 전까지 계속 이 학교에 있었다. 학교 덕분에 그녀는 절망에서 빠져나왔고 '세상에서의 자리'를 찾았다. "내게 사람들이 필요하다는 것을 느꼈고 그들에게도 내가 필요할지 모른다고 생각했다."라고 나중에 썼다.

---

94 블라디미르의 애칭.
95 Снегурочка: 눈 아가씨는 러시아 전통에서 산타클로스에 해당하는 할아버지의 손녀이다. 크리스마스에 할아버지가 아이들에게 선물을 가져다주는 것을 돕는다.

21. 마지막 해

The Last Year

1942년 4월, 총통 지시에 따르면 크림반도를 함락한 후, 코드명 '노르트리히트Nordlicht' 작전으로 레닌그라드를 습격하도록 했다. 모스크바를 다시 공격하자는 장군들의 요청을 무시한 히틀러는 세바스토폴 점령 후, 만슈타인에게 5개 사단과 거대한 열차포 '슈베어 구스타프Schwerer Gustav'를 이끌고 북진하라고 명령했다. 며칠 후 히틀러는 점심을 먹으며 "레닌그라드가 지구상에서 완전히 사라져야 한다."고 생각했다. "모스크바도 마찬가지야. 그러면 러시아인들은 시베리아로 물러날 것이다." 붉은 군대는 신야비노 능선에 집중하여 라도가 호수 남쪽 기슭의 독일군을 공격했다. 만슈타인의 사단은 붉은 군대의 돌파를 막는 데는 성공했지만 '노르트리히트' 작전을 제대로 펼치지는 못했다. 한편 히틀러는 코카서스와 중앙아시아를 향한 남진 작전인 '블라우Blau 작전'도 개시했다. 7월 마지막 주에 로스토프-온-돈이 함락되었고 8월 중순에는 바쿠 유전을 눈앞에 두고 코카서스 산기슭으로 전차를 몰아 들어왔다.

가을이 되자 보급선이 늘어지고 신병은 더 젊어지는 등 독일군은 지친 상태였고 장군들은 점점 더 총통의 예스맨, 즉 슈페어의 표현대로 '고개를 끄덕이는 당나귀'가 되어갔다. 할더는 9월에 사임했고, 붉은 군대는 전열을 추스르기 시작했다. 이제 스탈린은 군사적 결정을 전문가에게 맡기는 것이 더 낫다는 것을 알게 되었고 점점 장군들의 말에 귀를 기울였다. 10월에는 정치 위원들의 권한 대부분을 박탈했다. 보급품이 블라디보스토크와 테헤란을 거쳐 도착하기 시작했고 특히 T-34 전차와 PPSh—41 기관단총 등 무기 생산이 늘어났다.

전쟁 초기부터 투입된 여성들은 비행기 조종사, 대공포 사수, 관측병, 저격수, 지뢰 제거병, 일반 보병으로 훈련받았다. 오늘 아침, 당황한 프리츠 호켄요스는 "보초병 중 한 명이 소총을 든 여자를 발견했다."라고 썼다. 그녀는 엄폐를 위해 몸을 낮추고 달리고, 돌아서서 반격하고 다시 총을 쏘고 계속 달렸다. "그런 여자를 상대할 일이 없기를 바랄 뿐이었죠." 프스코프 근처에서 호켄요스의 부하들은 여군들이 매트를 들고 앞으로 달려나갔고, 뒤따른 보병들이 철조망을 넘기 위해 매트를 던져주었다고 보고했다. "우리는 그네들을 쏴서 쓰러뜨렸는데 남자가 아니라는 것을 어떻게 알았냐고 물었더니, 그들이 뛰어내렸을 때 모든 게 출렁거렸다고 대답했다." 전쟁이 끝날 때까지 약 80만 명의 여성들이 붉은 군대에 복무했다.

1942년 8월부터 포위된 레닌그라드는 곧 함락될 것처럼 보였다. 11월 주코프가 야심 찬 공격에 나서자 파울루스의 제6군이 반격에 나섰다. 12월 중순 만슈타인이 이끄는 제6군 구출 작전은 실패로 돌아갔고 7주간의 끔찍한 학살 끝에 파울루스는 9만여 명의 병력과 함께 항복했다. 히틀러가 가장 통탄했던 것은 파울루스가 자살하지 않았다는 사실이다. "삶이란 무엇인가? 삶은 국가다. 그는 모스크바로 향했다." 호켄요스가 아내에게 보내는 편지를 쓴 펠트포스트[96] 카드에도 비통한 감정이 예언처럼 인쇄되어 있었다. "우리가 살아 있느냐는 전혀 중요하지 않습니다. 필수적인 것은 우리의 폴크Volk[97]가 살고 독일이 살아 있다는 것입니다."

■■■

인구가 5분의 1로 줄어든 레닌그라드의 두 번째 겨울은 첫 번째와는 달랐다. 다시 한 번 각 가정은 창문을 막고 식량과 장작을 쌓아두었다. 이번 겨울은 온화한 편이었고 전기와 수도가 들어오는 아파트가 늘어났으며 배급도 전과 달랐기 때문에 첫 겨울처럼 대량 사망은 반복되지 않았다.

스탈린은 스탈린그라드 전투가 한창일 때, 레닌그라드 해방을 위한 또 다른 공격을 명령했다. 코드명 이스크라, 즉 '불꽃Искра' 작전은 지난 8월의 신야비노 공세보다 더욱 꼼꼼하게 계획한 작전이었다. 레닌그라드의 군대는 실리셀부르크 남쪽 강변의 세 지점에서 네바 강을 점령하고 볼코프 군대는 서쪽으로 밀고 나가 라도가 호수 남쪽에서 합류할 계획이었다. 하지만 네바 강으로 탱크를 몰고 가려는 예비 시도가 실패로 돌아갔고 작전은 1월 12일로 미뤄졌다. 그 무렵 기온은 영하 15도까지 떨어졌다. 주코프의 불꽃 작전은 동이 트자마자 4,500대의 포가 2시간 동안 포격을 가하며 시작되었다. 이번에는 얼음 아래에서 빨아들인 물을 얼려서 이어 붙이는 방식으로 설계된 가교를 타고 탱크가 건너갔다. 하루가 끝날 무렵 네바 강 남쪽 강둑에 길이 5킬로미터 너비 1킬로미터의 교두보가 구축되었다. 4일이 되자 두 소련 전선은 불과 4킬로미터 밖에 떨어져 있지 않았고 18일 아침 9시 30분 마침내—노동자 정착촌 제1호와 제2호로 기록되었지만 실제로는 굴라크의 전초기지였던—이탄 작업장에서 합류했다. 같

---

96 독일 국방군의 무료우편서비스.
97 사람을 의미하는 독일어.

은 날 붉은 군대가 실리셀부르크를 해방시켰다.

레닌그라드에서는 길모퉁이에 설치된 확성기 주변에 군중이 모여들었다. '특별한 날'이라고 베라 인베르는 16일에 썼다.

> 도시 전체가 기다리고 있다. 이제 곧! 어딘가에서 총성이 울린다. 어리둥절해서 제자리를 찾을 수가 없다. 글을 쓰려고 하는데 할 수가 없다.

공식 발표는 이틀 후에 도시 곳곳의 포스터에 커다란 글씨로 붙여졌다. "봉쇄가 깨졌다. 봉쇄가 깨졌다!" 안나 오스트로우모바 레베데바가 환호했다. 드미트리 라자레프는 "이 얼마나 큰 행복이고 기쁨인가! 밤새 모두 깨어 있습니다. 사람들은 기쁨에 울고 서로를 축하합니다. 이제 폭격은 신경 쓰지 마십시오. 봉쇄가 깨졌습니다. 그것은 종전의 시작입니다!"라고 썼다.

그것은 끝의 시작이었지만 그것뿐이었다. 소련군이 3만 4천 명이나 전사한 값비싼 승리였는데도 완전한 승리는 아니었다. 소련군은 라도가 호수의 독일군 점령지를 무너뜨렸지만 폭이 8킬로미터에 불과한, '본토'로 통하는 길을 확보했을 뿐이었다. 레닌그라드의 남쪽과 서쪽에는 여전히 독일군이 외곽에 웅크리고 있었다. 프리츠 호켄요스는 핀란드만의 새로운 관측소(또 다른 수도원 종탑)에서 정부 건물의 창문도 세어볼 수 있었다. 1942년 2월 소련의 두 번째 작전인 "폴라 스타"는 프스코프의 철도 연결을 끊어 포위망을 해제하려는 것이었다. 이 작전은 쏟아지는 비도 문제가 되었지만 처절하게 진지를 방어한 스페인 사단 덕분에 실패로 돌아갔다 (앞서 스페인군을 "카발레로, 단검을 휘두르는 자, 오페레타 테너"라고 폄하했던 호켄요스는 자신의 말을 철회해야 했을 것이다).

이 회랑을 통해 네바 강의 부교를 지나는 34킬로미터의 임시 철도를 놓을 수 있었다. 2월 7일 '본토'에서 직행하는 첫 열차가 핀란드 역에 도착했고 연설에 이어 군악대와 브라스 밴드가 연주했다. 9월 독일군이 신야비노 산등성이에서 밀려날 때까지 이 철도선은 라도가 호수를 가로지르는 잘 정비된 얼음과 바지선 경로를 보충했다.

1943년 도시의 분위기는 지치고 긴장된 상태의 연속이었다. 모두가 여전히 지독한 배고픔에 시달렸다. 마리아 마시코바는 우울증의 파도에 휩싸여 어떤 일에도 관심을 가질 수 없었다. 아파트는 이제 따뜻하고 모든 게 정상적으로 작동하지만, 그녀는 피로와 짜증을 느꼈다. 직장에서의 업무는 '그녀의 손을 빠져나갔고' 집에서는 아이들을 즐겁게 해주지 못했다. 쇠약해진 류머티즘 환자인 남편은 말수가 적어졌고 '저녁이면 다람쥐처럼' 잠을 잤다. 그녀는 양말을 꿰매거나 『카라마조프 형제』를 읽으며 분개했다.

의사의 대기실에서 모유 수유하는 여성의 모습은 불쾌하게 느껴졌다. 아기는 전년도 2월이나 3월에 잉태되었을 것이기 때문이다. 사람들이 굶주림으로 죽어가던 바로 그런 시기에 말이다. 그리고 그와 함께 새로운 생명이 잉태되었다. 그들은 어디서 그럴 힘과 정욕을 찾았을까?

폐허가 된 지저분한 아파트에는 곳곳에 죽음의 그림자가 짙게 드리워져 있다. 가는 곳마다 죽음과 약탈 그리고 실종된 아이들의 이야기가 있었다. 1943년 4월 7일에 그녀는 세 곳을 방문했다.

여섯 가족이 사는 가구였어요. 아버지와 큰딸은 붉은 군대로 떠났지요. 어머니와 여덟 살 보리스, 열세 살 리다, 열다섯 살인 리우샤 등 세 자녀와 함께 레닌그라드에 남아 있었습니다. 12월에는 보리스, 1월에는 리다, 그리고 어머니도 굶주림으로 사망했어요. 남은 사람은 리우샤 뿐이었죠. 아이는 이웃의 물건을 넘보기 시작했습니다. 결국 식료품 카드를 훔치다 체포되었고 작

년 3월 이후 소식이 끊겼어요. 어쩌면 죽었을지도 모르죠. 그리고 오물과 쓰레기로 가득 찬 빈 방만 남았습니다. 정말 익숙한 풍경이었지요!

공포의 그늘도 있었다. 마시코바는 2월과 3월, 늦은 밤에 빅 하우스(NKVD 본부)에 네 번이나 소환되었다. 한번은 9시간 동안이나 취조가 이어지기도 했다. 그녀는 친구와 동료를 고발하라는 요청을 받았다.

겨울이 봄으로 바뀌면서 그녀의 삶은 표면적으로 더 밝아졌다. 부활절 일요일에는 남편과 함께 5리터의 맥주를 마시고 취해서 옷을 사러 나갔고, 노동절에는 봄맞이 대청소를 하고 친구들을 초대해 학교에서 아이들의 공연을 관람했다. 하지만 그녀의 우울증과 자기혐오는 사라지지 않았다.

걱정 없이 행복하게 살 수 있는 힘은 어디서 찾을 수 있을까요? 왜 삶에 대한 두려움을 억누를 수 없는 걸까요.?

잦은 공습으로 인해 1월부터 5월까지 매번 경보가 발령되는 등 부담이 가중되었다. 독일군의 포격이 심해져서 트램 정류장을 옮겨야 했고, 오로라 청년 영화관은 다시 문을 닫았다. 포격은 이제 아침과 저녁 출근길에 맞춰 일정한 패턴으로 자리 잡았다. 공휴일과 소련의 승리 소식이 전해질 때면 더욱 심해졌다. 알렉산드린스카야 광장[98]과 라디오 하우스는 다행이 폭탄을 맞지 않았다.

안나 오스트로우모바 레베데바는 하녀 뉴샤와 함께 비보르크 쪽에 살고 있었는데, 외아들이 전선에서 사망했다. 그녀는 접이식 의자에서, 뉴샤는 트렁크에 앉아 잠을 잤다. 공습으로 충격이 있을 때마다 건물이 '점프'

---

98 19세기 초반 카를로 로시가 설계한 일련의 건축물 중 하나로 현재는 오스트로프스키 광장으로 이름이 바뀌었다.

하는 듯했다. 프라이팬이 선반에서 떨어지고 천장에 균열이 나타났다. 창문으로 폭탄 파편이 날아와 의자에 박힌 적도 있었다. 깨진 유리로 뒤덮인 도로가 아침에는 반짝반짝 빛났다. 그녀는 봉쇄 이후 첫 목판화 작업을 한 그 순간이 특별했다. 젊은 여성 예술가 친구들의 친절에 힘입어 계속 작업할 수 있었다. 1943년 2월, 그녀의 일흔두 번째 생일을 맞아 친구들은 촛불, 우유 반 리터, 작은 차 한 봉지, 과자 세 조각, 커피 두 스푼을 가져다주었다. 뉴샤는 주방용 비누 한 개를 선물했다. "책이나 예술 등 내 마음에 가까운 것들, 우리가 살아가는 것에 대해서만 이야기했어요." 여름이 되자 산책을 다니며 길 가장자리에서 자라는 클로버와 미나리를 따기 시작했다. "잡초 덕분에 마치 자유로운 대지, 어딘가의 들판 위를 걷는 듯한 기분이 들었다. 너무나 섬세하고 덧없는 이 소박한 꽃들은 내 영혼에 즉각적인 평화와 행복을 가져다주었다."

조용한 날에는 병원 정원의 참호와 채소밭 사이에서 일기를 썼다. 공습이 있을 때는 욕실에서 몸을 숨기고 세면대 위 칠판에 글을 썼다. 7월 말 무더운 밤에 공습이 계속되는 가운데 한 친구가 전화를 걸어 안부를 물었다.

> 포탄이 터지는 소리 사이사이에 저는 "아직 여기 있어요!"라고 외쳤어요. 그리고 해외에 있던 친구를 떠올리며 "제발, 알프스 산맥의 눈 위에서 자라는 저 꽃의 이름이 뭔지 말해줘"라고 덧붙였습니다. 하루종일 기억하려고 애썼어요.
>
> "시클라멘."
>
> "그래, 그래, 시클라멘이지."

며칠 후 레베데바 집에 포탄이 떨어져 아래층까지 관통하는 아찔한 순간을 맞았다. 그 후 그들은 공습이 있을 때면 대피소로 향했다.

4월 18일에는 수도메흐 조선소의 바실리 체크리조프 작업장에 31발의 포탄이 떨어졌다. "포격이 시작되었을 때 내 딸들이 그곳에 있었어요. 그 애들이 떠나기 전에 그들은 문을 잠가버렸죠."

지구 소비에트에서 보낸 한 소녀가 호스텔로 찾아왔어요. 배급 카드도 없더 군요. 처리하는 데 6일이 걸립니다. 오늘은 일요일이라 등록이 어려워서 호 스텔의 방을 줄 수 없어요. 구내식당과 얘기해서 오늘과 내일은 음식을 주기 로 했습니다. 지난 열흘 동안 제가 겪은 일의 한 예입니다.

7월에 열린 회의에서 조선소의 당 조직은 숙청을 단행했다. 경영진과 식량을 빼돌렸다는 혐의로 1명은 사형, 7명은 징역형을 선고받았다. 다른 기관에서도 탄압은 계속되었다. 쇼스타코비치의 교향곡 초연을 기획한 라디오 프로듀서 야코프 바부시킨은 4월 직장에서 해고되자마자 곧바로 징집당했다. 그리고 몇 주 후 전선에서 사망했다.

스물한 살의 마리나 예루크마노바는 한 관리자의 비리를 증언하도록 소 환되었다. 오직 마리나만이 그를 변호했다. 그는 형법 58조에 따라 '반혁 명 활동' 혐의로 유죄판결을 받았다. 그녀는 괘씸죄로 엄마와 여동생과 함 께 해고되었다.

■■■

1943년 1월 이후 북쪽에서는 몇 달 동안 심각한 전투가 거의 발생하지 않았다. 7월의 한 차례의 전투를 제외하고는. 붉은 군대의 반격은 중부와 남부를 중심으로 이루어졌다. 로스토프나도누는 2월에 해방되었고 하르 코프는 8월 말에 해방되었다. 9월 3일, 연합군이 이탈리아 본토에 상륙하 자 스탈린은 마침내 제2전선을 확보했다.

한편 레닌그라드 외곽의 참호 생활은 일상이 이어졌다. 키로프 공장 남쪽에서는 병사들이 방문객들에게 양배추와 소금에 절인 오이를 대접했다. 볼호프의 바실리 추르킨은 등유 램프, 잉크통, 펜촉 상자, 야생화로 가득 찬 책상에서 일기를 썼다. 다른 곳에서는 군인들이 다이너마이트로 도미와 파이크(대형 물고기)를 낚고 사모곤(가정에서 담근 술)을 증류했다. 사람이 살지 않는 땅의 반대편에서 프리츠 호켄요스는 조류 관찰(첫 종달새 소식을 전해준 병사에게 술 한 잔을 선물했다)이나 사진을 찍으며 시간을 보냈다. 또한 좋아하는 피사체인 폐허가 된 교회나 불에 그을린 나무들을 찍었으며, 길고양이를 애완동물로 삼아 '밍카'라는 이름을 붙여 머리맡에 두었다. 그의 부하들은 '베를린 1,400킬로미터, 레닌그라드 3킬로미터'라는 코믹한 표지판을, 참호에 물이 찼을 때는 '카인 트린크바사'(kein trinkwasser, 식수없음) 표지판을, 카드 게임을 하는 은신처에는 스웨덴 펍의 이름을 따라 '암 발덴 만'(am Wilden Mann, 자연인)이나 '암 알텐 프란츠'(am Alten Fritz, 늙은 프리츠)라고 이름을 지었다. 불과 수백 야드밖에 떨어져 있진 않은 두 부대는 서로의 참호를 방문하는 소녀들을 훔쳐보며 "우즈베키스탄을 한 명 내주면 우리 루마니아인 한 명을 주겠다."라고 조롱하고 언제 어디서 총을 쏠지에 대한 무언의 합의를 해냈다. 호켄요스는 "어느 날 밤 러시아군이 황무지를 점령하고 우리는 포로로 잡히기 위해 기다렸다가 다음 날 밤에는 서로 역할을 바꿨다."라고 회상했다. 그는 러시아 군인들이 부르는 노래에서 따온 '칼린카'의 곡조를 표적지 뒷면에 기록했다.

1943년 9월, 독일군이 중남부 전선에서 후퇴하고 있을 무렵, 히틀러의 장군들은 레닌그라드 철수를 주장했다. 스몰렌스크와 키이우 방어에 몰두한 나머지, 더 이상 희망이 없었고 남쪽으로 후퇴하면서 북부군은 위험에 노출되었다. 빨치산이 주요 도로를 벗어나는 철도 노선과 보급 수송대를 폭파했기 때문이다.[99] 호켄요스는 나르바에서 잠시 병원에 입원했다가 돌아온 후 일기에 "빨치산들이 나를 다시 통과시켰다."라고 비꼬았다. 소련 정보부는 하급 간부들 사이에 퍼져 있는 의구심을 기록했다. 포로로 잡힌 한 독일 병사는 심문관에게 우크라이나를 소련군으로부터 지키기 위해 우리를 보내야 한다고 말했다고 증언했다. 노브고로드의 독일 수비대에서 탈영한 또 다른 병사는 장교들이 술과 도박으로 시간을 보내는 동안 부하들은 '비밀 병기'를 믿었다고 주장했다. 그는 죽기 전에 편을 바꾸기로 결심했다. "러시아는 우리가 이기기에는 너무 거대합니다."

총통은 폰 퀴흘러에게 나르바 강과 프스코프 호수 뒤에 방어선을 구축하도록 허락했다. 동원된 5만 명의 노동자들이 6,000개의 벙커와 201킬로미터의 철조망을 깔고 참호와 탱크 함정을 파냈다. 북부군의 전선은 4분의 1로 단축되었고 후퇴 과정에서 수많은 민간인(그중 일부는 붉은 군대에 징집되는 것을 피하려 했다)이 포함되었다. 레닌그라드를 둘러싼 고리는 그 어느 때보다 팽팽하게 유지되었다.

9월 말, 붉은 군대는 스몰렌스크를 탈환했고 11월 6일에는 드네프르 강을 건너 혁명기념일에 맞춰 키이우를 탈환했다. 북쪽에서는 레닌그라드의 해방을 위한 고보로프 장군의 계획이 완성되었다. 공세는 세 갈래로 진행될 예정이었다. 2,000명의 병력이 비밀리에 이동한 오라니엔바움에서 동쪽으로는 페테르호프와 우리츠크를 향해, 남쪽으로는 푸시킨과 풀코프를 향해 세 갈래로 공세를 펼칠 것이다. 즈다노프의 간청으로 대포 21,600문, 탱크 1,475대, '카츄샤'라고 불리는 다연장 로켓 발사기 1,500대, 항공기 1,500대를 추가로 확보했다. 적군보다 두 배가 많은 병력과

---

[99] 이 지역 빨치산의 책임자는 9월 25일의 보고서에서 5천여 명의 병력이 673개의 도로와 철도 교량을 폭파하고 창고 220개, 트럭과 자동차 2,307대, 비행기 91대, 152대의 탱크를 불태웠다고 주장했다.

대포, 네 배 이상의 탱크와 비행기를 앞세웠다. 붉은 군대가 공중을 장악해서 트럭은 밤에 헤드라이트를 가리지 않아도 되었다.

공격은 1944년 1월 14일 아침 오라니엔바움의 대규모 포격으로 시작되었다. 짙은 안개 속에서 1시간 5분 동안 104,000발의 포탄이 발사되었다. 한 독일 장교는 그날 저녁 아내에게 이렇게 편지를 보냈다. "사상 최대의 전투가 벌어지고 있어. 러시아군은 삼면으로 진격하고 있고, 이 지옥 같은 상황은 말로 표현할 수 없어. 만약 살아남는다면 이야기할게. 지금 내가 할 수 있는 말은 딱 하나야. 행운을 빌어줘." 포격은 다음 날 아침 1시간 40분 동안에 22만 포탄 공습으로 이어졌다. 시민들은 대피소에 모여서 이 포격이 마지막이기를 기도했다. 올가 프리덴베르크는 17일에 "나는 엄마 침대 모서리에 앉아 있었다."라고 일기를 시작했다.

> 천둥 같은 포격. 시계를 보고 타격 간격을 확인했다. 또 한 번의 꽈꽝. 우리가 맞았다. 유리창이 와장창 날아가는 것이 보였다. 그리고 차가운 1월의 공기가 들어왔다. 겨울 코트를 집어 엄마를 감싸고 무거운 침대를 복도로 끌고 나왔다. 창문 중 하나는 온전했고 다른 하나는 헝겊으로 채웠다.

안나 오스트로우모바 레베데바는 18일과 19일 내내 욕실에서 웅크린 채, 폭격에 대비하며 시간을 보냈다. "포격으로 제 머릿속의 모든 것이 꼬여 있습니다. 누구도 이런 상황에 익숙해질 수 없어요." 저녁의 뉴스 속보에 그녀는 기쁨의 눈물을 흘렸다. 페테르호프, 크라스노예 셀로, 롭샤, 그리고 볼호프 강변의 80개 마을이 해방되었다는 소식이었다.

베라 인베르는 적십자 버스가 기차역을 오가며 다친 병사들을 태우는 모습을 보았다. 그녀는 도시의 병원을 다 합치면 몇 명이나 될까 궁금해했다. 과연 그들의 희생이 헛되지 않았을까? 1월 22일 일요일 아침, 그녀는 해방된 페테르호프로 언론 투어를 떠나야 하기 때문에 한 시간 안에 준비하라는 전화를 받았다. 그곳으로 가는 길은 전쟁터를 지나게 되었다. 길에는 마을의 잔해만 남아 있었다. 포격에 휩쓸린 들판은 새로 갈아엎은 것처럼 갈색으로 변해 있었다. 공병들이 도랑을 따라 작업하고, 갓 잡은 물고기를 진열하듯 지느러미가 은빛으로 빛나는 폭파된 포탄 껍질이 길가에 줄지어 놓여 있었다. 페테르호프 마을 자체는 형체를 알아볼 수 없었다. 라스트렐리의 바로크 양식의 궁전은 화재로 완전히 소실되었다. 인베르는 이 궁전을 복원하는 것은 '인간의 노력으로는 불가능할 것'이라고 즉시 생각했다. 어둠 속에서 집으로 돌아오는 길, 불타는 집의 불빛 아래서 그녀는 포로들의 행렬을 보았다. 남루한 몰골의 그들은 전쟁 내내 그녀가 처음 본 독일인이었다.

1944년 1월 27일 저녁 8시, 레닌그라드에 독일군의 마지막 포탄이 떨어진 지 나흘 후, 인베르는 소련군의 승리 행진에 맞춰 '화성의 들판'이라는 오래된 강변에 도착했다. 공원, 다리, 제방은 탱크와 군용 오토바이와 뒤섞인 사람들로 가득 찼다. 서쪽의 조선소에서 동쪽의 스몰니까지 324문의 포가 24발의 포탄을 발사했고 총구에서 지옥불처럼 화염이 치솟았다. 네바 강 위에 진홍색, 녹색, 파란색, 흰색의 아치형의 불꽃이 얼음과 수면 위에 반사되었다. 서치라이트가 페트로파블롭스크 요새의 첨탑 꼭대기에 있는 금빛 천사를 밝혔다. 대들보는 날카로워 더 견고해 보였으며 천국으로 걸어갈 수 있을 것 같은 다리를 비췄다. '레닌그라드 역사상 가장 위대한 시간'이라고 인베르는 그날 밤 일기장에 적었다. "봉쇄로부터의 완전한 해방. 그리고 여기서 나는 전문 작가이지만 이를 표현하기에는 어휘가 부족하다. 나는 단순히 레닌그라드가 자유롭다고 말한다."

제5부

22. 집으로

Coming Home

모든 거대한 갈등이 그러하듯이 전쟁의 끝은 사라진 사이렌과 총소리, 돌아오지 않는 실종자와 사망자, 표현할 수 없는 슬픔과 긴 침묵만이 남았다. 상실감을 극복하고 삶을 재건하는 일과 파괴된 도시를 다시 복구하는 일이 눈앞에 있다. 그런데 또 한편으로는 새로운 탄압의 시작을 의미했다.

포위전의 끝이 전투의 종말을 의미하지는 않았다. 붉은 군대는 폰 퀴흘러의 16군단과 18군단을 에스토니아 국경까지 밀어내는 데는 3주밖에 걸리지 않았지만 1944년 7월까지 판터 라인[100]을 무너뜨리고 국경 성채인 나르바에서 그들을 추방하기까지, 전쟁 초기 막대한 사상자가 발생했다. 전사자 중 한 명은 바실리 추르킨의 열일곱 살 아들 톨리아였다. 추르킨은 아들의 시신을 찾다가 "이 땅에서 시체를 모두 뒤집으려면 몇 달이 걸릴 것"이라는 사실을 깨달았다. 도로 양쪽, 숲, 개간지 등 사방에 시체가 널

---

100 판터-보탄 라인(Panther-Wotan line) 혹은 독일어로 오스트발(Ostwall): 동부 전선에 독일군이 1943년에 구축한 페이푸스 호수에서 발틱해의 나르바까지 이어지는 방어선.

려 있었다. 나르바 교두보는 사단 병력을 계속 집어 삼키고 있었다. 레닌그라드 해방 공세가 시작된 후 6개월 동안 15만 명 이상의 소련군이 전사하거나 포로가 되거나 실종되었는데, 대부분은 수많은 목숨을 앗아갔던 보병 돌격과 같은 무모한 작전때문이었다.

크리스마스 휴가를 마치고 다시 합류한 호켄요스는 여러 번 "러시아인들을 조각조각 쏴서 쫓아냈다"고 들었다. 특히 "한낮에 50명이 우리를 향해 돌진하게 만든 것은 러시아의 고집 때문이었을까, 아니면 적의 방어 태세를 시험하기 위해 중대 모두를 희생시킨 위원장의 차가운 기질 때문이었을까" 궁금해했다. "어느 쪽이든, 우리는 소총으로 그들을 모두 쓰러뜨렸고 권총을 사용할 필요도 없었다."

어쨌건 붉은 군대는 진격하고 있었고 독일군은 후퇴하면서 대지를 불태우고 있었다. (호켄요스는 역겨운 표정으로 말했다. "브랜코만도(화염방사병) 놈들을 쏴버릴 수 있다. 불타는 지푸라기 다발을 들고 집집마다 뛰어다니고 있다. 그들은 사실 방화를 즐겼다.") 결국 북부군은 라트비아의 쿠를란트 반도에 갇혀 최후를 맞이했다. 패배를 인정할 수 없었던 히틀러는 1945년 1월이 되어서야 해상 철수를 허용했다. 그때는 이미 붉은 군대가 독일 땅에 진입하고 있었다. 메레츠코프가 이끄는 소련군이 카렐리야 지협을 통해 북쪽으로 진격했고 1944년 9월 19일 핀란드 휴전으로 끝이 났다. 겨울 전쟁이 끝날 무렵, 국경선이 다시 그려지면서 핀란드의 두 번째 도시인 비푸리는 러시아로 넘어가서 오늘날까지도 음울하게 방치된 채 남아 있다.

■■■

레닌그라드의 해방 소식은 야로슬라블 시골의 어린이집에서 열두 살이 된 이리나 보그다노바에게도 찾아왔다. 기쁨의 환호성을 지르고 베개를 허공에 던지면서 그 소식을 반겼다고 기억했다.

우리 모두 울었어요. 그리고 누구도 식사를 하고 싶지 않았어요. 저녁 시간이 되어서야 선생님들이 우리를 식당으로 가라고 설득할 수 있었지요. 아무도 우리를 기다리지 않는다는 사실을 깨달았기 때문이었죠.

43번 기숙학교에서 마지막 근무를 한 올가 그레치나는 동료들에게 축하를 받았다.

직원들이 저녁에 한자리에 모였습니다. 우리는 노래하고 또 울고 웃었지만 모두 슬펐습니다. 불가능한 일이 이루어졌다는 것을 모두 느꼈지요. 하지만 혼란스러움도 느꼈어요. 이제 우리는 어떻게 살아야 할까요? 어떤 목적으로?

올가 프리덴베르크는 어머니를 애도하며 침대에 얼굴을 대고 웅크린 채 오랜 시간을 보냈다.

저녁 늦게야 내 영혼이 어느 정도 되살아나고 또 하루가 끝났습니다. 밤이 지나고 처음으로 의식이 깨어나는 시간입니다. 내가 여기 있구나. 다시 시간 속에 있는 거야?

1944년 여름부터 피난민들이 대거 돌아오기 시작하면서 레닌그라드 인구는 1년 만에 두 배 이상 증가했다. 베라 인베르는 친구가 베토벤 소나타를 연주하는 사이에 물레를 돌렸다. 그리고 1945년 여름부터 군인들이 집으로 돌아오기 시작했다. "그들은 전시 중에도 독일인의 생활 수준을 엿보고 놀랐습니다." 많은 사람들은 독일이 왜 침략을 했을까 궁금해했다. 살아남은 포로들이 가장 늦게 돌아왔다. 전쟁 중 포로로 잡힌 약 450만 명의 소련군 중 전쟁이 끝났을 때 약 180만 명이 생존해 있었고 나머지는 (유대인이나 당원일 경우) 처형되거나 기아와 질병으로 사망했다. 붉은 군대는 생존자들을 즉시 재수용하여 '여과' 과정을 거쳤다. "스스로 총을 쏴서 자살하지 않고 왜 항복했는가?"라는 질문이 일반적이었다. "어찌하여 포로수용소에서 죽지 않았는가?", "게슈타포와 친위대로부터 어떤 임무를 부여받았나?" 등이었다. 독일군과 폴란드 여성에 대한 붉은 군대의 집단 강간에 항의하다 체포된 정치위원 레프 렐레프는 감방에 갇혔다. 렐레프는 흔한 '반소련 활동'으로 유죄 판결을 받아 굴라크로 유배되어 1954년까지 그곳에 있었다.

이산가족 상봉은 종종 어려운 일이었다. 자녀는 부모를 몰라봤고 부모도 자녀를 알아보지 못했다. 배우자는 서로가 변한 모습을 발견하고 낯설어했다. 다시 집으로 돌아온 안나 아흐마토바는 옛 연인이었던 블라디미르 가르신을 기차역에서 만났다. 두 사람은 결혼하기로 했고 아흐마토바가 그의 이름을 따르기로 했다. 이제 그녀는 그의 변심을 알게 되었다. 아흐마토바는 가르신이 자기 자신을 속였다는 것을 안다("이제 나에게 아무것도 의미하지 않는 남자. 변두리에서 유령처럼 방황하는 남자/삶의 뒷골목과 뒷마당"). 사실 그는 다른 사람과 사랑에 빠졌을 뿐이다. 굴욕감을 느낀 아흐마토바는 자신의 시에서 그에게 바치는 모든 헌사를 잘라내고 셰레메티예프 궁전 별관의 오래된 방으로 다시 이사했다.

두 아들이 모두 전사한 추르킨에게는 돌아올 사람이 없었다. 친구들의 도움으로 겨우 사흘 만에 혼자 집으로 돌아올 수 있었다. 그런데 집은 아수라판이었다.

도둑이 모든 걸 뒤집어 놓은 것 같은 난장판이었죠. 양복과 코트 등 옷과 귀중품이 사라졌습니다. 나머지는 바닥에 널브러져 있었어요. 제가 가져간 건

사진첩뿐입니다. 나는 고통스러워 눈물이 터져 나왔습니다.

야로슬라블에서 이리나 보그다노바는 운이 좋았다. 그녀 역시 가족을 모두 잃었지만, 가족의 친구인 네 자매의 주소를 기억하고 있었기 때문이다. 편지를 받은 두 자매(다른 자매는 굶어 죽었다)는 곧바로 이리나를 집으로 데려가 친자식처럼 키웠다. 두 자매가 이리나를 구해준 덕분에 그녀는 그들에 대한 기억을 지금도 보존하고 있다.

━━━

레닌그라드는 포위전 기간에 15만 발 이상의 중포탄과 1만 발 이상의 폭탄과 소이탄을 맞았다. 깨지지 않은 창문, 금이 가지 않은 벽, 비가 새지 않는 지붕은 거의 없었다. 에르미타주는 석고 65톤, 시멘트 100톤, 유리 6천 제곱미터, 설화 석고 80톤, 금박 6킬로그램의 청구서를 제출했다.

사람들이 도시로 돌아오면서 분쟁이 심화되었다. 전직 군인과 대피한 민간인(정치 및 문화 엘리트)은 전쟁 전 거주지를 돌려받았지만 일반 시민은 그렇지 못했다. 처음 두 부류의 보상도 뇌물이나 회유가 필요한 경우가 많았다. 물물교환한 귀중품의 반환을 강제하는 법은 유명무실했고 친숙한 그림이 환전소 벽에 걸려 있거나 낯선 사람의 옷깃에서 어머니의 브로치를 발견하는 것은 흔한 일이었다.

최악의 손실은 여름 궁전이었다. 해방 후 8일 만에 파블롭스크를 처음 본 사람 중 한 명은 안나 젤레노바였다. 파블롭스크 공원 입구에서 탱크가 지나갈 길을 내려고 이중문의 중앙 기둥이 철거된 것을 보았다. 공원은 포탄 자국 등으로 엉망이었다. 벙커에서는 나치 철십자로 오려진 태피스트리와 유화 그림, 그랜드 피아노가 발견되었다. 상감문은 인도교를 만드는 데 사용되었고 마호가니 옷장은 화장실로 바뀌었다. 독일군이 떠날 때 불을 지른 궁전은 열흘 동안 타고 있었다.

돔과 시계탑 그리고 왕좌의 방이나 열주 위의 격자형 갤러리도 없다. 사진 갤러리, 예배당, 궁전 전체가 사라졌다. 무너진 푸시킨 궁전처럼 예카테리나 궁과 알렉산드르 궁이 모두 폐허가 되었는데, 예카테리나 궁에서 해방 후 일주일이 넘은 2월 3일에 폭탄이 폭발했다.

전쟁이 끝난 후 몇 년 동안 젤레노바는 약탈당한 보물을 찾기 위해 샅샅이 뒤졌다. 나치는 가짜 벽 뒤에 숨겨져 있던 보물을 발견하고 상자에 담아 프로이센의 쾨니히스베르크(칼리닌그라드)로 보냈다. 쾨니히스베르크의 성에서 마지막으로 목격된 후, 무슨 일이 일어났는지는 미스터리다. 1945년 4월 붉은 군대에 함락되고 며칠 후 도시를 휩쓴 화재로 파괴되지 않았을까.

BBC 기자 알렉산더 워스에 따르면, 나치의 궁전 파괴는 "러시아인들에게 분노를 불러일으켰다." 처음에는 복구가 불가능하다고 여겨졌다. 페테르호프의 폭포 꼭대기에서 소련 의장 포프코프는 눈앞의 검게 그을린 포탄을 향해 이렇게 선언했다고 전해진다. "이 모든 것이 파괴될 것이다!" 다른 사람들은 폐허를 나치의 만행에 대한 기념비로 남겨두거나 노동자들의 주택으로 대체해야 한다고 생각했다.

스탈린의 재건 결정은 전쟁이 끝날 무렵, 소련을 휩쓸었던 대중의 열광과 맞물려 있었다. 첫째, 모든 사람들은 이제 정상적인 삶을 갈망했다. 올가 그레치나는 대학에서의 새 출발을 위해 스케이트의 날을 떼어내 새 부츠를 얻었다. 마리나 예루크마노바는 유기견 세인트 버나드를 입양해 에스키모 아이스크림을 먹였다. 식물원의 학자들은 인도, 마다가스카르, 자바, 호주, 실론 등 새로운 탐험을 하고 싶은 나라의 위시리스트를 작성했다.

둘째, 사람들은 진정한 공산주의를 구현해야 할 때라고 생각했다. 4년 동안 조국을 위해 싸운 그들은 정부로부터 신뢰받을 자격을 얻었다고 생각했다. 그들은 평범한 일상의 품위뿐만 아니라 표현의 자유를 갈망했다. 전후 첫 소련 최고위원회 선거에서 레닌그라드 시민들은 '공산주의 농노제를 언제 폐지할 건가요?'라고 낙서하며 투표용지를 훼손했다. 투표용지에 '우리에게 빵을 주고 선거를 치러라'는 문구를 적기도 했고, 심지어는 후보자의 이름을 지우고 '아돌프 히틀러를 위하여'라고 쓰기도 했다. 알렉산드린스키 극장의 한 배우는 굴욕적이라고 외쳤다. "마치 기계나 장기의 졸로 느껴집니다. 투표용지에 이름이 하나밖에 없는데, 어떻게 투표를 할 수 있죠?"

BBC 기자 알렉산더 워스는 1943년 9월에 레닌그라드 사람들의 변화에 대한 열망을 느낄 수 있었다. 작가 연합의 만찬에서는 처칠과 이든에게 전통적인 건배사가 이어졌지만, 그는 그 이면에 "모스크바보다 더 강렬한… 레닌그라드의 서방에 대한 진정한 갈망"을 느꼈다. 그들은 승객을 실어 나르는 배와 책과 음악, 그림과 축음기 레코드 등을 생각했다. 포프코프를 인터뷰하면서 그가 스스로를 소련 의장이 아니라 레닌그라드의 '시장'이라고 부른다는 사실에 워스는 놀랐다. 아스토리아의 객실 메이드는 럭키 스트라이크(담배)를 피우면서, 과거 보르게세 공주와 함께 근무할 때 란제리를 사기 위해 매년 파리를 여행했던 일을 회상했다. 마지막 날 저녁, 워스는 쇼 음악과 백만장자, 형사, 갱스터 등 '모두 밝은 하늘색과 보라색 정장으로 진짜 미국인처럼 차려입은' 프랭크 파프라의 코미디 「어느 날 밤에 일어난 일」 공연을 보러 갔다. 그가 어디를 가나 즈다노프의 사진이 레닌과 스탈린의 사진보다 더 많았다. 레닌그라드가 러시아 공화국의 수도가 다시 될 수도 있다는 소문도 돌았다.

편안함, 정치적 다원주의, 외부 세계와의 접촉 등 레닌그라드의 특별한 역할에 대한 희망은 좌절되었다. 생활 수준은 아주 느리게 개선되었다. 레닌그라드 시민에게도 탄압이 있었고 1940년대 말과 1952년대 초에 절정에 달했다가 1953년 스탈린의 죽음으로 멈추었다.

지금 생각해보면 차라리 뻔한 일이었다. 더 이상 전쟁으로 인해 여론의 눈치를 볼 필요가 없어졌고, 스탈린은 유럽에서 돌아온 군인들이 서구 물이 들었다는 걸 기억했기에 통제를 느슨하게 할 생각이 없었다. 1944년 레닌그라드 NKVD는 정치 범죄로 체포된 사람 수(총 373명)가, 평소보다 적었지만, 해방된 도시에서 나치 협력자를 색출하느라 바빴기 때문이었다. 1945년에는 체포 인원수가 다시 증가했다.

스무 살 소녀의 일기에는 굶어 죽은 아버지 얘기와 함께 이웃 음악가의 아파트에서 토막 난 시신이 발견되었다는 기록이 있었다. 그녀는 일기를 친구들에게 소리 내어 읽어주었다는 이유로 누군가의 고발로 당국에 체포당했다. 그리하여 6년 동안 강제수용소에 수감되었다. 공식 버전에서 바이올리니스트들은 아이들을 잡아먹은 것이 아니라 반장갑을 낀 채, 쇼스타코비치를 연주하며 포위전을 보냈다고 기록되었다. 인베르는 작가 조합에서 자신의 시에 대해 '혐오스럽다'고 저주한다는 것을 알게 되었다. 라디오 하우스에서 직원들은 대중과의 인터뷰 녹음을 파기하라는 명령을 받았지만 외투 속에 숨겨서 집으로 가져가거나 '민속 음악'이라고 적힌 상자에 보관했다. 프리덴베르크는 소련 국가보안국(NKVD)의 의뢰를 받아 다음과 같은 이야기를 수집했다. '레닌그라드의 영웅들'은 '당국의 애완동물'로 조종당했다. 믿을 수 없을 정도로 비극적인 사실들이 전달되었지만 아무도 감히 진실을 기록하지 않았다.

그나마 남은 희망은 1946년 여름, 레닌그라드 지식인들에 대한 단속으로 산산조각 났다. 스탈린에 의해 시작된 이 사건은 모스크바로 돌아온 후 즈다노프에게 위임되었다. 그는 희생자로 안나 아흐마토바와 미하일 조셴코를 선택했는데, 그들은 유럽풍의 레닌그라드 정신을 문학으로 구현했기 때문이었다. 작가 콘스탄틴 시모노프가 회고록에서 말했다.

스탈린은 항상 레닌그라드를 의심스러워했다. "이십 대 시절 나는 왜 아흐마토바가 전쟁 중에 그렇게 많은 시를 낭독했을까 의문을 품었었다. 그런데 그것은 인텔리겐챠들에게 그들 앞에 놓인 과제가 그 어느 때보다 분명하다는 걸 보여주는 방법이었다.

8월 15일, 당 중앙위원회의 결의안 형태로 타격이 왔다. 아흐마토바의 작품은 '공허하고 경박하며. 비관과 부패의 냄새가 있다'는 이유로, 조셴코의 작품은 '젊은이들을 타락으로 이끄는 헛소리'라고 비난받았다. 둘 다 '서구의 부르주아 문화에 대한 복종'을 보여주었다고 평가받았다. 일주일 후 즈다노프는 레닌그라드로 날아가 작가 연합 연설에서 두 사람을 비난했다. 그는 아흐마토바를 '반은 창녀, 반은 수녀'로 표현했고, 조셴코를 소심한 소인배로 묘사했다. 그의 발언이 끝나자 청중은 침묵으로 얼어붙었는데 마치 "3시간 동안 석고처럼 응고되었다." 여성 한 명이 홀을 나가려고 했지만 제지당했다. 아흐마토바와 조셴코를 작가조합에서 제명하는 투표는 만장일치로 통과되었다. 회의는 새벽 1시에 끝났고 작가들은 조용히 흩어졌다. "기억을 더듬으며 우리는 곧게 뻗은 길을 따라 빈 광장으로 향했고 늦은 트롤리 버스를 타고 조용히 출발했다. 모든 것이 예상치 못했고 이해할 수 없었다."

즈다노프의 수사에도 불구하고 그녀와 조셴코는 체포되지 않았다. 그럼에도 두 사람 모두 타인의 도움으로 살아야 한다는 사실은 사건의 여파를 말해준다. 아흐마토바를 버리지 않았던 올가 베르그골츠는 결국 작가 조합의 이사직을 잃어야 했다.

1948년 8월, 즈다노프가 심장마비로 사망하자, 크렘린 정국이 흔들렸다. 말렌코프와 베리아는 즉시 레닌그라드 지식인들을 대대적으로 단속했다. 그리고 크렘린과 레닌그라드 당에서 즈다노프의 추종자들을 숙청하면서 재기를 노리기 시작했다.

'레닌그라드 사건'은 1948년 2월 즈다노프를 따라 모스크바로 건너가 NKVD를 감독하던 대리인 알렉세이 쿠즈네초프, 레닌그라드 제1당 서기장인 '시장' 포프코프, 국가계획위원회 위원장 보즈네센스키가 해임되면서 시작되었다. 정치국은 비밀 결의를 통해 "쿠즈네초프 동지와 포프코프 동지가 조직에 대한 선동, 중앙위원회에 대한 비판으로 당을 흔들었다"라고 주장했다.

흐루쇼프가 말했듯이 "사냥은 시작되었다." 마침내 8월 13일, 쿠즈네초프, 포프코프, 그리고 다른 세 명은 말렌코프의 사무실에 도착하자마자 체포되었다. 보즈네센스키는 스탈린에게 "당에 대한 충성심의 교훈을 확실히 배웠습니다"라는 내용의 편지를 보냈지만 소용이 없었다. 그는 10월 27일 차례로 체포되어 포프코프, 쿠즈네초프와 함께 특수 감옥에 수감되었다. 1950년 9월, 그들은 리테이니의 옛 장교 클럽 건물에서 비공개 재판을 받았다. 쿠즈네초프는 자백을 거부했고 목 뒤쪽에 갈고리가 끔찍하게 박힌 채 처형당했다. 보즈네센스키는 조금 더 오래 살아 있었을지도 모른다. 1949년에서 1951년 사이에 레닌그라드와 관련된 당 간부 69명이 처형, 투옥, 추방되었고 그들의 친척 145명도 함께 처형되었다.

레닌그라드 사건은 지금도 미스터리로 남아 있다. 말렌코프가 스탈린의 귀에 속삭인 내용은, 보즈네센스키가 생산량을 부풀렸고 레닌그라드 당이 모스크바의 허가 없이 농업 무역 박람회를 열었다는 것이었다. 실제로는 1949년은 베를린 공수, 나토 창설, 소련의 원자폭탄 개발 등 냉전의 팽팽한 긴장과 경쟁자에 대한 스탈린의 두려움이 결합한 것으로 보인다. 그는 레닌그라드에 본부를 둔 러시아(전 공산당연합에 반대되는) 공산당에 대한 이야기와 티토의 유고슬라비아 대표단의 방문으로 인해 레닌그라드는 흔들렸을지도 모른다. 수정주의자들은 이 숙청이 스탈린의 패권을 재확인하고 크렘린의 파벌 간 균형을 맞추기 위한 권력 놀음이었다고 주장한다. 그런데 스탈린의 편집증적인 발작의 일종이라는 것이 더 설득력이 있다.

'레닌그라드 사건'과 병행하여 스탈린은 말렌코프와 베리아의 부추김으로 소련 전체에 걸친 '국제주의와의 전쟁'[101]도 시작했다. 엉터리 유사 유전학, 소련이 라디오와 비행기, 전구를 발명했다는 헛소리가 난무하던 시대였다. 외국 인맥이나 유대인 성을 가진 사람들은 하나둘씩 사라지기 시작했다. 예전에는 임의적인 '뽑기'였다면 지금은 확실한 '대기표'다. 레닌그라드 대학 교수들은 다시 한번 모여 서로를 '형식주의', '부르주아'라고 서로를 비난했다. 올가 프리덴베르크는 이렇게 썼다.

> 모든 교수들이 굴욕을 당했다. 지르문스키와 같은 사람은 그런대로 견뎌 냈지만 이미 심장병으로 약해진 아자도프스키 교수는 회의 중에 의식을 잃고 수술을 받아야 했다.

사실, 너무 많은 유대인이 일자리를 잃어 정부, 경제, 언론, 대학 고위직의 1945년에서 12%이던 유대인이 1951년에는 4%까지 감소한 것으로 계산되었다. 가장 높은 지위의 희생자는 몰로토프의 사랑을 받던 53세의 아내 폴리나였다. 시온주의 간첩과 집단 성관계 혐의를 포함한 죄목으로 기소되었는데, 몰로토프와 이혼하고 5년 형을 선고받는 것으로 끝났다. 프리덴베르크는 이 모든 추악함에 대해 "기본적이고 사소한 적대감, 악의, 음모"를 뜻하는 '스클로카 cклока'라는 추악한 신조어를 발견했다. 이

---

[101] 1948년 후반에 시작된 소련의 반서방 운동으로 반유대주의 숙청으로 널리 알려져 있다. 많은 유대인들이 시오니스트나 세계주의자로 숙청을 당했다.

단어는 비방, 염탐, 계략, 중상모략에서 번성한다. "스클로카는 우리 정치의 알파이자 오메가입니다."

아흐마토바는 살아남았지만 누군가가 대신 고통을 겪어야 했다. 그렇게 체포된 수천 명 중에 그녀의 35세 아들 레프 구밀레프가 있었다. 그는 베를린까지 가서 싸운 지 얼마 되지 않아 제대했다. 전쟁이 터지기 전까지 굴라크에서 몇 년을 강제노동하던 아들은 이제 다시 10년형을 선고받았다. 어머니의 탄원과 순종적인 노력("평화를 찬양하며"라는 제목의 애국시 연작)에도 불구하고 흐루쇼프의 사면이 있을 때까지 아들은 풀려나지 못했다. 1956년 전 남편 니콜라이 푸닌도 체포되었는데, 그는 '예술을 위한 예술'이라는 반동사상의 옹호자라는 혐의가 씌어졌고 북극 코미 반도로 보내졌다. 수용소에서 그는 손녀에게 편지를 썼고 4년 후 65세의 나이로 그곳에서 사망했다.

같은 해 이오시프 스탈린이라는 이름의 노인이 홀로 죽었다. 이 소식은 물을 끼얹은 듯한 침묵과 강렬한 카타르시스를 느끼는 감정이 뒤섞인 반응을 보였다. 학교에서는 교사들이 학생들을 이끌고 집단 애도를 표했고 공동 아파트에서는 사람들이 눈물을 흘렸다. 수용소에서는 간수들이 긴장한 채 모여 있었고 죄수들은 고함을 지르며 모자를 공중에 던지기도 했다. 모스크바에서는 흥분한 군중이 위대한 독재자의 장례식 행렬을 따랐지만, 레닌그라드에서는 한 남성이 연설 중에 라디오를 두 번이나 껐다는 이유로 당적을 박탈당했다. "안으로나 밖으로나 우리는 이중으로 포위되어 있다."라고 리하체프는 썼다. "포위는 아직 끝나지 않았다. 소련은 거의 40년 동안 회색빛 억압을 유지하며 남아 있을 것이다. 하지만 다시는 이만큼 나빠지지 않을 것이다."

23. 기억의 저장고[102]

The Cellar of Memory

레닌그라드 포위 공격의 주요 기념비는 1960년에 개장한 피스카료프스코예 공동묘지이다. 승리의 축하보다는 애도를 위한 장소로 중앙도로를 따라 잔디로 덮인 집단 무덤이, 각각 특정 연도를 상징적으로 표시한 채 늘어서 있다. 한쪽 끝에는 햇빛에 투명하게 빛나는 영원한 불꽃이 흔들리고, 다른 한쪽에는 긴 드레스를 입은 여인상이 구름과 하늘을 등지고 실루엣을 드러낸다. 동상 뒤쪽의 프리즈에는 베르그골츠의 유명한 명언 '아무도 잊혀지지 않고 아무것도 잊혀지지 않는다Никто не забыт, ничто не забыто'는 문구가 새겨져 있다.

도로에서 벗어나면 라임과 자작나무 그늘이 드리워진 둔덕이 이어진다. 잔디는 덜 깎여 있고 둔덕의 골에 미나리가 자란다. 한쪽 측면에 토끼굴이

---

102 안나 아흐마토마의 시 『기억의 저장고』에서 인용됨. 전문은 다음과 같다. "그러나 슬픔에 젖어 산다는 것도 어리석은 짓이며/ 기억을 새기며 산다는 것도 소용없는 일이다./ 기억을 자주 방문하지 않으나,/ 기억은 언제나 나를 속인다./ 등불을 들고 지하실에 내려갈 때,/ 다시 막연하게 무너지는 소리가…"

보인다. 오래된 공동묘지와 병원에서 사망한 군인들의 무덤들이 있다. 젊은이의 얼굴이 타원형 메달 안에서 흐릿해진 흑백 사진으로 우릴 바라보고 있다. 확성기 시스템에서 쉿 소리가 울려 퍼진다. 베토벤의 장송 행진곡이 흘러 나오고, 오래된 LP는 판이 튀며 새소리와 저 멀리 자동차 소리가 한데 섞인다.

이런 장소들이 으레 그런 것처럼 피스카료프스코예도 실패했다. 동상이나 조경은 역사적인 비극의 모든 것을 담을 수 없다. 우리가 할 수 있는 건 기억하고 경의를 표하는 것뿐이다. 한동안 포위전의 희생자를 기념하는 행위 자체가 소련에서 문제가 되었다. 스탈린 시대에는 전쟁의 비참함을 부끄럽게 여겼고 뒷전으로 밀려났다. 굶어 죽은 이들을 위한 추모비는 세워지지 않았고 독일 뉘른베르크에서 간소하게 추모식이 열렸다. 결국 수천 명의 상이 군인들이 거리에서 쫓겨나 라도가 호수 북쪽의 섬으로 이송되었다. 집단 무덤은 울타리를 치고 쐐기풀과 가시덤불이 돋아나도록 방치되었다. 피스카료프스코예 건설을 둘러싼 논쟁, 그리고 드미트리 파블로프의 출판을 허용함으로써 흐루쇼프는 덤불의 일부나마 제거했다. '위대한 애국전쟁'의 신화는 브레즈네프 시대에 다른 형태로 자랐다. 극한의 공포는 추위, 어둠, 어린이 썰매 등의 단어로 치환되었고 사회적 붕괴는 고양된 구원의 이야기로 꾸며졌다. 레닌그라드 시민들은 헌신적인 영웅이었으며 승리에 대한 믿음이 흔들리지 않았다. 그들은 살아남는 것으로 도시를 지켰고, 굶주림으로 죽을 때조차 고귀하게 죽음을 맞이했다. 이 순교를 통해 그들은 특별한 종족으로 거듭났다. 급기야 레닌그라드 소년과 소녀는 그 고귀한 혈통을 지키기 위해 서로 결혼해야 한다는 주장까지 나왔다.

포위전의 사실을 복원하려는 시도는 저항에 부딪혔다. 해리슨 솔즈베리의 『900일』이 출판되었을 때, 프라우다의 기사만이 아니라 서방 좌파에게도 공격받았다. 솔즈베리가 사망한 지 6개월 후인 1994년에야 러시아어로 출판되었다. 알레스 아다모비치와 다닐 그라닌이 편찬한 『봉쇄의 책』도 1979년에 처음 출판되었을 때, 검열관의 60여 차례에 걸친 삭제에도 불구하고, 마찬가지로 비난받았다.

1980년대 후반 고르바초프의 글라스노스트 또는 '개방' 정책으로 입체적인 분석이 가능해졌다. 전시 테러가 비판의 대상이 되었고 오폴체니예의 무분별함과 배급제도도 돌이켜 볼 수 있게 되었다. 개인의 일기가 신문과 저널에 흘러 들어갔고 결국 브레즈네프의 자기희생이라는 신화를 깨부수는 망치 역할을 했다.

아다모비치와 그라닌은 십 대 소년 유리 랴빈킨의 일기에서 식인 풍습과 레닌그라드 사건에 관한 자료를 활용할 수 있었다. 놀랍게도 NKVD의 후신인 연방보안국 기록보관소에서 중요한 문서 묶음이 등장했다. 즈다노프의 명성은 급락했고 그의 이름은 학교, 공장, 전함, 마리우폴에서 삭제되었다. 가장 큰 변화는 레닌그라드 도시의 개명으로, 1991년 10월 1일 국민투표 끝에 상트페테르부르크로 다시 바뀌었다.

포위전의 수호자는 점점 줄어드는 블로카드니키(공성전 생존자) 그룹이다. 이들에게 포위전은 올가 그레치나의 표현을 빌리자면, "마음의 지뢰밭과 같은 기억이다. 그 지뢰밭을 밟기만 해도 폭발한다. 모든 것이 지옥으로 날아가 버린다." 야외의 수도꼭지나 소화전, 비행기의 엔진 소리, 썰매를 타는 사람들의 삐걱거리는 소리, 목공용 접착제 냄새, 도로에 눈이 쌓여 있는 모습 등 기억을 깨우는 요소는 곳곳에 숨어 있다. 어떤 사람은 항상 특정 거리나 다리를 우회한다. 그레치나에게 1978년 어느 날 창문으로 스며드는 모닥불 냄새가 그 신호였다. 그녀는 책상에 앉아 이틀 밤낮을 울면서 글을 쓰며 오랫동안 억눌려 있던 슬픔과 분노를 쏟아냈다. 생존자들은 지금도 접시에 음식을 남기지 못하며, 버려진 나무 조각을 집에 가져가서 부주이카에 태우려 한다.

그들의 죄책감은 제대로 장례 치르지 못한 것에 대한 괴로움으로 표현되곤 한다. 아버지가 어디에 묻혀 있는지 모르는 한 여성은 매년 아버지의 생일이 되면 피스카료프스코예를 방문해 기독교인 이름이나 생년월일이 같은 무덤을 찾는다. 그리고 그런 무덤을 앞을 지날 때마다 꽃을 놓았다. 그래서 그녀는 항상 꽃이 모자랐다고 말했다.

많은 생존자들은 포위전에 대한 얘기를 거부한다. 그레치나가 그랬던 것처럼 사람들은 고통스러운 기억을 더 거대한 이야기에 포함해 브레즈네비테(미화된 버전)와 공존할 수 있는 버전을 선호했다. 마리나 예루크마노바는 다음과 같이 썼다.

> 그냥 있는 그대로 이야기하면 안 될까? 이런 의문이 항상 있었습니다. 대화가 봉쇄에 대해 언급할 때마다 모든 사람들이 잘 알고 있는 것처럼 보였습니다. 우리도 영화를 보고 그 시대의 글을 읽었습니다. 하지만 그 어떤 것도 당시의 느낌을 전달하지 못했습니다.

블로카드니키는 종종 사람들이 더 이상 포위전에 관심이 없다고 불평한다. 한 사람은 "세대마다 아프가니스탄, 체첸과 같은 전쟁이 있다."라고 말한다. 또 다른 사람은 젊은 사람에게 괴혈병으로 이빨이 6개만 남은 모습을 보여줬을 때를 제외하고는 포위전에 대해 아무런 반응도 보지 못했다. 그레치나는 포위전 참전 용사들과 전후 레닌그라드에 새로 온 사람들 사이의 긴장감을 강조한다. 이들은 대중교통에서 블로카드니키 예약 좌석을 무례하게 차지하며 자신들도 굶주렸다고 주장한다.

테러와 굴라크가 지식인들을 끌어당기던 1990년대에는 포위전이 뒷전으로 밀려났지만 지금은 상황이 다르다. 지난 10년 동안 수십 권의 회고록과 일기가 출판되었다. 이 책을 쓰는 동안 몇 가지 중요한 기록이 등장했으며 앞으로 먼지가 쌓인 파일과 옷장 속 여행 가방에서 더 많은 기록이 나올 것이다.

생존자들로부터 증언을 수집하기 위한 막바지 노력도 계속되고 있다. 자쿠스키[103]로 덮인 식탁, 마호가니 판넬로 된 공공도서관의 뒷방, 반짝이는 카페에 앉아 있는 사람들은 대부분은 여성이었다. 그들은 눈 덮인 거리를 걸어가는 흑백의 흐릿한 인물들이었다. 빵집 밖에서 몇 시간이고 줄을 서고, 얼음으로 덮인 계단 위로 물통을 들어 올리면서 부모와 형제자매가 죽어가는 것을 지켜보았다.

블로카드니키 인터뷰 대상자는 낯선 사람에게 자신의 감정을 얘기할 수 있을 정도로 비극을 받아들인 사람들이다. 그들은 단지 운이 좋아서 살아남았다는 걸 알고 있다. 70년 전, 시체로 가득 찬 아파트에서 구조된 이리나 보그다노바는 "나는 축복받았다."고 계속 말한다. 아파트에서 구출된 후 새로운 입양된 것은 축복이었다. 어린 시절부터 간직한 소지품은 어머니가 신문지에 싸서 문틈으로 건네준 황동 십자가뿐이다.

전형적인 소련 서사로부터 가장 보호받은 것은 포위전 생존자의 아들과 딸들, 즉 80~90대가 아닌 현재 60~70대 세대이다. 그들은 공성전에서의 피해를 강조하고 싶어 한다. 포위전의 첫 번째 겨울을 혼자 보낸 안젤리나 쿠파이고로드스카야를 과학 아카데미 복도에서 인터뷰했다. 그녀는 "그저 인형을 움켜쥔 채, 서 있을 수도 없는 소녀들의 이야기"는 전후의 감상적인 이야기일 뿐이라고 말했다. 우리가 헤어질 때 그녀는 내 팔을 붙잡았다. 나치와의 전쟁에서 승리했다는 자부심과 적에 대한 격렬한 증오심 등 애국

---

103   차가운 전채요리. 전형적인 자쿠스키는 편육, 절인 생선, 혼합 샐러드, 고기 젤리나 빵 피로즈키(파이)나 과일이나 야채로 구성된다. 블로카드니키는 공성전에서 굶었던 기억 때문에 자쿠스키를 과하게 차리는 경향이 있다.

전쟁에 대한 러시아인의 태도는 복잡하지 않다. 대량 숙청, 나치와 소련 협정, 군사적 실수, 카틴에서의 학살, 전시 체포 및 추방 등 다른 고려 사항도 (때로는 마지못해) 인정하지만 이는 본론에서 벗어난 것이다.

러시아의 애국전쟁은 불필요하게도 막대한 대가를 치르고 승리했다는 사실이다. 레닌그라드 봉쇄는 가장 극단적인 예일 것이다. 나치 독일이 포위 공격을 했지만 민간인을 제때 대피시키지 못한 것은 소련 정권이었다. 또한 소련 정권은 총알받이로 수천 명의 젊은이들을 소모시켰고 시민들이 굶어 죽어가는 와중에도 스파이를 색출한다며 사람들을 처형했다. 소련에 다른 지도자가 있었다면 독일군이 도시를 포위 못했거나 애초에 침략당하지 않았을지도 모른다.

이 책은 부분적으로 소련의 신화를 바로잡기 위해 기획되었기 때문에 부정적인 측면을 강조했다. 만약 레닌그라드가 독일군에 점령당했다면 그들 또한 민간인을 굶어 죽게 내버려 뒀을 것이다. 도시에 남은 유대인들은 모두 체포되어 살해당했는지도 모른다. 레닌그라드 외곽의 30만 독일군(동부 전선 전체 병력의 20%)은 동쪽으로 진군해서 전선은 확대되었을 것이다. 결국 레닌그라드는 소련이 후퇴하면서 독일군에 의해 처참하게 파괴되었을 공산이 크다. 오늘날 유럽에서 가장 아름다운 도시 중 하나가 바르샤바나 드레스덴과 같은 인위적인 재건축 건물로 가득 차 있었을 것이다.

이 책에 인용된 일기 작가 중 생존해 있는 사람은 없다. 강변에서 일광욕을 하다가 침공 소식을 들은 드미트리 리하체프는 러시아 문학과의 학과장이자 글라스노스트의 민주화 운동가로 뛰어난 경력을 쌓았다. 그는 1999년에 아흔두 살의 나이로 사망했다.

독일의 침공 소식을 반신반의했던 옐레나 스크랴비나는 전쟁이 끝난 후

아들과 함께 미국으로 이민을 떠나 아이오와 대학의 러시아어 교수가 되었다. 레닌그라드에 남겨진 남편은 그녀가 피난 중에 사망했다고 생각하고 미망인이 된 가장 친한 친구와 결혼했다.

안나 오스트로우모바 레베데바는 1957년 사망하기 전까지 검열을 거친 세 권의 일기를 출판하면서 그림을 그리고 공식적인 호의를 누렸다.

마리아 마시코바는 '반反국제주의' 단체에서 해고되었지만 3년 후 다시 고용되어 은퇴할 때까지 일했다.

올가 프리덴베르크는 '반反국제주의' 운동의 여파로 대학의 학과장직을 잃고 삶의 의욕을 잃었으나, 스탈린이 죽고 사촌 보리스 파스테르나크가 노벨 문학상에 지명되는 것을 볼 수 있을 만큼 오래 살았다.

안나 젤레노바는 1980년 당 회의에서 강연하던 중 사랑하는 파블롭스크 궁전이 완전히 복원되는 것을 보고 세상을 떠났다.

알렉산드르 볼디레프는 전쟁 직후 이혼하고 재혼했다. 그는 에르미타주에서 고대 페르시아 문학에 대한 백여 편의 연구를 발표하고 은퇴했다. 1993년에 사망했다.

올가 그레치나는 헤르첸 교육학 연구소의 교수가 되어 푸시킨의 민속학을 전공했다. 그녀는 결혼하여 두 딸을 두었고 2000년 일흔여덟의 나이로 사망했다.

베라 인베르는 당에 가입하고 남편과 함께 모스크바로 돌아왔다. 트로츠키와의 관계에도 불구하고 1972년 사망할 때까지 문학계의 충실한 일원으로 남아 있었다.

올가 베르그골츠는 술을 마시며 과거의 기억을 견뎌냈다. 1975년 그녀의 죽음은 소문을 타고 퍼져나갔고 볼코보 공동묘지에서 열린 장례식은 수천 명의 시민들이 참석한 공개 행사로 바뀌었다.

바실리 체크리조프는 조선소에서 계속 일하며 아흔일곱 살까지 살았고 전시 일기의 후기에서 '피의 보리스(옐친)'를 저주했다.

프리츠 호켄요스 소령은 라인강의 나치 친위대 보병 사단에 합류했다가 미군에 붙잡혔다. 포로수용소에서 2년을 보낸 후 그는 산림 관리자로 복귀하여 슈바르츠발트 도보여행 가이드를 시리즈로 펴냈다.

■■■

레닌그라드/상트페테르부르크는 여전히 멜랑콜리한 도시다. 공산주의가 종식된 지 20년이 지났지만 여전히 독재 정권이 유지되고 있으며, 밝게 빛나는 간판도 음습한 안뜰의 배수로와 플라타너스 묘목을 감추지 못한다. 다른 옛 수도와 마찬가지로 마리 셀레스테[104] 특유의 분위기가 느껴지는데, 한때 번화했던 궁전과 정부 건물은 학술 기관이나 박물관으로 탈바꿈해 있다. 이제 이 도시는 비극적이기보다는 향수를 불러일으키거나, 도끼를 든 라스콜리니코프[105] 같은 소설 속 인물을 떠올리게 한다. 이 도시는 모스크바와는 달리 신흥 부자들이 지배하지 않는다. 서점은 베르사체 부티크보다 많고 여성들이 필하모니아를 가득 채운다. 학생들은 강의를 마치고 모이카 30번가로 몰려들어 예브로파의 바에서 8달러짜리 에스프레소를 마시며 시시덕거린다.

마지막 말은 리디아 긴즈부르크에게 돌린다. 가장 큰 비극을 겪은 후에도 삶은 계속 흐른다는 것을 상기시켜 준다. 새로운 것이 낡은 것을 대체하고, 과거가 겹치고 잊혀진다. 셔터가 내려진 사무실에서 넵스키 해변으로 나온 그녀는 "여전히 태양이 빛나고 포장도로에 빛이 반사되는 것을 발견하고는 사뭇 놀라움"을 느끼며 "진정한 레닌그라드 사람들이 그토록

---

104 마리 셀레스테(Mary Celeste)호는 캐나다의 상선으로 1872년에 표류한 뒤 버려진 채 발견되었다. 음식도 충분했고 소지품에 손을 댄 흔적이 없었고 선원들만 사라진 사건으로 아직도 이유를 모른다. 여기서는 건물은 그대로인데 옛 사람들은 없다는 의미로 작가는 썼다.

105 도스토예프스키의 소설 『죄와 벌』의 주인공.

사랑하는 것은 바로 이 무한함"이라고 말한다. 매일 솟아나길 기다리는 손길이 닿지 않는, 자연 그대로의 생명력 말이다.

LENINGRAD
The Epic Siege of World War II, 1941-1944

옮긴이의 말

레닌그라드 봉쇄전에 관한 책을 번역하고 있다는 이야기를 했을 때, 가장 많이 받은 질문은 "얼마나 많은 사람이 사망했는가?"였습니다. 그다음으로 많이 듣는 말은 굶주림이 심각해서 레닌그라드 사람들이 인육을 먹었다는 카니발리즘의 잔혹함을 말씀하시는 분들도 있었습니다. 레닌그라드를 스탈린그라드 혹은 모스크바와 착각하시는 분이 많았습니다. 공성전에 대해 전혀 모르는 분들도 많았지요. 이 책을 번역하기 전에는 저도 그랬습니다. 저자 애나 리드는 서문에서 영국인들조차도 레닌그라드에 대해 잘 모른다고 한탄했습니다. 단지 우리의 무지일까요? 저자 애나 리드는 전혀 그렇지 않다고 설명합니다. 2차 세계대전이 끝난 뒤에 서방 국가와 냉전 시대에 돌입했던 소련은 국가 체제 선전을 위해, 영웅적으로 포위 공격에 맞서고 영웅적으로 희생했다는 서사만 남겨놓은 채 많은 사실을 숨깁니다. 소련 정권이 무너져서 기밀이 해체될 때까지 레닌그라드에 대한 정보는 전범인 독일군의 증언과 자료에 의존해야 했습니다. 희생자와 유족들은 영웅담 서사를 유지하기 위해 목소리를 죽여야 했습니다. 이 책은 은폐되어진 역사의 기록입니다.

　얼마나 많은 사망자가 있었을까요? 1943년 설립된 '파시스트가 저지른 잔혹 행위 조사 위원회'는 지방 당국의 데이터를 바탕으로 총 649,000명의 민간인 사망자가 발생했다고 발표했습니다. 묘지 관리를 담당하는 정부 기관인 레닌그라드 매장국의 수치는 총 688,263구가 매장된 것으로 추산했습니다. 그러나 65만~69만 명이란 숫자는 상당히 과소평가된 것이 분명합니다. 인구학자 나데즈다 체레페니나는 최근 레닌그라드 거주 허가증 발급 건수를 바탕으로 70만 명을 추정했습니다만, 레닌그라드의 불법, 미등록 하층민과 미등록 농민 난민을 제외했기 때문에 실제 사망자 수는 80만 명까지 올라간다고 말했습니다. 단 하나의 수치를 대라고 한다면 75만 명, 즉 전쟁 전 레닌그라드 인구의 3분의 1이나 4분의 1이 사망했다고 추정됩니다. 숫자가 너무 커서 75만에서 80만 명이 얼마나 많은 사람인지 우리나라 도시의 인구를 찾아봤더니 경기도 부천시 전체 인구에 해당합니다.

　총 사망자의 수를 안다고 우리가 레닌그라드에 대해 안다고 할 수 있을까요? 75만 명은 단지 큰 수가 아닙니다. 각자의 이름이 다른 것처럼 하나의 고유한 인생의 이야기를 가진 개인의 총합이지요. 우리가 그들 전부의 이야기를 들을 수는 없지만, 공성전에 대해 기사를 쓰고 시를 썼으며, 일기를 써서 기록을 남긴 사람들의 이야기를 읽으며 레닌그라드의 참혹했던 기억에 다가갈 수 있었습니다. 레닌그라드의 상황은 처음부터 좋지 않았습니다. 독일군이 국경에 도착할 때까지도 스탈린은 독소 간의 불가침 조약을 들어 대비를 하지 않았습니다. 독일군이 레닌그라드 포위망을 좁혀 올 때도 스탈린은 민간인을 대피시키기보다는 군수 공장 이전에만 중점을 두어 많은 시민들이 갇히게 됩니다. 포위로 인해 굶어죽는 민간인이 나올 것을 알면서도 전쟁을 일으킨 독일이나 소련도 포위전이 길어질 것을 예상하지 못했습니다. 포위 첫해의 겨울은 추웠고, 식량 보급은 끊겼으며 비축해둔 식량은 턱없이 모자랐습니다. 사이가 좋았던 부부가 몰래 집안의 음식을 빼돌리고 있다고 비난을 하며 싸우기 시작했고, 배급 카드를 잃어버린 아들을 엄마가 저주하며 죽도록 내버려둡니다. 자식을 살리기 위해 죽은 시체를 먹이는 부모도 있었고, 배급 시스템에 비리도 많았습니다. "일하지 않는 자 먹지도 말라"는 노동의 신성함을 깨우치기 위한 구호가 아니라, 전쟁에 도움이 되지 않는 자들에게 내리는 사형선고였지요. 그렇지만, 혹독한 추위와 식량 공급이 끊긴 첫해의 대량 사망의 상황에도 인간으로서 존엄을 지키고자 했던 사람들의 이야기도 있었습니다. 굶주리면서도 시 낭송을 하고 연극을 공연했고 쇼스타코비치의 교향곡 「레닌그라드」의 초연이 있었습니다. 나이든 작가들에게 보내는 특별 위문품도 있었습니다. "일하지 않는 자 먹지도 말라"를 운운하는 바로 그 나라에서 말입니다.

　전쟁은 끝났지만, 레닌그라드의 생존자들에게는 숙청과 체제 선전이 기다리고 있었습니다. 냉전에 돌입한 소련은 체제 선전을 위해 레닌그라드 생존자의 영웅화를 시작합니다. 굶주림에도 불구하고 인간의 존엄성을 잃지 않은 영웅들이 죽음의 순간에도 의연하게 죽었다는 신화를 만들기 위해 소련 정부는 공성전에 대한 부정적인 단어들은 철저하게 검열했습니다. 개인의 일기조차 검열 대상이 되는 상황에서, 작가들은 체포를 두려워해 일기를 숨기고 입을 닫습니다. 연합군에 의해 풀려나 귀향한 전쟁포로들은 미제의 간첩이라는 누명을 쓰고 수용소에 갇혔으며, "마녀의 가마솥"이라고 불렸던 전투에서 소련의 보급선이 끊겨 저항하다가 독일에 항복한 군대는 체제의 배신자로 낙인이 찍혀서 유족연금은커녕 남은 연좌제의 희생양이 됩니다. 소련이 붕괴한 후에야 진상 규명이 이루어졌지만, 그들의 유골은 러시아의 숲속에 방치되어 민간 단체의 노력으로 조금씩 발굴되고 있습니다. 고르바초프의 글라스노스트(개방정책) 이후에서야 봉쇄 전에 대한 글이 쏟아져나오게 되었으나 그것도 잠시, 러시아는 푸틴의 집권으로 강했던 소련으로의 복귀를 표명한 민족주의에 휩싸여 다시 레닌그라드의 진실은 은폐되기 시작합니다.

2차 세계대전에서 같은 나라였고 독일군에 같이 저항했던 독립된 우크라이나를 러시아가 침공했습니다. 구식 무기로 준비도 덜 된 러시아군을 진격시켰고, 우크라이나의 발전소를 파괴하고 키이우를 포위했으며, 민간인 시설에서 포격을 가했습니다. 레닌그라드에서 독일군이 했던 일을 러시아군이 우크라이나에 자행하고 있습니다. 철저히 반성하지 않은 역사는 더 참혹한 방향으로 반복됩니다. 푸틴의 공허한 명분에 우크라이나의 군인과 민간인들이 죽고, 러시아의 젊은 사람들이 헛되이 죽어갑니다. 전쟁을 명령한 사람들은 전장에서 멀리 떨어져 있습니다. 스탈린도 히틀러도 푸틴도 전쟁에서 고통받는 개인에게는 관심이 없습니다. 결국 고통받는 것은 군인들과 힘이 없는 시민들이겠지요. 전쟁이 빨리 끝나기를 기원합니다.

참고 문헌

Adamovich, Ales, and Daniil Granin, Blokadnaya Kniga, Leningrad, 1989. Published in English as A Book of the Blockade, trans. Hilda Perham, Moscow, 1983.-- 'Blokadnaya kniga: Glavy, kotorykh v knige ne bylo', Zvezda, 5-6, 1992, p. 8.

Akhmatova, Anna, Selected Poems, trans. Richard McKane, London, 1989.-- Selected Poems, trans. Stanley Kunitz and Max Hayward, London, 1989.

Alshits, Daniil, 'Istorizm i antiistorizm – ikh rol i znacheniye v sovremennoi nauke, politike ikulture', in Istoriya Rossii: issledovaniya i razmyshleniya – sbornik statei k 90-letiyu so dnyarozhdeniya doktora istoricheskikh nauk Valentina Mikhailovicha Kovalchuka, St Petersburg, 2006.

Antonov, A. N., 'Children born during the Siege of Leningrad in 1942', Journal of Paediatrics, 1947, pp. 250-59.

Applebaum, Anne, Gulag: A History of the Soviet Camps, London, 2003.

Ardov, Revd Michael, ed., Memories of Shostakovich: Interviews with the Composer's Children, trans. Rosanna Kelly and Michael Meylac, London, 2004.

Arutyunyan, Brezh, and Arkadi Burlakov, 'Nekotorye voprosy istoriografii boyevykh deistviy v bitve za Leningrad', in E. V. Ilyin, ed., Bitva za Leningrad: problemy sovremennykh issledovaniy, St Petersburg, 2007.

Bagiyan, G. A., Gatchina: goryachaya osen sorok pervogo, Gatchina, 2005.

Bakhareva, Yu. Yu., and T. V. Kovaleva, eds, Arkhitektory blokadnogo Leningrada (exhibition catalogue, Gosudarstvenniy Muzei Istorii Sankt-Peterburga), St Petersburg, 2005.

Barber, John, and Andrei Dzeniskevich, eds, Zhizn i smert v blokirovannom Leningrade: istoriko meditsinskiy aspekt, St Petersburg, 2001. Published in English as Life and Death in Besieged Leningrad, 1941-44, New York, 2005.

Barber, John and Mark Harrison, eds, The Soviet Home Front 1941-1945: A Social and Economic History of the USSR in World War II, London, 1991.

Beaumont, Joan, Comrades in Arms: British Aid to Russia 1941-1945, London, 1980.

Beevor, Antony, Stalingrad, London, 1998.-- Berlin: The Downfall 1945, London, 2002.

Berggolts, Olga, Govorit Leningrad, Leningrad, 1945.-- 'Iz dnevnikov Olgi Berggolts', Vremya i my, 6, 57 (1980), p. 270 (covers September 1941 October 1949).-- 'Dnevnye zvezdy', Ogonyok, 19 (5 May 1990), p. 16.-- 'Iz dnevnikov', Zvezda, 6 (1990), p. 153 (covers March-August 1942).-- 'Ob etikh tetradyakh', Zvezda, 5 (1990), p. 180 (covers July 1939-March 1942).-- 'Blokadniy dnevnik', Aprel, 4 (1991), p. 128

(covers September 1941-February 1942).-- Olga: Zapretniy dnevnik, St Petersburg, 2010.-- Pamyat: stikhotvoreniya, poemy, proza, St Petersburg, 2010 (includes 'Fevralskiy dnevnik' and 'Dnevnye zvezdy').

Bernev, Stanislav, and Sergei Chernov, eds, Arkhiv Bolshogo Doma: blokadniye dnevniki i dokumenty, St Petersburg, 2004.

Bidlack, Richard, Workers at War: Factory Workers and Labor Policy in the Siege of Leningrad, The Carl Beck Papers in Russian and East European Studies, 902, Pittsburgh, 1991.-- 'The Political Mood in Leningrad during the First Year of the Soviet-German War', The Russian Review, 59 (January 2000), p. 96.-- 'Survival Strategies in Leningrad during the First Year of the Soviet-German War', in Robert Thurston and Bernd Bonwetsch, eds, The People's War: Responses to World War Two in the Soviet Union, Urbana, 2000.

Bitva za zhizn: materialy nauchno-prakticheskoi konferentsii, posvyashchennoi 65-letiyu nachala blokady Leningrada, St Petersburg, 2007.

'Blokada glazami ochevidtsev. Intervyu s zhitelyami Leningrada 1940-kh gg.', Nestor, 6, 2001, pp. 37-267.

Bogdanov-Berezovsky, Valerian, V gody Velikoi Otechestvennoi Voiny, Leningrad, 1959.

Boldyrev, Aleksandr, Osadnaya zapis: blokadniy dnevnik, St Petersburg, 1998.

Bonner, Elena, Mothers and Daughters, trans. Antonina Bonis, London, 1992.

Boterbloem, C. N., 'The Death of Andrei Zhdanov', Slavonic and East European Review, 80, 2 (April 2002), p. 267.

Bowlt, John, Filonov: Khudozhnik, issledovatel, uchitel, 2 vols, Moscow, 2006.

Braithwaite, Rodric, Moscow 1941: A City and its People at War, London, 2006.

Brandenberger, David, 'Stalin, the Leningrad Affair, and the Limits of Postwar Russocentrism', The Russian Review, 63 (April 2004), p. 241.

Brodsky, Josef, Less Than One, New York, 1986.

Bullard, Julian and Margaret, eds, Inside Stalin's Russia: The Diaries of Reader Bullard 1930-1934, Charlbury, 2000.

Bullock, Alan, Hitler and Stalin: Parallel Lives, London, 1991.

Burov, A. V., Blokada den za dnem: 22 iyunya 1941-27 yanvarya 1944 goda, Leningrad, 1979.

Chekrizov, Vasili, 'Dnevnik blokadnogo vremeni', Trudy Gosudarstvennogo Muzeya Istorii Sankt Peterburga, 8 (2004).

Chernov, Sergei, Stanislav Bernev and Nikita Lomagin, eds, Arkhiv Bolshogo Doma: Plan 'D' – plan spetsialnykh meropriyatiy, provodimykh vo vremya Otechestvennoi voiny po obshchegorodskim obyektam gor. Leningrada, St Petersburg, 2005.

Chernov, Sergei and Stanislav Bernev, eds, Arkhiv Bolshogo Doma: blokadnye dnevniki i dokumenty, St Petersburg, 2007.

Chistikov, Aleksandr, ed., Chelovek v blockade: novye svidetelstva, St Petersburg, 2008.

Chukovskaya, Lydia, The Akhmatova Journals, vol. 1, 1938-41, London, 1994.

Churchill, Winston, The Second World War, London, 1959.

Clapperton, James, The Siege of Leningrad and the Ambivalence of the Sacred: Conversations with Survivors, Ph.D. thesis, Edinburgh University, 2006.

Dale, Robert, 'Rats and Resentment: The Demobilization of the Red Army in Postwar Leningrad, 1945-50', Journal of Contemporary History, 45 (January 2010), p. 113.-- Re-adjusting to Life after War: The Demobilization of Red Army Veterans in Leningrad and the Leningrad Region 1944-1950, Ph.D. thesis, Queen Mary College, University of London, 2010.

Dallin, Alexander, German Rule in Russia, 1941–45: A Study of Occupation Policies, London, 1957.

Darov, Anatoly, Blokada, New York, 1964, originally published Nikolayev, 1943.

David, V. M., ed., Budni podviga: blokadnaya zhizn leningradtsev v dnevnikakh, risunkakh, dokumentakh, St Petersburg, 2007.

Dayev, Vladimir, S distantsii poluveka: ocherki blokadnogo Leningrada, St Petersburg, 1998.

Dickinson, Jennifer, 'Building the Blockade: New Truths in Survival Narratives from Leningrad', Anthropology of East Europe Review, 13, 1995, p. 21.

Djilas, Milovan, Conversations with Stalin, trans. Michael Petrovich, London, 1962.

Dudin, Mikhail, Izbrannoye, 2 vols, Moscow, 1966.

Dunham, Vera, In Stalin's Time: Middleclass Values in Soviet Fiction, Cambridge, 1976.

Dyson, Tim, and Corman O'Grada, Famine Demography: Endemics from the Past and Present, Oxford, 2002.

Dzeniskevich, Andrei, ed., Leningrad v osade: sbornik dokumentov o geroicheskoi oborone Leningrada v gody Velikoi Otechestvennoi voiny, 1941-45, St Petersburg, 1995.-- Blokada i politika. Oborono Leningrada v politicheskoi konyunkture, St Petersburg, 1998.-- Front u zavodskikh sten: Maloizuchennye problemy oborony Leningrada (1941–1944), St

Petersburg, 1998.-- 'Banditizm (osobaya kategoriya) v blokirovannom Leningrade', Istoriya Peterburga, 1, 2001.-- 'Meditsinskiy aspect blokady Leningrada', Nestor, 2 (8), 2005, p. 57.-- ed., O blokade Leningrada v Rossii i za rubezhom: istochniki, issledovaniya, istoriografiya, Nestor, 8, St Petersburg, 2005.-- ed., Iz raionov oblasti soobshchayut . . . Svobodnye ot okkupatsii raiony Leningradskoi oblasti v Social and Political Situation in Leningrad in the First Months of the German Invasion: The Social Psychology of the Workers', in Robert Thurston and Bernd Bonwetsch, eds, The People's War: Responses to World War Two in the Soviet Union, Urbana, 2000.

Ehrenburg, Ilya, Men – Years – Life, vol. 5, The War Years 1941–1945, trans. Tatiana Shebunina, London, 1964.

Erickson, John, The Road to Stalingrad: Stalin's War with Germany, vol. 1, London, 1975.-- The Road to Berlin: Stalin's War with Germany, vol. 2, London, 1983.-- The Soviet High Command: A Military-Political History, London, 2001.

'Ermitazh v gody Velikoi Otechestvennoi Voiny: dokumenty arkhiva Gosudarstvennogo Ermitazha', Istoriya Peterburga, 2, 2005, p. 71.

Fadeyev, Aleksandr, Leningrad in the Days of the Blockade, Westport, 1971.-- Aleksandr Fadeyev – pisma i dokumenty: iz fondov Rossiiskogo gosudarstvennogo arkhiva literatury i iskusstva, Moscow, 2001.-- In the Name of Kirov, www.sovlit.com

Feinstein, Elaine, Anna of All the Russias: The Life of Anna Akhmatova, London, 2005.

Figes, Orlando, Natasha's Dance: A Cultural History of Russia, London, 2002.-- The Whisperers: Private Life in Stalin's Russia, London, 2007.

Filonov, Pavel, Dnevnik: Pavel Filonov, St Petersburg, 2000.

Fitzpatrick, Sheila, Everyday Stalinism: Ordinary Life in Extraordinary Times – Soviet Russia in the 1930s, New York, 1999.

Fridenberg, Olga, 'Osada cheloveka', Minuvsheye, 3, Paris, 1987, pp. 20–21.-- The Correspondence of Boris Pasternak and Olga Freidenberg, 1910–145, ed Elliott Mossman, London, 1982.

Ganzenmüller, Jörg, Das belagerte Leningrad 1941-1944: Die Stadt in den Strategien von Angreifern und Verteidigern, Paderborn, 2005.

Garshin, Vladimir, 'Tam, gde smert pomogayet zhizni', in Iz istorii meditsiny, Riga, 1960, and Arkhiv Patologii, 46, 5 (1984).

Gavrilov, V. I., Dolina smerti: tragediya i podvig 2-y Udarnoi Armii, Moscow, 2006.

Ginzburg, Lidiya, Chelovek za pismennym stolom, Leningrad, 1989.-- Blockade Diary, trans. Alan Myers, London, 1995. -- Zapisnye knizhki, vospominaniya, esse, St Petersburg, 2002.

Gladkikh, Pavel, Zdravookhraneniye blokadnogo Leningrada, 1941-1944 gg., Leningrad, 1985.

Gladkikh, Pavel, and A. E. Loktev, Ocherki istorii otechestvennoi voyennoi meditsiny. Sluzhba zdorovya v Velikoi Otechestvennoi Voine 1941-1945 gg., St Petersburg, 2005.

Glantz, David, Barbarossa: Hitler's Invasion of Russia 1941, Stroud, 2001.-- The Battle for Leningrad, 1941-1944, Lawrence, 2002.-- Colossus Reborn: The Red Army at War 1941-1943, Lawrence, 2005.

Glinka, M. S., ed., V. M. Glinka: vospominaniya, arkhivy, pisma, 2 vols, St Petersburg, 2006.

Gloster, V. I., 'Towards the History of Daniil Kharms's Last Arrest and Death', Russkaya Literatura, 1, 1991.

Golovina, T. I., and N. N. Zozulina, eds, Vspominaya vnov . . . sbornik, St Petersburg, 2004(published by the Akademiya Russkogo Baleta imeni A. Ya. Vaganovoi).

Golubeva, T. M., and N. B. Vetoshnikova, eds, Mediki i blokada: vzglyad skvoz gody vospominaniya, fragmenty dnevnikov, svidetelstva ochevidtsev, dokumentalnye materialy, St Petersburg, 1997.

Gorlizki, Yoram, and Oleg Khlevniuk, Cold Peace: Stalin and the Soviet Ruling Circle 1945-1953, Oxford, 2004.

Gorshkov, Nikolai, 'Blokadniy dnevnik', in Stanislav Bernev and Sergei Chernov, eds, Arkhiv Bolshogo Doma: blokadniye dnevniki i dokumenty, St Petersburg, 2004.

Gotkhart, Sofya, 'Leningrad, blokada', in V. L. Vikhnovina, ed., Dve sudby v Velikoi Otechestvennoi voine, St Petersburg, 2006.

Gouré, Leon, The Siege of Leningrad, Stanford, 1962.

Grechina, Olga, 'Spasayus spasaya chast 1: pogibelnaya zima (1941-1942 gg.)', Neva, 1, 1994.-- 'Spasayus spasaya chast 2: skazka o gorokhovom dereve (1942-1944 gg.)', Neva, 2, 1994.

Grigoryev, V. G., Leningrad blokada 1941-1942: vospominaniya byvshego shkolnika blokirovannogo Leningrada, St Petersburg, 2003.

Grossman, Vasily, Life and Fate, trans. Robert Chandler, London 1995.-- Everything Flows, trans. Robert and Elizabeth Chandler, London, 2009.-- A Writer at War: Vasily Grossman with the Red Army 1941-1945, ed. Antony Beevor and Lyuba Vinogradova, London, 2005.

Halder, Franz, The Halder War Diary, 1939-1942, ed. Charles Burdick and Hans-Adolf Jacobsen, London, 1988.

Hodgson, Katharine, Voicing the Soviet Experience: The Poetry of Olga Berggolts, Oxford, 2003.

Ignatieff, Michael, Isaiah Berlin: A Life, London, 1998.

Ilyin, E. V., ed., Bitva za Leningrad: problemy sovremennykh issledovaniy, St Petersburg, 2007.

Inber, Vera, Izbrannaya proza, Moscow, 1952.-- Leningrad Diary, trans. Serge Wolff and Rachel Grieve, London, 1971, first published as Pochtitri goda, Moscow, 1946.-- Dusha Leningrada: stikhi, Leningrad, 1979.

Ivanov, V. A., 'Reaktsiya Leningradtsev na chrezvychainye usloviya osady . . .', Nestor, 2005, 2 (8), 2006, p. 102.

Ivanova, I. A., ed., Tragediya Myasnogo Bora: sbornik vospominanii uchastnikov i ochevidtsev Lyubanskoi operatsii, St Petersburg, 2005.-- Za blokadnym koltsom: sbornik vospominanii zhitelei Leningradskoi oblasti vremen germanskoi okkupatsii 1941-1944 gg., St Petersburg, 2007.

Jahn, Peter, ed., Blockades Leningrads: Dossiers 1941-1944 (exhibition catalogue, Museum Berlin Karlshorst), Berlin, 2004.

Jones, Michael, Leningrad: State of Siege, London, 2008.

Ketlinskaya, Vera, 'Nastya', in Den prozhitiy dvazhdy, Moscow, 1964.

Kharms, Daniil, 'The Old Woman', in Russian Short Stories from Pushkin to Buida, trans. Robert Chandler, London, 2005.-- Incidences, trans. Neil Cornwell, London, 2006.

Khordikainen, Lyusi, Zhizn v okkupatsii. Pushkin, Gatchina, Estoniya: dnevnik Lyusi Khordikainen, St Petersburg, 1999.

Kirby, David, A Concise History of Finland, Cambridge, 2006.

Kirschenbaum, Lisa A., 'Gender, Memory and National Myths: Olga Berggolts and the Siege of Leningrad', Nationalities Papers, vol. 28, 3 (September 2000), p. 551.-- The Legacy of the Siege of Leningrad, 1941-1995: Myth, Memories, and Monuments, Cambridge, 2006.

Kleinfeld, Gerald, and Lewis Tambs, Hitler's Spanish Legion: The Blue Division in Russia, Carbondale, 1979.

Kochina, Yelena, Blockade Diary, trans. Samuel Ramer, Ann Arbor, 1990.

Kopelev, Lev, No Jail for Thought, trans. Anthony Austin, London, 1977.

Korkonosenko, Nataliya, 'Blokadnitsy', Leningradskaya panorama, 8 (1991), p. 28.

Kosogor, O. N., A. A. Melua and S. K. Yegorov, eds, Zhenshchina i voina: o roli zhenshchin v oborone Leningrada 1941-1945 - sbornik statei, St Petersburg, 2006.

Kotov, A. V., 'Legendarniy "Nevsky Pyatachok"', Znaniye i obshchestvo, 718 (2004), p. 66.

Kotov, Stanislav, Detskiye doma blokadnogo Leningrada, St Petersburg, 2002.

Kovalchuk, V. M., A. I. Rupasov and A. N. Chistikov, eds, Dozhivyom li my do tishiny? zapiski iz blokadnogo Leningrada, St Petersburg, 2009.-- 'Ya ne sdamsya do poslednego . . .' zapiski iz blokadnogo Leningrada, St Petersburg, 2010.

Kovalenko, S. A., ed., Anna Akhmatova: sobraniye sochineniy v shesti tomakh, Moscow, 1998-2005.

Kozhina, Yelena, Through the Burning Steppe: A Wartime Memoir, trans. Vadim Mahmoudov, London, 2000.

Kozlova, Nataliya, ed., Sovetskiye lyudi: stseny iz istorii, Moscow, 2005.

Krammer, Arnold, 'Spanish Volunteers against Bolshevism: The Blue Division', The Russian Review, 32, 4 (October 1973), p. 388.

Krivosheyev, G. F., ed., Rossiya i SSSR v voinakh XX veka: poteri vooruzhyonnykh sil statisticheskoye issledovaniye, Moscow, 2001.

Kryukovskikh, A. P., Leningradskoye opolcheniye, St Petersburg, 2006.-- 'Podvig opolcheniya', in Istoriya Rossii: issledovaniya i razmyshleniya - sbornik statei k 90 letiyu so dnya rozhdeniya doktora istoricheskikh nauk Valentina Mikhailovicha Kovalchuka, St Petersburg, 2006.

Kuchumov, A. M., Pavlovsky dvorets: istoriya i sudby, St Petersburg, 2004.

Kulyabko, Vladimir, 'Blokadniy dnevnik', Neva, 1, 2004, p. 210 (covers 9-20 September 1941).-- Neva, 2, 2004, p. 235 (covers 30 September 1941-14 January 1942).-- Neva, 3, 2004, p. 262 (covers 31 January-12 March 1942).

Kuznetsov, Admiral Nikolai, Na kanune, Moscow, 1989.

Lazarev, Dmitri, 'Vospominaniya o blokade D. N. Lazareva, N. V. Lazarevoi and E. D. Yakubovich', Trudy Gosudarstvennogo Muzeya Istorii Sankt-Peterburga, 5 (2000).

Liddell Hart, Basil, The Other Side of the Hill: Germany's Generals, Their Rise and Fall, London, 1948.

Likhachev, Dmitri, 'Kak my ostalis zhivy', Neva, 1, 1991, p. 15.-- Reflections on the Russian Soul: A Memoir, trans. Bernard Adams, Budapest, 2000.

Likhonov, M. I., L. T. Pozina and E. I. Finogenov, Partiinoye rukovodstvo evakuatsiei v perviy period Velikoi Otechestvennoi Voiny 1941-2, Leningrad, 1985.

Lomagin, Nikita, Soldiers at War: German Propaganda and Soviet Army Morale during the Battle of Leningrad, 1941-44, The Carl Beck Papers in Russian and East European Studies, 1306, Pittsburgh, 1998.-- V tiskakh goloda: blokada Leningrada v dokumentakh germanskikh spetssluzhb, NKVD, St Petersburg, 2000.-- Neizvestnaya blokada, 2 vols, St Petersburg, 2004 (document collection and commentary).-- 'Nastroyeniya leningradtsev v zerkale politicheskogo kontrolya v preddverii napadeniya Germaniina SSSR', in E.V. Ilyin, ed., Bitva za Leningrad: problemy sovremennykh issledovaniy, St Petersburg, 2007.

Loskutova, M. V., ed., Pamyat o blokade: svidetelstva ochevidtsev i istoricheskoye soznaniyeobshchestva – materialy i issledovaniya, St Petersburg, 2005.

Lovyagina, V. E., ed., Blokadniy dnevnik: zhivopis i grafika blokadnogo vremeni (exhibition catalogue, Gosudarstvenniy Muzei Istorii Sankt-Peterburga), St Petersburg, 2005.

Lukacs, John, June 1941: Hitler and Stalin, New Haven, 2006.

Luukkanen, Eino, Fighter over Finland, trans. Mauno A. Salo, London, 1963.

Malaparte, Curzio, The Volga Rises in Europe, trans. David Moore, London, 1957.

Mashkova, Mariya, 'Iz blokadnykh zapisei', in V pamyat ushedshikh i vo slavu zhivushchikh: pismachitatelei s fronta; dnevniki i vospominaniya sotrudnikov Publichnoi Biblioteki 1941-1945, St Petersburg, 1995.

Maslova, A. N., ed., Publichnaya Biblioteka v gody voiny, 1941-1945, St Petersburg, 2005.

Massie, Suzanne, Pavlovsk: The Life of a Russian Palace, Boston, 1990.

Mawdsley, Evan, Thunder in the East: the Nazi-Soviet War 1941-1945, London, 2007.

Mazower, Mark, Hitler's Empire: Nazi Rule in Occupied Europe, London, 2008.

Melnik, G. S., and G. V. Zhirkov, eds. Radio, blokada, Leningrad, St Petersburg, 2005.

Meretskov, Marshal Kirill, Serving the People, Moscow, 1971.-- Nekolebimo, kak Rossiya, Moscow, 1965.

Merridale, Catherine, Night of Stone: Death and Memory in Russia, London, 2000.-- Ivan's War: The Red Army 1939-45, London, 2005.

Molkina, O. I., 'Nemtsy v koltse blokady', Istoriya Peterburga, 3, 2006.

Moreno Juliá, Xavier, La División Azul: Sangre Española en Rusia, 1941-1945, Barcelona, 2006.

Moskoff, William, The Bread of Affliction: The Food Supply in the USSR during World War II, Cambridge, 1990.

Mossman, Elliott, ed., The Correspondence of Boris Pasternak and Olga Freidenberg, 1910-1954, trans. Elliott Mossman and Margaret Wetlin, London, 1982.

Munting, Roger, 'Soviet Food Supply and Allied Aid in the War, 1941-1945', Soviet Studies, 36, 4(October 1984), p. 582.

Neratova, Rimma, 'Zhizn v leningradskoi blokade', Zvezda (1996).

Nicholas, Lynn, The Rape of Europe: The Fate of Europe's Treasures in the Third Reich and the Second World War, London, 1994.

Nikitin, Vladimir, ed., Neizvestnaya blokada/Unknown Blockade. Leningrad 1941-1944, St Petersburg, 2009.

Nikulin, N. N., Vospominaniya o voine, St Petersburg, 2008.

Nikulin, Yuri, 'Zapiski soldata', Zvezda, 6, 2001, p. 108.

Norman, Geraldine, The Hermitage: The Biography of a Great Museum, London, 1997.

Osipova, Lidiya, 'Dnevnik o zhizni v prigorodakh Leningrada', in Lomagin, Neizvestnaya blokada, vol. 2, St Petersburg, 2004, p. 441.

Ostroumova-Lebedeva, Anna, Avtobiograficheskiye zapiski: Leningrad v blockade, Moscow, 2003.

Overy, Richard, Russia's War, London, 1998.

Pavlov, Dmitri, Leningrad 1941: The Blockade, trans. John Adams, Chicago, 1965.

Peeling, Siobhan, 'Dirt, disease and disorder: population re-placement in postwar Leningrad and the "danger" of social contamination', in Nick Brown and Peter Gatrell, eds, Warlands: Population Resettlement and State Reconstruction in Soviet Eastern Europe, 1945-1950, London, 2009.-- 'Out of Place' in the Postwar City: Practices, Experiences and Representations of Displacement during the Resettlement of Leningrad at the end of the Blockade, Ph.D. thesis, University of Nottingham, forthcoming.

Perlina, Nina, Olga Freidenberg's Works and Days, Bloomington, 2002.

Peterson, Viktor, 'Skorei by bylo teplo!', Neva, 1, 2001, p. 167.-- 'Iz blokady - na Bolshuyu Zemlyu', Neva, 9, 2002, p. 152.

Pleysier, Albert, and Svetlana Magayeva, Surviving the Blockade of Leningrad, Lanham, 2006.

Plotkin, Konstantin, Kholokost u sten Leningrada, St Petersburg, 2005.

Pohlman, Hartwig, Wolchow: 900 Tage Kampf um Leningrad, Bad Nauheim, 1962.

Polzikova-Rubets, K. V., Oni uchilis v Leningrade: dnevnik uchitelnitsy, Moscow, 1948.-- Dnevnik uchitelya blokadnoy shkoly: 1941-1946, St Petersburg, 2000.

Punin, Nikolai, 'Dnevnik', Zvezda, 1, 1994 (ed. Irina Punina).-- The Diaries of Nikolay Punin, 1904-53, ed. Sidney Monas and Jennifer Green Krupala, Austin, 1999.

Putyakov, Semen, 'Dnevnik krasnoarmeitsa', in Stanislav Bernev and Sergei Chernov, eds, Arkhiv Bolshogo Doma: blokadniye dnevniki i dokumenty, St Petersburg, 2007.

Rambow, Aileen, Überleben mit Worten: Literatur und Ideologie während der Blockade von Leningrad, 1941-1944, Berlin, 1994.-- 'The Siege of Leningrad: Wartime Literature and Ideological Change', in Robert Thurston and Bernd Bonwetsch, eds, The People's War: Responses to World War Two in the Soviet Union, Urbana, 2000.

Ratner, Lazar, 'Dva blokadnykh epizoda', Neva, 1, 2001, p. 151.

Rayfield, Donald, Stalin and his Hangmen, London, 2005.

Reeder, Roberta, ed., The Complete Poems of Anna Akhmatova, trans. Judith Hemschemeyer, Edinburgh, 1992.-- Anna Akhmatova: Poet and Prophet, London, 1995.

Reznikova, Irina, (Flige), 'Repressii v period blokady Leningrada', Vestnik 'Memoriala' 4/5 (10/11), 1995.

Roberts, Andrew, Masters and Commanders: How Roosevelt, Churchill, Marshall and Alanbrooke-Won the War in the West, London, 2008.

Rubashkin, Aleksandr, Golos Leningrada: Leningradskoye Radio v dni blokady, St Petersburg, 2005.

Salisbury, Harrison, The 900 Days: The Siege of Leningrad, London, 1969.-- Disturber of the Peace: Memoirs of a Foreign Correspondent, London, 1989.

Sebag Montefiore, Simon, Stalin: The Court of the Red Tsar, London, 2003.

Selivanov, V. N., Stoyali kak soldaty: blokada, deti, Leningrad, St Petersburg, 2002.

Selivanova, Inessa, ed., Ryadovoi blokadnoi epopei: khudozhnik Vasili Selivanov, St Petersburg, 2005.

Sereny, Gitta, Albert Speer: His Battle with Truth, London, 1995.

Shishkin, A. A., ed., Zabveniyu ne podlezhit: statyi, vospominaniya, dokumenty, issues 5 and 6, St Petersburg, 2005 and 2006.

Shkarovsky, M. V., 'Iskrenniy privet ot Stalina: religioznaya zhizn blokadnogo Leningrada', Rodina, 1, 2003.-- 'Religioznaya zhizn blokadnogo Leningrada po novym dokumentalnym istochnikam', in E. V.

Ilyin, Bitva za Leningrad: problemy sovremennykh issledovaniy, St Petersburg, 2007.

Shostakovich, Dmitri, Story of a Friendship: The Letters of Dmitry Shostakovich to Isaak Glikman, 1941–1975, with a commentary by Isaak Glikman, trans. Anthony Phillips, London, 2001.

Shukman, Harold, ed., Stalin's Generals, London, 1993.-- Stalin and the Soviet-Finnish War 1939–40, London, 2002.

Shulgina, Elena, 'V dvadtsat let oni posedeli', Smena, 7, May 1995.

Shvarts, Yevgeni, Zhivu bespokoino . . . iz dnevnikov, Leningrad, 1990.

Simmons, Cynthia, and Nina Perlina, eds, Writing the Siege of Leningrad: Women's Diaries, Memoirs and Documentary Prose, Pittsburgh, 2002.

Simonenko, V. B., S. V. Magayeva, M. G. Simonenko and Yu. V. Pakhomova, Leningradskaya blokada: meditsinskiye problemy – retrospektiva i sovremennost, Moscow, 2003.

Skrjabina, Yelena, Siege and Survival: The Odyssey of a Leningrader, trans. Norman Luxenburg, Carbondale, 1971.

Smelser, Ronald, and Edward Davies, The Myth of the Eastern Front: The Nazi-Soviet War in American Popular Culture, Cambridge, 2008.

Sokolov, Boris, B plenu i na rodine, St Petersburg, 2004.

Sokolov, Nikolai, 'Tyoplaya vanna dlya begemota: zoosad v gody voiny', Rodina, 1, 2003.

Sotnikov, Nikolai, 'V blokadniy gorod yekhal . . . tsirk!', Neva, 6, 2002, p. 222.

Sparén, Pär, et al., 'Long term mortality after severe starvation during the siege of Leningrad: prospective cohort study', British Medical Journal, 328 (January 2004), p. 11.

Speer, Albert, Inside the Third Reich: Memoirs, London, 1970.-- The Slave State: Heinrich Himmler's Masterplan for SS Supremacy, trans. Joachim Neugroschel, London, 1981.

Steblin-Kamensky, Mikhail, 'The Siege of Leningrad', in Granta, 30: New Europe! (April 1990).

Stites, Richard, ed., Culture and Entertainment in Wartime Russia, Bloomington, 1995.

Telyashkov, Rakhim, Tatary v Velikoi Otechestvennoi Voine i blokade Leningrada, St Petersburg, 2005.

Trevor-Roper, Hugh, ed., Hitler's Table Talk, 1941–1944, trans. Norman Cameron and R. H. Stevens, London, 1953.-- Hitler's War Directives, 1938–1945, London, 1964.

Trudy Gosudarstvennogo Muzeya Istorii Sankt-Peterburga, vol. 5, Materialy k istorii blokady Leningrada, St Petersburg, 2000.-- vol. 8, Vasili Chekrizov, Dnevnik blokadnogo vremeni, St Petersburg, 2004.

Tumarkin, N., The Living and the Dead: The Rise and Fall of the Cult of World War II in Russia, New York, 1994.

Tuyll, Hubert van, Feeding the Bear: American Aid to the Soviet Union, 1941–1945, New York, 1989.

Vakser, A. Z., 'Nastroyeniya leningradtsev poslevoyennogo vremeni 1945–1953 gody', Nestor, 1, 5, 2001.-- Leningrad poslevoyenniy, 1945–1982 gody, St Petersburg, 2005.

Varshavsky, Sergei, and Boris Rest, Ordeal of the Hermitage, trans. Arthur Shkarovsky, New York, 1986.-- Podvig Ermitazha, 4 vols, Leningrad, 1987.

Velichenko, M. N., et al., eds, Leningradsky tramvai 1941–1945, St Petersburg, 1995.

Verbrechen der Wehrmacht: Dimensionen des Vernichtungskrieges 1941–1944, (Austellungskatalog, Hamburger Institut für Sozialforschung), Hamburg, 2002.

Vinokurov, Aleksei, 'Blokadniy dnevnik', in Stanislav Bernev and Sergei Chernov, eds, Arkhiv Bolshogo Doma: blokadniye dnevniki i dokumenty, St Petersburg, 2007.

Vishnevskaya, Galina, Galina: A Russian Story, San Diego, 1984.

Volkogonov, Dmitri, Stalin: Triumph and Tragedy, trans. Harold Shukman, London, 1991.

Volkov, Solomon, St Petersburg: A Cultural History, New York, 1995.-- Testimony: The Memoirs of Dmitri Shostakovich, London, 1979.

Volkovsky, N. L., Blokada Leningrada v dokumentakh rassekrechennykh arkhivov, Moscow and St Petersburg, 2005.

Voronina, Tatyana, I. E. Gusintseva and V. V. Kalendarova, 'Blokada glazami ochevidtsev. Intervyu s zhitelyami Leningrada 1940-kh gg.', Nestor, 6, 2003, p. 37.

Voronina, Tatyana, and Ilya Utekhin, 'Rekonstruktsiya smysla v analize intervyu: tematicheskiye dominanty i skrytaya polemika', in M. V. Loskutova, ed., Pamyat o blokade: svidetelstva ochevidtsev i istoricheskoye soznaniye obshchestva, St Petersburg, 2005.

Voyevodskaya, A., Chetyre goda zhizni, chetyre goda molodosti, St Petersburg, 2005.

Werth, Alexander, Moscow '41, London, 1942.-- Leningrad, London, 1944.-- Russia at War, 1941-1945, London, 1964.

Wilson, Elizabeth, Shostakovich: A Life Remembered, London, 1994.

Yarov, Sergei, 'Rasskazy o blokade: struktura, ritorika i stil', Nestor, 6, 2003, p. 422.

Zelenova, Anna, Stati, vospominaniya, pisma: Pavlovsky dvorets, istoriya i sudba, St Petersburg, 2006.

Zhenshchiny Leningrada v gody blokady (Tezisy nauchnoi konferentsii 10-11 marta 2005 g.), St Petersburg, 2005.

Zhilinsky, Ivan, 'Blokadniy dnevnik', Voprosy istorii, 5, 1996, p. 5 (covers 21 December 1941-15 January 1942).-- Voprosy istorii, 5-6, 1996, p. 3 (covers 16-30 January 1942).-- Voprosy istorii, 5-7, 1996, p. 3 (covers 31 January-31 March 1942).

Zhukov, Georgi, Marshal of the Soviet Union G. Zhukov: Reminiscences and Reflections, 2 vols, trans. Vic Schneierson, Moscow, 1985.

Zhuravlev, D. A., 'Frontovik v tylu: kontrol za nastroyeniyami voyennosluzhashchikh v leningradskikh gospitalyakh vo vremya sovetsko-finlyandskoi voiny 1939-1940 gg.', Nestor, 6, 2003, p. 402.

기록 보관서

■ St Petersburg:

Oral History Center, European University at St Petersburg (Blokada v sudbakh i pamyati leningradtsev).

Tsentralniy Gosudarstvenniy Arkhiv Istoriko-Politicheskikh Dokumentov Sankt-Peterburga (TsGAIPD SPb).

Tsentralniy Gosudarstvenniy Arkhiv Kinofotofonodokumentov Sankt-Peterburga (TsGAKFFD SPb).

■ Moscow:

Gosudarstvenniy Arkhiv Rossiiskoi Federatsii (GARF).

Rossiisky Gosudarstvenniy Arkhiv Literatury i Isskustva (RGALI).

Rossiisky Gosudarstvenniy Arkhiv Sotsialnoi i Politicheskoi Istorii (RGASPI).

Rossiisky Gosudarstvenniy Voyenniy Arkhiv (RGVA).

Tsentralniy Arkhiv Ministerstva Oborony (TsAMO).

■ Elsewhere:

Bakhmeteff Archive of Russian and East European Culture, Columbia University.

BBC Written Archives Centre, Caversham.

Bundesarchiv-Militärarchiv, Freiburg.

Hoover Institution Archives, Stanford University.

Widener Library, Harvard University (Harvard Project on the Soviet Social System)

레닌그라드 봉쇄된 도시의 비극 1941~44

1판 1쇄 2025년 9월 25일
ISBN 979-11-92667-98-0 (03920)

저자 애나 리드
번역 육연정
편집 김효진
교정 이수정
제작 재영 P&B
디자인 우주상자
펴낸곳 마르코폴로
등록 제2021-000005호
주소 세종시 다솜1로9
이메일 laissez@gmail.com
페이스북 www.facebook.com/marco.polo.livre

책 값은 뒤표지에 있습니다. 잘못된 책은 교환하여 드립니다.